国家文化产业资金支持媒体融合重大项目

职业教育教学改革融合创新型教材·财经通识课

Jingjixue Jichu

经济学基础

冯春 杜焕香 主编
李光伟 周思远 副主编

东北财经大学出版社
Dongbei University of Finance & Economics Press
大连

图书在版编目（CIP）数据

经济学基础 / 冯春，杜焕香主编. —大连：东北财经大学出版社，2023.12

（职业教育教学改革融合创新型教材·财经通识课）

ISBN 978-7-5654-5003-7

Ⅰ.经…　Ⅱ.①冯…②杜…　Ⅲ.经济学-高等职业教育-教材　Ⅳ.F0

中国国家版本馆CIP数据核字（2023）第253885号

东北财经大学出版社出版

（大连市黑石礁尖山街217号　邮政编码　116025）

网　　址：http：//www.dufep.cn

读者信箱：dufep@dufe.edu.cn

大连天骄彩色印刷有限公司印刷　　东北财经大学出版社发行

幅面尺寸：185mm×260mm　字数：285千字　印张：13.25　插页：1

2023年12月第1版　　2023年12月第1次印刷

责任编辑：张旭凤　张爱华　　责任校对：刘贤恩

封面设计：冀贵收　　版式设计：原　皓

定价：38.00元

教学支持　售后服务　　联系电话：（0411）84710309

如有印装质量问题，请联系营销部：（0411）84710711

富媒体智能型教材出版说明

“财经高等职业教育富媒体智能型教材开发系统工程”入选国家新闻出版广电总局（现为国家广播电视总局）新闻出版改革发展项目库，并获得文化产业专项资金支持，是“国家文化产业资金支持媒体融合重大项目”。项目以“融通”“融合”“共建”“共享”为特色，是东北财经大学出版社积极落实国家推动传统媒体与新媒体融合发展的重要举措之一。

“财济书院”智能教学互动平台是该工程项目建设成果之一。该平台通过系统、合理的架构设计，将教学资源与教学应用集成于一体，具有教学内容多元呈现、课堂教学实时交互、测试考评个性设置、用户学情高效分析等核心功能，是高校开展信息化教学的有力支撑和应用保障。

富媒体智能型教材是该工程项目建设成果之二。该类教材是我社供给侧结构性改革探索性策划的创新型产品，是一种新形态立体化教材。富媒体智能型教材秉持严谨的教学设计思想和先进的教材设计理念，为财经职业教育教与学、课程与教材的融通奠定了基础，较好地避免了传统教学模式和单一纸质教材容易出现的“两层皮”现象，有助于教学质量的提高和教学效果的提升。

从教材资源的呈现形式来说，富媒体智能型教材实现了传统纸质教材与数字技术的融合，通过二维码建立链接，将VR、微课、视频、动画、音频、图文和试题库等富媒体资源丰富呈现给用户；从教材内容的选取整合来说，其实现了职业教育与产业发展的融合，不仅注重专业教学内容与职业能力培养的有效对接，而且很好地解决了部分专业课程学与训、训与评的难题；从教材的教学使用过程来说，其实现了线下自主与线上互动的融合，学生可以在有网络支持的任何地方自主完成预习、巩固、复习等，教师可以在教学中灵活使用随堂点名、作业布置及批改、自测及组卷考试、成绩统计分析等平台辅助教学工具。

富媒体智能型教材设计新颖，一书一码，使用便捷。使用富媒体智能型教材的师生首先下载“财济书院”App或者进入“财济书院”（www.idufep.com）平台完成注册，然后登录“财济书院”输入教材封四学习卡中的激活码就可以开启个性化教与学之旅。

“重塑教学空间，回归教学本源！”“财济书院”平台不仅是出版社提供教学资源和服务的平台，更是出版社为作者和广大院校创设的一个教学空间，作者和院校师生既是这个空间的使用者和消费者，也是这个空间的创造者和建设者，在这里，出版社、作者、院校共建资源，共享回报，共创未来。

最后，感谢各位作者为支持项目建设所付出的辛劳和智慧，也欢迎广大院校在教学中积极使用富媒体智能型教材和“财济书院”平台，东北财经大学出版社愿意也必将陪伴广大职业教育工作者走向更加光明而美好的职教发展新阶段。

东北财经大学出版社

前言

经济学是致用之学。经济学基础是职业院校财经商贸类专业学生的必修基础课程。本教材共十一个项目，涵盖了微观经济学与宏观经济学的主要内容，主要介绍了经济学的基本原理和基本思想，培养学生的经济学思维，引导读者理解与应用经济学思想和理论思考现实问题，通过运用经济学原理理解、分析或解决问题并拓展应用。本教材的编写具有以下特色：

1.编写设计项目化

编写团队在设计时，打破传统教材的章节编排，对体例格式和案例引用进行了改进，不仅在每个项目下设有具体的探究和实践任务，通过对身边事例或经济新闻报道的深入分析，提出问题，而且将经济学的理论知识融于各个具体任务中，通过任务驱动引领学生逐步完成学习，全面掌握经济学基础知识。

2.编写内容重实用

本教材主要针对职业院校的学生特点，以“必需、够用”为原则，重新梳理、归纳、整合了教学内容，做了一定程度的取舍，同时结合时政热门话题和百姓日常生活中的经济问题，精选教学资源，力求通俗易懂、严肃活泼，激发学生学习的积极性和趣味性。

3.对接“1+X”证书和专升本考点

本教材在每个项目结尾处设有“思考与训练”，对接经济师职业资格证书考试和财经商贸类各专业学生专升本考试的相关知识点，帮助学生进行练习，促进学生扎实掌握知识，为后续的专业学习打好基础。

4.思政元素自然融入

每个项目任务中都设有思政目标、精选案例和生活中的经济问题等。作者在编写设计中以党的二十大精神为指引，将社会主义核心价值观自然融入，激发学生探究知识、解析原理后，结合时政热点和经济现象，加强理解我国建设现代化经济体系的政策内涵以及推动经济实现质的有效提升和量的合理增长的发展理念，思考加强财政政策和货币政策协调配合、着力扩大内需、增强消费对经济发展的基础性作用和投资对优化供给结构的关键作用等经济问题。

本教材由冯春、杜焕香担任主编，李光伟、周思远担任副主编。具体编写分工如下：冯春编写项目一、三；袁野编写项目二、八；周思远编写项目四、六；杜焕香编写项目五的任务一、项目九；李琳编写项目五的任务二、三、四和项目十一；

李光伟编写项目七、十。全书由冯春统稿并定稿。

本教材在编写的过程中，参考了部分优秀的经济学教材、专著、论文等资料，引用了有关内容和研究成果，恕不一一详尽说明，在此向有关作者致以诚挚的谢意。由于编者水平有限，时间仓促，书中难免有疏漏和不足之处，敬请读者批评指正。

编　者

2023年10月

目　录

微课资源目录

项目一

借你一双慧眼，理性看清世界
——认识经济学

导　读　　　　最古老的艺术、最新颖的科学

在人类赖以生存的地球上，资源的有限性和人类欲望的无限性之间的矛盾始终困扰着人们，如何合理地配置和利用有限的资源，就成为人类社会永恒的主题。人类早在几千年前就有了哲学和社会科学，但经济学的历史很短，它是二百多年前才产生的一门学科。在一家一户的小农经济时代，是不需要经济学的。经济学虽然只有二百多年的历史，却是近代发展最为迅速的学科之一，所以被称为“最古老的艺术、最新颖的科学”。

思考：那么经济学主要研究什么内容？它的发展历史如何？它采用哪些研究方法？经济学家们是怎样思考和研究经济问题的？在这一章，我们将一起来讨论这些问题。

任务一　激发学习经济学的兴趣
——经济学的意义

学习目标

思政目标：理解中华传统文化中经济的含义，培养学生兼济天下的大道情怀。

知识目标：了解学习经济学的意义，了解经济学的发展历程。

技能目标：学会用经济学思维来思考看待问题。

导入案例

从司马迁创作《史记》的《货殖列传》和《平准书》，到班固著《汉书·食货志》，直至康熙年间编纂《古今图书集成》，汇集《食货典》，卷帙浩繁。“货殖”即是“生财”之义，而“货殖列传”其实就是“发财史”；“食货”是物质产品的代表，是关于生产情况的统计数据，历代“食货志”就是各个朝代的“中国经济统计年鉴”。

中文“经济”中的“济”所组之词，如“接济”“周济”“同舟共济”都是帮助别人或者互相帮助的意思，与“经”合在一起，是“以经济世”的简称，乃达则兼

济天下的学问，通常指运用源于自然的恒常大道之理，实施安邦定国的宏图大略及其实践。顾名思义，“经”为公理，“济”为应用，是把师法天地、道法自然的公理智慧应用于造福黎民百姓、天下苍生的学问，实际上包含了使整个社会和谐、富足、安定的理念和致用韬略。

资料来源：朱有康．中国传统文化中的经济学思想［J］．中国儒商，2016（10）．

知识研学

提到经济学，它是一门既古老又年轻的科学。说它古老，是因为人类一开始就面临着经济问题；说它年轻，是因为人类在几千年前就有了哲学和社会科学，但经济学的历史很短，它是在两百多年前才产生的一门学科，在一家一户的小农经济时代是不需要经济学的。

提到经济一词，在西方国家和我国有着不同的演绎过程。大体上，西方国家的经济是由家庭理财转向社会层面的经济研究，而我国的经济含义则是由“经邦治国”缩窄到社会经济研究范畴。在西方，经济（economy）最早源于希腊语，意思是管理一个家庭的人。英文中，economy一词的本义是“家计”“菜篮子”。随着商品经济的发展，经济事务极大地扩展到治理国家的范畴，为了区别于之前的“家计”而一度被称为“政治经济学”。而在我国，公元4世纪初的东晋时代，已正式使用经济一词，它是“经邦济国”和“经世济民”的意思，是一个大气派、大写意的治国平天下的概念。它的含义不仅包括国家如何理财，如何管理其他各种经济活动，而且包括国家如何处理政治、法律、教育、军事等方面的问题。19世纪末，日本掀起工业革命浪潮，学习吸收西方文化，将economics一词译为“经济”，这一释义在新文化运动中被引入中国。

一、学习经济学的意义

微课 1-1

为什么要学习经济学

为什么要学习经济学呢？第一，学习经济学有助于你做出更好的个人决策。比如，高中毕业后是上大学还是上班？家庭的积蓄是存在银行还是购买股票？如果有一天你成了企业老板，你会生产什么产品？产品要不要打广告？第二，学习经济学有助于你理解所生活的世界是如何运转的。比如，是否只要付出合适的价格，就能购买到需要的产品？为什么垄断行业的服务差而收费高？第三，学习经济学有助于你理解政府的政策。比如，谁来提供路灯、公路、国防、医院等公共物品？银行利率为什么会下降？为什么政府要对某些商品增税，而对另一些商品减税？第四，学习经济学可以改进你的思考方式。经济学有自己的语言和思维方式，如需求、供给、弹性、均衡、机会成本、比较优势等，掌握这些经济学语言，你就可以更好地思考你所在的世界。

曼昆在《经济学原理》一书提到，经济学有助于你理解所生活的世界。有许多经济问题会激起你的好奇心。比如，为什么明星的演出报酬高？为什么在一些年份找工作容易，而在另一些年份困难？为什么一些国家通货膨胀率高，而另一些国家物价稳定？经济学将促使你更精明地参与经济，促使你从新的角度去思考如何做出更好的决策。

诺贝尔经济学奖获得者、著名经济学家萨缪尔森说：学经济学并非能够让你变成天才，但如果不学经济学，命运就很可能会与你格格不入。在你的一生中，从摇篮到坟墓，你都会遇到经济学。

著名经济学教授薛兆丰说，生活离不开经济学，我们每天收到无数纷繁复杂的消息，看到各种光怪陆离的现象。不管是在菜市场还是在电影院，不管是在日常生活还是在职场工作，每个人都会遇到经济学。

经济学是一门经世济民、治国齐家的学问。对个体来说，也有学者把它诠释为一种让人幸福的艺术。

在社会飞速发展的今天，经济学可以说与我们每个人的生活都息息相关，大量的经济学名词术语每天都会扑面而来。经济学的魅力在于，它可以影响一个人认识、评价世界的方法，可以改变一个人对世界的认识，可以让一个人去思考经济的运行和政策的制定以及实际经济体与政策的互动关系、去思考自己的菜篮子、去思考自己周围所接触的一切，可以帮助一个人更好地理解身处的这个社会，在生活和工作中更好地做出抉择。

二、经济学的发展历程

（一）萌芽阶段

在2 400多年前，古希腊思想家色诺芬（约公元前430—公元前355年）的《经济论》的问世，表明西方开始出现了早期经济学。这本书首先使用了经济一词。《经济论》是一部研究奴隶主家庭经济管理问题的著作。色诺芬认为，经济学研究的是善良的主人如何管理好自己的财产，使财富不断增加。

在我国的春秋战国时期，就有量入而出、反季存货、待价而沽、勤俭持家等经济思想。两千多年来，不断地有一些关于经济的论述和思想，如富国、义利、赋税、平价等思想。但这些论述和思想是零碎的，没有成为体系，特别要指出的是我国古代的经济思想不是现代西方经济学的来源。

（二）古典经济学时期

18世纪后期，古典经济学兴起，它所强调的是自由放任的经济，就是国家不要干预经济，由市场机制充分发挥作用，解决资源配置和要素报酬分配的问题。古典经济学有两个主要代表人物：18世纪后期的亚当·斯密（1723—1790），19世纪初的大卫·李嘉图（1772—1823）。

英国经济学家亚当·斯密被公认是现代经济学的创始人。1776年，他发表《国民财富的性质与原因的研究》（简称《国富论》），标志着现代经济学的诞生，该经济理论被后人称为古典经济学，其主要观点是：生产领域的劳动创造价值，商品是财富的代表；广泛的社会分工和贸易是增进国民财富的根本；自由竞争的市场经济是充分有效率的，因此政府没有必要干预经济，市场这只“看不见的手”会解决一切。

（三）新古典经济学时期

新古典经济学的代表人物马歇尔（1842—1924）在其著名的《经济学原理》中进一步论述了市场机制是如何发挥调节供求平衡作用的，具体分析了各种资源的配置是怎样通过价格机制、工资机制和利率机制的自发运行来实现的。19世纪30年代以后，一直到20世纪30年代前，在西方经济学界占主流地位的仍然是主张国家不要干预经济的古典和新古典经济学的经济思想。

（四）宏观经济学时期

1929—1933年，资本主义世界发生了空前严重的经济危机，企业破产、银行倒闭、工人失业……面对濒于崩溃的资本主义经济，主张自由放任的经济自由论者束手无策。

这时英国出现了一位伟大的经济学家，约翰·梅纳德·凯恩斯，他在1936年出版了《就业、利息与货币通论》，这本书是西方经济学史上具有里程碑意义的一部巨著，标志着以宏观经济总量为研究对象的宏观经济学的诞生。凯恩斯说，那只“看不见的手”解决不了经济危机问题，要用“看得见的手”解决。凯恩斯认为，自由市场经济会经常造成有效需求不足，着重对经济的总量分析，用以说明经济危机和长期萧条的现象，并以此为基础，提出一套政府干预刺激需求，试图医治危机、稳定经济的政策主张。

但是，西方资本主义国家在推行凯恩斯主义理论、刺激经济发展的同时，出现了“滞胀”的经济现象。到了20世纪70年代，“滞胀”这种失业和通货膨胀的并发症成为西方资本主义世界普遍存在的经济现象。“滞胀”使以需求管理为中心，认为通货膨胀和失业不可能同时存在的凯恩斯主义经济学陷入进退两难的境地。于是新自由主义经济理论、货币学派、供给学派、理性预期学派等纷纷登场。新自由主义者强调市场机制自动调节作用，反对国家对经济生活的过度干预；货币学派强调货币政策的重要性；供给学派主张削减税率；理性预期学派则试图用信息的不完全来解释资本主义经济运行的波动。20世纪80年代以来又出现了新的强调国家干预经济的新凯恩斯主义。

任务二　探究经济学的由来——稀缺性

学习目标

思政目标：树立“绿水青山就是金山银山”的理念，增强学生节约和高效意识。

知识目标：理解资源稀缺性的含义，掌握经济学的定义。

技能目标：培养对经济现象的敏感度，并善于从经济学角度思考看待问题。

导入案例

2022年，我国森林面积为2.31亿公顷，居世界第5位，但森林覆盖率达24.02%，列世界第108位；我国人均森林面积为0.165公顷，世界人均森林面积为0.65公顷，我国人均森林面积仅为世界平均水平的1/4。

2021年，我国水资源总量约2.96万立方米，居世界第6位，但人均水资源量不足2 100立方米，仅为世界人均占水量的1/4，世界排名第110位，被列为全球13个人均水资源贫乏国家之一。

截至2021年年底，我国煤炭储量为2 078.85亿吨，石油储量为36.89亿吨，天然气储量为6.34万立方米。我国能源资源人均拥有量远低于世界平均水平，煤炭、石油、天然气人均剩余可采储量分别只有世界平均水平的58.6%、7.69%和7.05%。

2005年8月15日，习近平同志到安吉余村考察，首次提出"绿水青山就是金山银山"的科学论断。同年8月24日，习近平同志在《浙江日报》"之江新语"专栏发表了《绿水青山也是金山银山》一文，指出"如果能够把这些生态环境优势转化为生态农业、生态工业、生态旅游等生态经济的优势，那么绿水青山也就变成了金山银山"。2017年10月18日，习近平总书记在党的十九大报告中指出，坚持人与自然和谐共生，必须树立和践行绿水青山就是金山银山的理念，坚持节约资源和保护环境的基本国策。"绿水青山就是金山银山"成为习近平生态文明思想的重要组成部分。党的二十大报告中也明确"我们坚持绿水青山就是金山银山的理念"。

资料来源：[1] 国家林业和草原局，国家公园管理局. 2022年中国国土绿化状况公报 [R/OL]. [2023-03-12]. http: //www.forestry.gov.cn/c/chinagreen/lhgb/394934.jhtml. [2] 国家统计局. 中国统计年鉴2022 [EB/OL]. [2023-05-06]. http: //www.stats.gov.cn/sj/ndsj/2022/indexch.htm. [3] 自然资源部. 中国矿产资源报告 [R/OL]. [2023-03-16]. https: //www.mnr.gov.cn/sj/sjfw/kc_19263/zgkczybg/202209/P020230417517898935425.pdf. [4] 殷荣林，于佳秋. 践行"两山"理念 坚持人与自然和谐共生 [EB/OL]. [2020-06-22]. http: //env.people.com.cn/n1/2020/0622/c1010-31755276.html.

知识研学

顾名思义，经济学总是与经济活动联系在一起，人类为了生存和发展，需要不断生产大量的物质产品（包括劳务）来满足日益增长的需要。我们知道人们对物质产品的需要，来自欲望。

所谓欲望，经济学家定义为人对生活资料和服务的不间断需要。欲望是人类一切经济活动的原动力，它的主要特点是无限性和多层次性。人的欲望是无穷无尽的，在一种欲望得到满足后，新的欲望就会产生。美国心理学家马斯洛在1943年将人的需要分为五个层次，生理需要、安全需要、社交需要、尊重需要和自我实现需要。不同层次的需要由低到高依次产生，当某个层次的需要得到满足后，人又会产生较高层次的需要，永无止境。早在三百多年前，我国清朝初期的胡澹淹就已提出人的需要的四层次论：温饱、情爱、财产、地位，并指出生命不息，欲望不止。他曾写过一首打油诗《南柯一梦西》。

终日奔忙只为饥，方才一饱便思衣。
衣食两般皆俱足，又想娇容美貌妻。
娶得美妻生下子，恨无田地少根基。
买到田园多广阔，出入无船省马骑。
槽头扣了骡和马，叹无官职被人欺。
县丞主簿还嫌小，又要朝中挂紫衣。
做了皇帝求仙术，便想登天跨鹤飞。
若要世人心里足，除是南柯一梦西。

这首诗的字里行间形象描绘了人类欲望的无限性。用什么来满足人类的欲望呢？我们把用于满足人类欲望的有形物品和无形物品统称为资源。这些资源从哪里来呢？其中一部分源于自然界现成的东西，人们无须付出任何代价就可以随意取用，如阳光、空气等，我们将其称为自由物品；另一部分要通过人的劳动把它们生产出来，我们将其称为经济物品。不论是自由物品还是经济物品，相对于人类无穷无尽的欲望而言总是有限的、稀缺的，我们把这种资源的相对有限性叫作资源的稀缺性。

微课 1-2
稀缺性

在现实生活中，我们经常能感受到资源的相对稀缺性。比如，谁都喜欢住大的房子、开豪华的车、上好的大学、受好的教育……但是你想过没有，当你想去上好大学的时候，想去住大房子的时候，想开好车的时候，你有钱吗？你有支付能力吗？每个人都面临稀缺问题。收入低的人群，钱就是稀缺的。收入高的人群，是不是就没有稀缺问题呢？同样有。他们想活得更长久，所以对他们来说，时间这个资源是稀缺的。每个社会也面临稀缺问题。例如，2014 年我国人均淡水、耕地、森林资源占有量分别为世界人均水平的 25%、40% 和 25%，石油、铁矿石、铜等重要矿产资源的人均可采储量分别为世界人均水平的 7.7%、17% 和 17%，而且大部分自然资源主要分布在地理环境、生态环境不太好的西部地区，开采、利用和保护的成本高，资源条件的刚性约束成为我国可持续发展的瓶颈。稀缺是经济研究的本源，如果资源要多少有多少，取之不尽、用之不竭，可以任凭挥霍浪费，经济学又有什么必要呢？经济学是为解决人类经济活动中经常面临的欲望无限性和资源稀缺性之间的矛盾而产生的。

由于资源稀缺，所以我们在使用资源时要进行选择。选择是指资源配置，即如何利用既定的资源去生产量多质优的经济物品，以满足人类的需要。选择的前提是同一资源有多种用途。比如，煤炭既可用于发电、炼钢烧炉，又可用于做饭、取暖等；在有限的时间里，你既要安排工作、学习、吃饭、睡觉，又要考虑郊游、锻炼、聚会等；一定的人力资源既可去生产制造军用品，又可去生产黄油、面包和精神食粮等；钢铁既可用于制造飞机、大炮、坦克，又可用于制造汽车、轮船、自行车等。同一资源可满足不同的欲望。由于资源的稀缺，无法满足人们多种多样的、无限的、不间断的需要，所以人们不得不权衡，努力去做选择。例如，是生产更多的军用品，还是要减少民用品的供给？是去参加校园的周末舞会，还是去看两场电影？

经济学就是研究如何选择稀缺资源以满足人类多样化的需要。

人类进行选择的过程也就是资源配置的过程，选择要解决3个基本问题：

（1）生产什么。生产什么的问题，就是要解决生产什么物品与生产多少物品的问题。

2013年9月，习近平总书记在哈萨克斯坦纳扎尔巴耶夫大学发表演讲，在回答学生关于环境保护的问题时说："我们既要绿水青山，也要金山银山。"人们在从事经济活动时有必要进行合理而有效的选择，将稀缺的资源以最优的方式用于某些物品的生产，同时决定某种物品的生产数量。

（2）怎样生产。怎样生产就是用什么方法来生产的问题。不同的生产方法和资源组合是可以相互替代的。同样的产品可以有不同的生产方法和资源组合（比如生产一个产品可以采用劳动密集型方法或资本技术密集型方法，其所对应的资源组合是不同的）。生产任何物品，通常可以采用不同的技术和不同的生产方法。

2016年3月，习近平总书记在全国两会期间参加青海代表团审议时指出，"像保护眼睛一样保护生态环境，像对待生命一样对待生态环境，推动形成绿色发展方式和生活方式"。在生产什么、生产多少已定的情况下，人们就有必要选择合适的生产方法，以达到高效率地利用现有资源的目的。

（3）为谁生产。为谁生产的问题，就是如何把生产出来的产品分配给社会成员的问题，即社会成员按什么原则从社会产品中获得他应得的部分。产品在社会成员之间如何分配，将影响生产要素的流向和配置。

党的十九大报告明确提出："建设生态文明是中华民族永续发展的千年大计。"永续发展的本质就是资源开发利用既要支撑当代人过上幸福生活，也要为子孙后代留下生存根基。党的二十大报告进一步明确"我们坚持绿水青山就是金山银山的理念，坚持山水林田湖草沙一体化保护和系统治理，全方位、全地域、全过程加强生态环境保护，生态文明制度体系更加健全，污染防治攻坚向纵深推进，绿色、循环、低碳发展迈出坚实步伐，生态环境保护发生历史性、转折性、全局性变化，我们的祖国天更蓝、山更绿、水更清"。

由资源的稀缺性和选择性引发的三大基本问题，被称为资源配置问题。出现失业时，意味着经济资源的闲置与浪费。所以，经济学家不仅研究资源配置问题，还研究资源利用问题。所谓资源利用，是指人类社会如何更好地利用现有的稀缺资源，使之生产出更多的物品。资源利用主要包括3个问题：

（1）为什么资源得不到充分利用，如何解决失业，实现充分就业。

（2）经济水平和产量为什么会波动，如何实现经济增长。

（3）货币如何影响经济社会，如何对待通货膨胀或通货紧缩问题。

由上可见，稀缺性不仅引起了资源配置问题，而且引起了资源利用问题。

因此，经济学就是研究如何有效配置和利用稀缺资源的科学。

任务三　学会如何取舍
——机会成本

学习目标

思政目标：树立正确的得失观，能明辨是非，眼光长远，学会放弃，懂得舍得。

知识目标：掌握机会成本的含义，理解机会成本的核算方法。

技能目标：学会用机会成本的原理分析问题，学会权衡取舍，做出合理选择。

导入案例

“我是哈佛大学最成功的辍学生。”这是微软公司的创始人比尔·盖茨先生在母校哈佛大学授予他荣誉学位典礼上演讲时所说的。

比尔·盖茨出生在美国的西雅图，他在上中学时就对计算机情有独钟，曾帮助几家公司编写程序。在“计算机将成为每个家庭、每个办公室中最重要的工具”这种信念的引导下，19岁的盖茨（当时正在读大学3年级）有了创办软件公司的想法，随之而来的就是他要面临选择，是继续读书直到拿到很多人梦寐以求的哈佛大学学位证书，还是开办自己的软件公司？

对于比尔·盖茨来说，顺利完成学业是他的梦想，哈佛大学的毕业证书是他所渴望的，但是他预测软件时代到来了，如果错过这次创业机会可能会有很大遗憾。在经过思考后，他毅然决定放弃学业，开办软件公司。事实证明他的选择是对的。比尔·盖茨1975年创立了微软公司，1986年在他31岁时成为亿万富翁，39岁成为世界首富。

他这样的选择有没有机会成本呢？当然有，他至今还没有完成哈佛大学的学业，但与他在计算机领域已取得的伟大成就相比，机会成本太小了。相反，如果他当时选择继续学业，机会成本就太高了，它是创立微软公司、成为世界首富和大慈善家。

由于资源稀缺，一个人一生中总是要面对各种各样的选择，而每次选择都要付出一定的机会成本。如何选择才能使机会成本更小，获得的收益更大呢？

资料来源：新浪教育．比尔盖茨：我是哈佛最成功的辍学生［EB/OL］．［2023-09-16］．http：//edu.sina.com.cn/en/2007-10-31/152939746.shtml

知识研学

由于资源的稀缺性以及欲望的无限性，产生了经济活动中的选择问题。何为选择，选择就是指如何利用现有的资源去生产经济物品，以更好地满足人类的欲望。

加拿大经济学家迈克尔·帕金在他的教科书当中就这样写道：“从你每天早上醒来的一刻到每天晚上再睡下的一刻，你的生活充满了选择。”比如早上是搭乘公共汽车还是搭乘出租车到单位上班？中午是吃米饭还是吃烤鱼？下午是将今天赚来的300块钱买衣服还是买口红？做这些选择，不外乎要将我们的资源，包括时间、金钱、精力等进行分配，通过选择最优方案实现收益最大化。

一个人是这样，一个家庭、一家企业甚至一个社会也是这样，无时无处不面临选择。比如：一个家庭要决定一亩地是种玉米还是种水稻；一家企业经常要决定是否应该生产一个新产品，开辟一个新市场，引进一项新技术；一个社会也面临着大炮和黄油之间的选择，当一个社会的支出更多地用在保卫其边疆免受外国入侵的国防（大炮等）上时，其用于提高国内生活水平的消费品（黄油等）就减少了。又比如，山西是煤炭大省，现在要在推动高质量发展上取得新突破，就要统筹抓好煤炭清洁低碳发展、多元化利用、综合储运等，加快绿色低碳技术攻关，持续推动产业结构优化升级等，推进碳达峰碳中和。这就是选择，这就需要更多的资源流向这里而放弃其他用途。资源的稀缺性和用途的多样性决定了在使用资源时必须面临权衡取舍，因此经济学又被称为“选择的科学”。

任何选择都是有代价的，天下没有免费的午餐，有选择就有放弃，有所得就一定有所失，鱼和熊掌不可兼得。这就是说，这个社会或这家企业等所获得的一定数量的产品收入，是以放弃用同样的资源来生产其他产品时所能获得的收入作为代价的。由此便产生了机会成本的概念。机会成本是指把既定资源投入某一特定用途所放弃的、该资源在其他可能用途中获得的最大收益。也可以说，机会成本是为了得到某种东西所必须放弃的东西。

微课 1-3

机会成本

任务思考

企业家和农民都要从甲地到乙地，他们可以坐飞机也可以坐汽车。机票的价格是300元，飞2小时；而汽车票的价格是80元，需12小时。企业家每小时的时间成本是50元；农民每小时的时间成本是5元。从机会成本的角度来分析，企业家和农民各应做什么选择？为什么？

任务四　辨别“是什么”还是“应该是什么”
——经济学的研究方法

学习目标

思政目标：树立正确的价值观，培养良好的经济思维。

知识目标：掌握经济学的研究方法，能区别规范分析和实证分析。

技能目标：会运用规范分析和实证分析的方法分析经济现象。

导入案例

假设一架有200个座位的飞机从北京飞往上海，飞行一次航空公司的成本是40万元。在这种情况下，每个座位的平均成本是2 000元。人们很容易就此得出结论：航空公司的票价决不应该低于2 000元。而事实上，一家理性的航空公司往往会通过考虑边际量而设法增加利润。设想一架飞机即将起飞时仍有10个空位，而在登机口等退票的乘客愿意支付1 600元买一张票。航空公司应该把票卖给他吗？当然应该。如果飞机有空位，多增加一位乘客的成本是微不足道的。虽然每位乘客飞行的平均成本是2 000元，但增加的这位乘客的边际成本主要是免费消费的一顿午餐的成本而已。只要等退票的乘客支付的钱大于边际成本，那么卖给他机票就是有利可图的。这就是边际思维。

理性人知道，生活中的很多决策很少是黑与白的选择，而往往是介于其间，所以我们可以用边际变动来描述对现有行动计划的微小增量调整，运用边际分析方法做出更适当的决策。

知识研学

每门学科都有自己的研究方法，经济学也不例外。经济学研究资源配置与利用问题，对这些问题既可以用实证的方法进行分析，也可以用规范的方法进行分析。经济学根据研究方法的不同，可以分为实证经济学和规范经济学。

一、实证分析与规范分析

实证分析是在给出假定的前提下，研究经济现象之间的关系，分析经济活动的运行过程，预测经济活动的结果。实证分析拒绝价值判断，即不对产生结果的好与坏做出主观判断。实证分析只回答“是什么”的问题。比如，经济的现状如何？有几种可能的选择？每种选择会带来什么样的结果？但是，它拒绝回答经济现状是好还是坏，应该如何选择，什么样的结果是好的或是坏的等。

规范分析研究的是“应该是什么”的问题，或者说规范分析研究的是人类社会面临经济问题应该如何解决的问题。如果说实证分析所做的是“事实判断”，那么规范分析所做的主要是“价值判断”，即对经济现象好与坏、善与恶等的判断。由于每个判断者的预设不同，所以不同的判断者对同一经济现象的价值判断相去甚远。例如，政府应该更关注通货膨胀还是应该更注重降低失业率？

实证经济学与规范经济学的区别如下：

（1）分析的依据不同。实证经济学为了使经济学具有客观科学性，就要避开价值判断问题；规范经济学为了判断某一具体经济事物的好坏等，则从一定的价值判断出发来研究问题。

（2）要解决的问题不同。实证经济学要解决“是什么”的问题，即要确认事实本身，研究经济本身的客观规律与内在逻辑，分析经济变量之间的关系，并用于进行分析与预测；规范经济学要解决“应该是什么”的问题，即要说明事物本身是好还是坏等，是否符合某种价值判断，或者对于社会有什么积极意义。

（3）所得出的结论客观程度不同。实证经济学的内容具有客观性，所得出的结论可以根据事实来检验，不会以人们的意志为转移；规范经济学本身没有客观性，所得出的结论要受到不同价值观念的影响。

规范经济学研究要以实证经济学为基础，而实证经济学研究离不开规范经济学的指导。

二、实证分析的工具

（一）均衡分析法

均衡是物理学的名词。当一个物体同时受到方向相反的两个外力作用，而这两个外力恰好相等时，该物体会由于受力相等而处于静止状态，这种状态就是均衡。

经济均衡是指经济体系中各种力量处于平衡时的状态，即各个经济决策主体（如消费者、厂商等）所做出的决策正好相容，并且在外界条件不变的情况下，每个主体都不愿意再调整自己的决策，从而不再改变其经济行为的平衡状态。均衡分析法就是研究各种经济变量如何趋于平衡的方法。如当大米的市场价格为2元每500克时，大米的供给量与需求量恰好相等，既没有不足，也没有剩余，此时，大米的价格就既没有上涨的空间，也没有下跌的可能，我们把这种市场状态称为均衡。

（二）边际分析法

边际分析法是利用边际概念对经济行为和经济变量进行数量分析的方法。所谓边际，就是额外或增加的意思，即所增加的下一个单位或最后一个单位。在经济学分析中，边际是指对原有经济总量的每一次增加或减少。严格地说，边际是指自变量发生微小变动时，因变量的变动率。如“边际效用”指的是每增加（或减少）一个单位的商品消费所带来的总效用的增量（或减量）。“边际”就是一阶导数，边际分析实质上就是将微分学引入了经济学。

在边际分析法下，经济学家在进行选择时总是遵循这样的原则：当某项经济活动（如生产、消费）的边际收益大丁边际成本时，人们会扩大这种活动；反之，则会减少这种活动，直到边际收益等于边际成本。边际分析法的应用，使经济理论精密化，推动了经济学的发展，因此被人们称为“边际革命”。

（三）经济模型分析法

经济现象不但错综复杂，而且变化不定，难以像自然科学那样，在实验室内进行实验。为了便于研究，经济学往往舍去一些比较次要的因素，专门研究普遍性、决定性因素之间的因果关系，形成经济模型。经济模型是对经济现实的概括，有助于人们对经济规律的认识和理解。例如，利用经济模型我们可以预测，在其他条件不变的情况下，若原材料价格上升10%，厂商的产量将会下降多大幅度。

思考与训练

一、主要概念

资源及资源的稀缺性　资源配置与资源利用　经济学　机会成本　实证分析与规范分析　边际分析

二、单项选择题

1.经济学的研究对象是（　　）。

A.政府对市场制度的干预

B.企业取得利润的活动

C.如何合理地配置稀缺资源用于不同的用途

D.人们如何依靠收入生活的问题

2.“资源是稀缺的”是指（　　）。

A.世界上大多数人生活在贫困中

B.相对于资源的需求而言，资源总是不足的

C.资源必须保留给下一代

D.世界上的资源将耗尽

3.微观经济学研究的基本问题是（　　）。

A.生产什么、生产多少　　B.如何生产

C.为谁生产　　D.以上都包括

4.下列关于实证分析法与规范分析法的相关表述，错误的是（　　）。

A.“价值判断”是实证分析法与规范分析法的重要区别点

B.实证分析法和规范分析法要解决的问题不同

C.实证分析法与规范分析法是相互排斥的

D.经济学研究中应该将实证分析法与规范分析法结合起来

5.下列不属于实证经济学命题的是（　　）。

A.银行一年期定期存款利率为1.75%

B.2021年失业率约为5%

C.收入差距大是很不公平的

D.应届毕业生的就业率不足90%

6.经济学的研究方法包括（　　）。

A.经济模型分析法　　B.边际分析法

C.均衡分析法　　D.以上都是

三、简答题

1.假设世界上打字最快的打字员是脑外科医生，从机会成本角度分析，他应该是自己打字还是雇用一个秘书？请做出回答并解释。

2.在现实生活中，“看不见的手”能否在所有领域发挥作用？请举例说明。

3.实证分析与规范分析有什么不同？

项目二

坐在跷跷板上想供求平衡
——供求原理

导　读　　　　轻轨列车的票价

过去人们乘小客车从大连到开发区需要1小时，现在大连至金石滩的轻型轨道列车一期工程通车，乘坐轻轨只需不到30分钟。轻轨不仅内部环境好，运行过程也安全。但是运行一段时间后，轻轨陷入了比较尴尬的境地，每节可以容纳100余人的车厢里，一般只有十几个乘客。

为什么呢？因为价格。小客车从大连到开发区的票价是5元，轻轨却要10元。小客车随叫随停，而轻轨只在车站才能停，而且轻轨车站多数设置在距离大连市中心比较远的地方，乘客下车后还要自己打车或坐公交才能到大连市中心。因此在票价高、不方便的条件下，人们对轻轨的认可度不高。

这样运行了一段时间之后，轻轨的票价由10元调整到3元。虽然下车后还要搭一段公交车或出租车才能到大连市中心，但毕竟和小客车相比，轻轨有许多优势，而且价格便宜了。很快，轻轨的车厢里座无虚席，每节车厢人数基本都在100人以上。后来，轻轨由过去的香炉礁车站延伸到了大连市中心的大连火车站，票价涨到5元，和小客车票价相同。轻轨更方便了，已经直达大连市中心，虽然涨价，但是乘客猛增。

资料来源：崔东红，戴卫东. 经济学原理［M］. 2版. 北京：电子工业出版社，2012.

思考：价格理论是微观经济学的中心理论，而需求和供给是决定价格的两种基本力量。本章主要介绍需求、供给、均衡价格等理论及其运用。

任务一　了解自己的需求
——需求理论

学习目标

思政目标：树立全局意识，掌握运用辩证思维对社会现象进行透彻分析的能力。

知识目标：理解需求、需求理论的定义及影响因素。

技能目标：区别需求变动和需求量变动。

导入案例

当台风袭击东南沿海各省时，水果市场中荔枝的价格就会上涨；当“十一”黄金周结束后，全国各旅行社旅游线路的价格呈直线下降；如果航空票价涨了，人们就会转向乘坐高铁、汽车等其他交通工具；如果东南亚旅游的价格下降了，人们就会从别的旅游线路转向东南亚；当中东地区爆发战争时，国际石油价格会上涨；当主要产油国之间爆发价格战时，又会导致石油价格下降。

资料来源：付兵，胡明琦，王竹．经济学基础［M］．浙江：浙江大学出版社，2018．

任务思考

为什么一些事件发生后会对某些商品的价格产生影响？这些事件中影响价格波动的原因是什么？

知识研学

一、需求

微课 2-1

需求理论

需求是指在一定时期内，消费者在各种可能的价格下愿意而且能够购买的某种商品的数量。理解需求的概念，必须注意它是购买欲望与支付能力的统一，两者缺一都不能成为需求。

需求反映了消费者对商品的消费数量即需求量与该商品价格之间的对应关系。需求和需求量是两个不同的概念。需求指在各种不同的价格下，消费者愿意而且能够购买的商品数量，体现了价格和需求量之间的关系；而需求量则指在某一特定价格下，消费者愿意而且能够购买的商品数量。

二、影响需求的因素

（一）商品本身的价格

一般来讲，需求量与商品本身价格成反比，商品本身价格越高，需求量越小；商品本身价格越低，需求量越大。例如，当每500克苹果的价格从3.5元上升到5.2元时，人们对苹果的需求量就会减少；当每500克苹果的价格从3.5元下降到2.1元时，人们对苹果的需求量就会增加。

（二）相关商品的价格

各种商品之间存在不同的关系。一种商品价格的变动不仅会影响本身的需求量，也会影响另一种商品的需求量。商品之间的关系有两种：互补关系和替代关系。

互补关系是指两种商品互相补充共同满足人们的同一种欲望，如汽车与汽油，照相机与胶卷。对于互补品，一种商品（胶卷）的价格上升，消费者对另一种商品

（照相机）的需求量就会减少，反之亦然，即一种商品的价格与其互补品的需求量呈反方向变动。

替代关系是指两种商品可以互相代替来满足人们的同一种欲望，如茶与咖啡，鸡蛋与鸭蛋。对于替代品，一种商品（茶）的价格上升，消费者对另一种商品（咖啡）的需求量就会增加，反之亦然，即一种商品的价格与其替代品的需求量呈同方向变动。

小思考2–1

猪肉的替代品有哪些？

案例2-1　**汽油价格与小型节能汽车的需求**

1973年，爆发了第一次石油危机，美国原油价格上涨了4倍，最高达到每桶近12美元；1979年，爆发了第二次石油危机，当时原油价格上涨了2倍，最高达到每桶37美元。石油是汽油的生产原料，石油危机使得汽油价格大幅上涨，美国汽车销量急剧下降，25万名产业工人失业，福特、克莱斯勒等大汽车公司面临生存危机，汽车业遭受重创，由此陷入萧条。

与此同时，在能源日渐紧缺的20世纪70年代，日本汽车生产厂商的能源危机感使其在节能方面不断探索，小型轿车开始大行其道，出口量骤增。由此，丰田、日产等公司迅速成为世界级汽车生产厂商。1980年，日本汽车总产量达到1 104万辆，超过美国成为世界上最大的汽车生产国和出口国。

既然公司和住宅之间的距离不可能缩短，人们只好放弃自己的大中型旧车，而选购小型的节能汽车，这样每升汽油就可以多跑一段距离。于是小型节能汽车的销量持续攀升，而大中型汽车的市场竞争力明显下降。

资料来源：斯蒂格利茨.《经济学》小品和案例［M］. 北京：中国人民大学出版社，1998.

（三）消费者的收入水平及分配平等程度

消费者的收入水平与分配平等程度的提高会促使需求增加；反之，会导致需求减少。例如，相比于20世纪八九十年代，现在人们对彩电、空调等家电的需求明显增加，因为现在人们的收入水平明显提高了。但也有例外，有些商品在收入提高时需求减少，而在收入下降时需求增加。经济学家把前者称为正常商品，后者称为劣等商品。

小思考2–2

私家车为何在中国越来越多？

（四）消费者偏好

消费者对某种商品的偏好程度会对该商品的需求产生影响，偏好程度越高，需求越大；反之，偏好程度越低，需求越小。影响消费者偏好的因素包括文化、心理、广告效应等。例如，中国人较西方国家的人更偏爱喝茶，人均茶叶的需求量大于西方国家。

（五）消费者对未来价格的预期

如果消费者预期某种商品的价格将上涨，就会增加对该商品的先期需求量；如果消费者预期某种商品的价格将下降，就会减少对该商品的先期需求量。

案例2-2　　食盐抢购风波

2011年3月11日，日本东北部海域发生里氏9.0级地震并引发海啸。地震造成日本福岛第一核电站1～4号机组发生核泄漏事故，地震引发的海啸影响到太平洋沿岸的大部分地区。有人预计海域受核泄漏污染将导致食盐涨价，武汉出现部分超市门店食盐断货、大中型超市消费者排队抢购食盐的现象，还有个别商店趁机将食盐提价出售。

食盐是人们日常生活中的必需品，人人不可缺少，且无替代品。在我国，食盐是国家垄断专营产品，实行政府定价。面对抢购风潮，政府各级职能部门紧急组织专门人员，严查盐价，严打哄抬物价、囤积居奇等价格违法行为，一场波及全国的食盐抢购风潮迅速得以平息。

资料来源：佚名. 受日本大地震影响，大陆部分地区刮“抢盐风”［EB/OL］.［2023-03-16］. https：//www.163.com/dy/article/HVV72TH50553OUHK.html.

（六）其他因素

其他因素包括人口数量变动、人口结构变动、政府的经济政策等。一般来讲，人口数量的增减会使需求发生同方向变动，人口结构的变动主要影响需求结构，政府会通过采取一些鼓励需求或抑制需求的政策来调节需求结构。

三、需求函数、需求表、需求曲线

（一）需求函数

需求函数表示某一特定时期内市场上某种商品的需求量和影响其需求量的各种因素之间的相互关系的函数。把影响需求量的各种因素作为自变量，用a，b，c，d，…，n表示，把需求量作为因变量，用D表示，则需求函数为：

$$D=f(a, b, c, d, \cdots, n)$$

为了简化分析，假定影响需求量的其他因素不变，仅分析商品价格与需求量之间的关系，并以P表示价格，则需求函数为：

$$D=f(P)$$

若某商品需求量与价格之间是线性关系，即需求曲线是一条直线，则需求函数为：

$$D=a-bP \quad (a>0, b>0)$$

（二）需求表

需求表是指某种商品的不同价格与相应的需求量之间关系的表格。例如，某一市场某一个月内某款冰箱的价格需求情况可以用表2-1来表示。

表2-1　　某款冰箱的价格需求情况

价格需求组合	A	B	C	D	E
价格（元/台）	2 600	2 400	2 200	2 000	1 800
需求量（台）	1 000	1 200	1 450	1 750	2 100

（三）需求曲线

需求曲线是某种商品价格与需求量之间关系的图形表示形式，是表示商品价格与需求量之间关系的曲线。依据表2-1绘制冰箱的需求曲线，如图2-1所示，横轴表示商品的需求量，纵轴表示商品的价格，D为需求曲线。需求曲线向右下方倾斜，表明需求量与价格呈反方向变动。需求曲线的形状可能是曲线，也可能是直线。

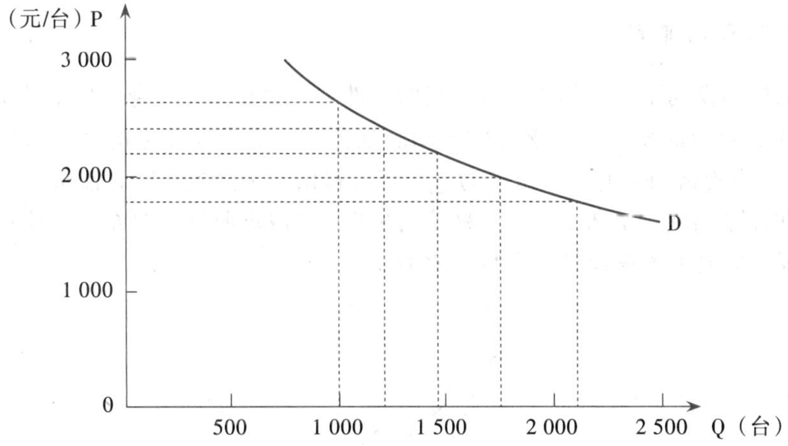

图2-1　某款冰箱的需求曲线

四、需求定理

需求定理是说明商品本身价格与需求量之间相互关系的理论。其基本内容是：在影响需求量的其他因素不变的情况下，商品的需求量与价格之间呈反方向变动，即需求量随商品本身价格的上升而减少，随商品本身价格的下降而增加。

需求定理强调其他因素不变这一前提，即在相关商品的价格、消费者偏好等因素保持不变的情况下，研究需求量随价格的变动关系。离开了这一前提，需求定理就无法成立。

必须注意，需求定理反映的是一般规律，这一定理也有例外情况。

（一）炫耀性商品

珠宝、豪华轿车等炫耀性商品，在一定程度上代表着消费者的身份和地位，价格上涨，需求量会增加，价格下降，需求量反而会减少。

（二）吉芬商品

某些低档生活必需品在特定的条件下，价格上涨，人们的购买量会增加，这种商品被称为“吉芬商品”。英国经济学家吉芬发现，在爱尔兰发生灾荒时，土豆的价格虽然上涨，但许多低收入的家庭反而更多地消费土豆。

（三）投机性商品

有价证券和黄金等投机性商品，当其价格小幅度升降时，需求按正常情况波动；当其价格大幅度升降时，受“买涨不买跌”心理的影响，需求曲线出现不规则的变化。

五、需求量的变动与需求的变动

（一）需求量的变动

需求量的变动是指在其他因素不变的条件下，由于商品本身价格变动所引起的该商品的需求量的变动。需求量的变动表现为同一需求曲线上的点的移动，如图2-2所示，当价格为P_1时，需求量为Q_1，当价格由P_1下降到P_2时，需求量由Q_1增加到Q_2，在需求曲线上表现为从a点移动到b点。在需求曲线上向左上方移动是需求量的减少，向右下方移动是需求量的增加。

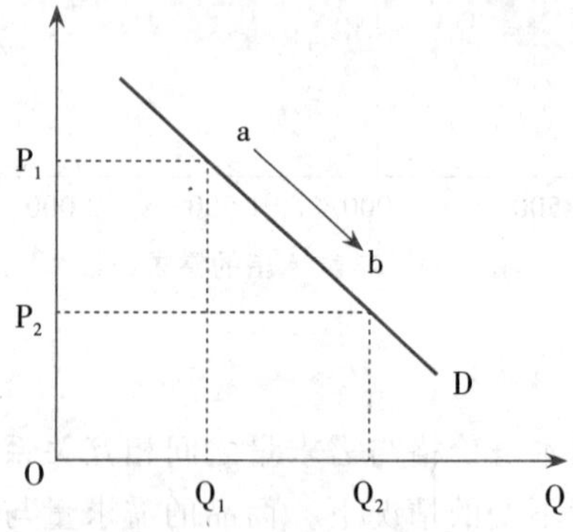

图2-2　需求量的变动

（二）需求的变动

需求的变动是指在商品本身价格不变的条件下，由于其他因素的变动所引起的该商品需求的变动。需求的变动表现为需求曲线的平行移动，如图2-3所示，在商品价格P_0保持不变的情况下，收入减少时，需求量由Q_0减少到Q_1，需求曲线由D_0

移动到D_1；收入增加时，需求量由Q_0增加到Q_2，需求曲线由D_0移动到D_2。需求曲线向左移动是需求的减少，需求曲线向右移动是需求的增加。需求曲线的平行移动表明，如果价格不变而其他因素变化，则在每一种价格水平上需求量都变化了，即需求的变动表示整个需求情况的变化。

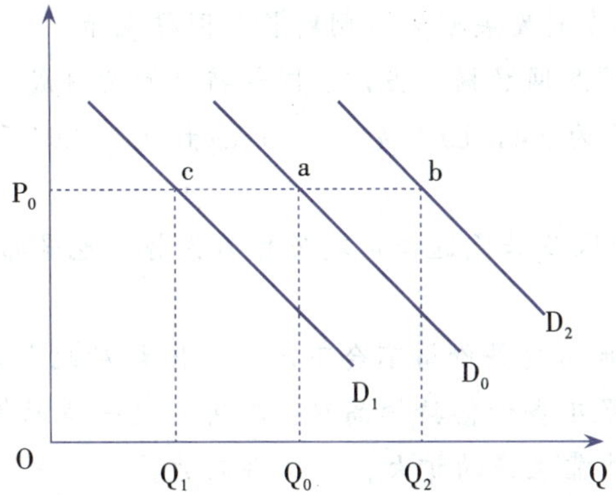

图2-3　需求的变动

小思考2-3

1.“三八”妇女节期间，福州市各花店生意火爆，热销鲜花以康乃馨、玫瑰为主，鲜花的需求发生了何种变化？

2.超市的某类商品降价活动引起此类商品的需求量发生何种变化？

3.上述两者变化相同吗？为什么？

任务二　了解厂商的生产——供给理论

学习目标

思政目标：树立全局意识，掌握运用辩证思维分析各种社会现象的能力。

知识目标：理解供给、供给理论的定义及影响因素。

技能目标：区别供给变动和供给量变动。

导入案例

“鸡蛋现在一天一个价，赶上5块的时候就稍微多买一点儿，不然第二天就会变成5块2甚至5块4了。”湖北来京打工的张阿姨说。

北京新发地农产品批发市场的鸡蛋价格比上一年同期上涨超过25%，以每500克7～8枚鸡蛋测算，100元钱能够购买的鸡蛋数量与去年同期相比减少了近40个。

鸡蛋价格涨逾25%，养鸡场应该最清楚涨价的关键环节在哪里。北京净柴养殖中心负责销售的赵先生表示：“我们的饲料成本、人工成本明摆在那里，这是市场调节价，不是我们决定的价格。”赵先生透露，去年该养殖场雇一个人每月1 300～

1 500元的工资，今年最少1 800元，上涨20%以上；此外，玉米、豆粕的价格也上涨了很多。“最近鸡蛋需求一直很高，中秋和国庆快到了，估计鸡蛋暂时不会掉价。”

“鸡蛋涨价，成本应该是最主要的因素。今年饲料价格涨得厉害，尤其是玉米的价格。”中国社科院农村发展研究所副所长李国祥表示。

据中国饲料行业信息网数据，当前全国养殖户的饲料成本不断上升，玉米、豆粕、配合料价分别约为2.41元/千克、3.46元/千克、2.94元/千克，同比分别涨211%、4.5%、16.7%。

“前期肉价上涨让很多居民选择用鸡蛋作为代替，也是推动蛋价上涨的因素之一。”李国祥表示。

有分析认为，短时间鸡蛋价格不会下降。李国祥对此表示认同：“现在谈论价格下降为时尚早，如果鸡蛋价格持续高涨，有可能进一步助推CPI上涨。而鸡蛋价格涨幅的回落，主要依靠生产的扩大，提高供应量。”

资料来源：杨柳晗. 价格涨逾25% 100元比去年少买40个鸡蛋［EB/OL］.［2011-09-07］. http: //business.sohu.com/20110907/n318571568.shtml.

知识研学

一、供给

微课2-2

供给理论

供给是指在一定时期内，生产者在各种可能的价格下愿意而且能够提供的某种商品的数量。和需求一样，理解供给的概念同样需要注意，供给是供给愿望与供给能力的统一，两者缺一不可。

供给反映了生产者愿意而且能够提供的商品产量，即供给量与该商品价格之间的对应关系。供给和供给量是两个不同的概念。供给指在各种可能的价格下，生产者愿意而且能够提供的商品数量即供给量，体现了供给量和价格之间的关系；而供给量则指在某一特定价格下，生产者愿意而且能够提供的商品数量。

二、影响供给的因素

（一）商品本身的价格

一般来讲，商品本身价格越高，供给量越大；商品本身价格越低，供给量越小。例如，苹果的价格为每千克5元时，某地市场月供给量为5万千克；当苹果的价格上涨为每千克7元时，月供给量为7.5万千克。

案例2-3　“为世界装上轮子的人”

20世纪初，一辆汽车在美国的售价大约是4 700美元。这相当于一个普通人好几年的收入。在这种价格下，汽车仅仅是少数有钱人的奢侈品。亨利·福特认为，要想把汽车市场变成一个能够创造巨大利润的市场，就必须把汽车变成普通人也能买得起的消费品，而要想做到这一点，大幅降低价格是关键。

最初推向市场的T型车，定价为850美元，相当于当时一个中学教师一年的收入。这背后的生产效率差异是，同时期其他公司装配出一辆汽车需要700多个小时，福特仅仅需要12.5个小时。随着流水线的不断改进，十几年后，这一速度提高到了惊人的每10秒钟就可以生产出一辆汽车。与此同时，福特汽车的市场价格不断下降，1910年降为780美元，1911年下降到690美元，1914年则大幅降到了360美元，后来降到了260美元。福特被尊为“为世界装上轮子”的人。

资料来源：紫翰，晓平．给世界装上轮子的人福特［M］．天津：新蕾出版社，2010.

（二）相关商品的价格

对于互补品，一种商品（胶卷）的价格上升，消费者对另一种商品（照相机）的需求量就会减少，引起这种商品的价格下降，因而供给量减少，反之亦然，即一种商品的价格与其互补品的供给量呈反方向变动。

对于替代品，一种商品（猪肉）的价格上升，消费者对另一种商品（牛肉）的需求量就会增加，引起这种商品的价格上升，因而供给量增加，反之亦然，即一种商品的价格与其替代品的供给量呈同方向变动。

（三）生产要素的价格

生产要素价格的变化直接影响商品的生产成本，从而影响供给。在商品价格不变的情况下，生产要素价格下降，生产成本下降，利润增加，供给会增加；反之，生产要素价格上涨，供给会减少。例如，在葡萄酒价格等因素不变的条件下，如果葡萄的价格上涨，意味着厂商的生产成本增加，供给将会减少。

（四）生产技术

生产技术的提高可以降低原有的生产成本，在同一价格水平下，可以提供更多的商品，从而增加供给。例如，某炼钢厂采用了新的燃煤技术，煤的使用量降低1/3，生产成本大大下降，因而在产品价格保持不变的情况下，厂商愿意供给更多的产品。

（五）生产者对未来的预期

如果生产者预期某种商品的价格将上涨，则会促使其增加投资，扩大生产规模，从而使供给量增加；相反，如果生产者预期某种商品的价格将下跌，则会促使其减少投资，缩减规模，从而使供给量减少。

（六）其他因素

其他因素包括天气原因、政府的政策等。对于农产品，天气状况对其供给起很重要的作用，尤其是自然灾害会造成产量的减少。对于很多商品，政府支持，则供给增加；政府限制，则供给减少。

三、供给函数、供给表、供给曲线

（一）供给函数

供给函数表示某一特定时期内市场上某种商品的供给量和影响其供给量的各种因素之间的相互关系的函数。把影响供给量的各种因素作为自变量，用a，b，c，d，…，n表示，把供给量作为因变量，用S表示，则供给函数为：

$S=f(a, b, c, d, \cdots, n)$

为了简化分析，假定影响供给量的其他因素不变，仅分析商品价格与供给量之间的关系，并以P表示价格，则供给函数为：

$S=f(P)$

若某商品供给量与价格之间是线性关系，即供给曲线是一条直线，则供给函数为：

$S=-c+dP\ (c>0,\ d>0)$

（二）供给表

供给表是指某种商品的不同价格与相应的供给量之间关系的表格。例如，某一市场某一个月内某款冰箱的价格供给情况可以用表2-2来表示。

表2-2　某款冰箱的价格供给情况

价格供给组合	A	B	C	D	E
价格（元/台）	2 600	2 400	2 200	2 000	1 800
供给量（台）	2 000	1 700	1 450	1 200	1 000

（三）供给曲线

供给曲线是某种商品价格和供给量之间函数关系的图形表示形式，是表示商品价格与供给量之间关系的曲线。依据表2-2绘制冰箱的供给曲线，如图2-4所示，横轴表示商品的供给量，纵轴表示商品的价格，S为供给曲线。供给曲线向右上方倾斜，表明供给量与价格呈同方向变动。供给曲线的形状可能是曲线，也可能是直线。

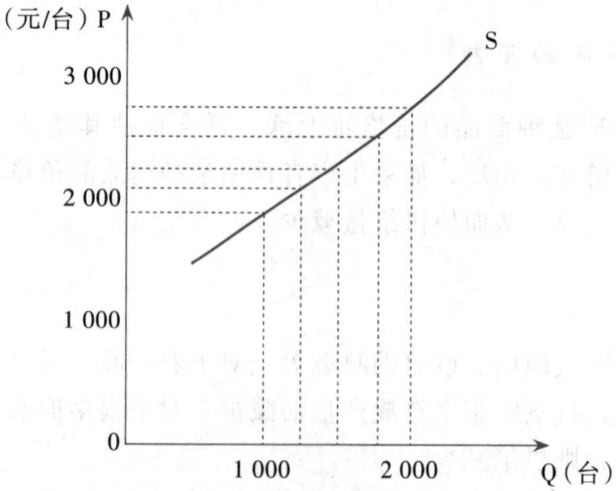

图2-4　某款冰箱的供给曲线

四、供给定理

供给定理是说明商品本身的价格与供给量之间相关关系的理论。其基本内容是：在影响供给量的其他因素不变的情况下，商品的供给量与价格之间呈同方向变动，即供给量随商品本身价格的上升而增加，随商品本身价格的下降而减少。

和需求定理一样，供给定理也是以假设其他因素不变为前提的，离开这一前提，供给定理也就不能成立。

供给定理反映的是一般商品的规律，这一定理也有例外情况。

（1）有些商品的供给量是固定的，如名画、古玩，即使出售价格再高也无法增加供给量。

（2）某些厂商在大规模生产时平均成本锐减，这时商品价格虽有所下降，但厂商仍愿意提供更多的商品。此类商品往往是那些适于机械化大批量生产的高技术产品，如小汽车和电视机等。

（3）劳动的供给有其特殊性，当工资开始提高时，劳动的供给会增加；当工资水平上升到一定程度后，劳动者对货币的需要不迫切了，这时工资再提高，劳动者也不会供给更多的劳动量，而对休息、娱乐和旅游更感兴趣。

案例 2-4　　逆流而行的智慧

在我国，“蒜周期”“蛋周期”等可谓众所周知。一般而言，在其他条件不变的情况下，价格上涨，供给量增加，符合供给定理，那么何以造成严重的供过于求？主要原因有：其一，生产规模小、分散，产销信息不对称，盲目跟风；其二，生产与销售出现时滞，生产需要一个过程，开始生产时行情好，到销售时行情却发生了变化；其三，随着价格上涨，需求量在减少。从生产者个体角度而言，是否有更好的应对之策呢？

战国时期的商人白圭的经营方法与众不同，总是逆流而行，“人弃我取，人取我与”。有一次，别的商人都在一窝蜂地抛售棉花，拼命大减价，白圭却大量地买进棉花，甚至花钱租地方存放棉花。卖完棉花，别的商人都抢着购进皮毛，白圭却打开仓库，把库存的皮毛卖得精光。几天后，有消息说今年棉花严重歉收，商人们心急火燎地到处寻找棉花，白圭高价卖出了全部库存棉花，发了一笔大财。又过了一段时间，满街的皮毛突然卖不出去了，价格降得越来越低，那些抢购皮毛的商人瞬间血本无归。

巴菲特曾说“在别人恐惧时我贪婪，在别人贪婪时我恐惧”，其思想与白圭有异曲同工之妙。物以稀为贵，物极必反。当生产者不了解市场行情及规律，而盲目跟随大流的时候，危险正在前方。

资料来源：王运启．“商圣白圭”的商道智慧［J］．农经.2018（2）.

五、供给量的变动与供给的变动

（一）供给量的变动

供给量的变动是指在其他条件不变时，由某商品本身价格变动所引起的该商品的供给量的变动。供给量的变动表现为同一供给曲线上的点的移动，如图2-5所示，当价格由P_1上升到P_2时，供给量由Q_1增加到Q_2，在供给曲线上表现为从a点移动到b点。在供给曲线上向右上方移动是供给量的增加，向左下方移动是供给量的减少。

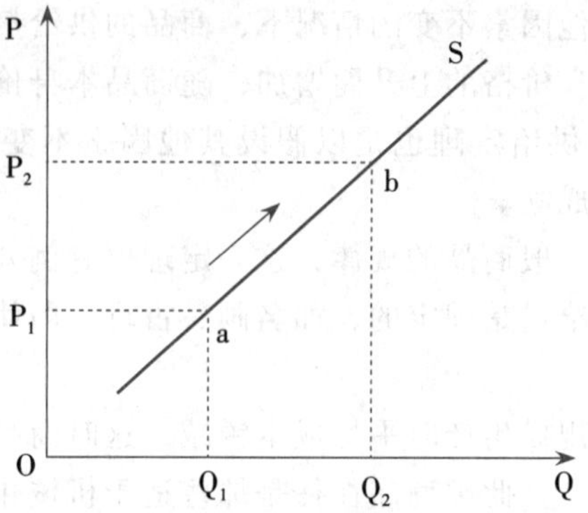

图2-5　供给量的变动

（二）供给的变动

供给的变动是指在商品本身价格不变的条件下，由其他因素的变动所引起的该商品供给的变动。供给的变动表现为供给曲线的平行移动，如图2-6所示，在商品价格P_0保持不变的情况下，其他因素发生变动，如产品成本下降，厂商的利润增加，从而产品供给量增加，由Q_0增加到Q_1，供给曲线由S_0移动到S_1。供给曲线向左移动是供给的减少，供给曲线向右移动是供给的增加。

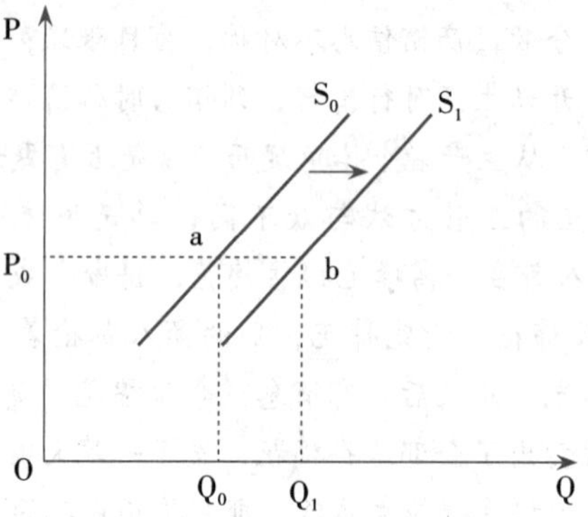

图2-6　供给的变动

小思考2-4

1.2018年我国大蒜价格大幅下跌，引起2019年大蒜的供给量发生了何种变化？

2.2018年我国苹果主产区遭受花期霜冻及后期冰雹灾害，导致苹果的供给发生何种变化？

上述两者变化相同吗？为什么？

任务三　探究谁在操纵物价
——均衡价格理论

学习目标

思政目标：树立全局意识，供给和需求是市场经济内在关系的两个基本方面，是既对立又统一的辩证关系。掌握运用辩证思维分析各种社会现象的能力。

知识目标：均衡价格的形成机理及供求原理。

技能目标：解释供求相互作用如何决定均衡价格和均衡数量，能够用供求模型这一分析工具进行市场分析。

导入案例

在我国西晋，有一位著名的文学家叫左思，他羡慕汉朝赋家班固、张衡的成就，可是对他们的名作《两都赋》《二京赋》又有点不服气，于是花了十年的工夫，写了一篇《三都赋》的大赋。写成之后，人们都惊叹它不亚于班、张之作，一时竞相传抄，蔚为盛事。但纸张的供给量比较小而且比较固定，所以当人们需要用纸张来抄写《三都赋》的时候，纸张供不应求。一时间，纸张价格飞涨，这就是著名的“洛阳纸贵”的故事。

资料来源：作者根据百度百科整理而成。

任务思考

“洛阳纸贵”是一种经济现象，其经济学的本质是当一种商品的需求大增而供给跟不上时，商品价格就会上涨。当其他条件不变的情况下，需求的变动会引起均衡价格和均衡数量如何变化？

知识研学

一、均衡价格的概念

微课 2-3

均衡价格理论

均衡本是一个物理学名词，在经济学中，均衡主要是描述经济事物中的有关变量在一定条件的相互作用下所达到的一种相对静止状态。市场均衡是指在某段时间内，某个市场中某种商品的需求正好与其供给相等时的状态。

需求定理说明消费者希望以最低的价格购买其所想买的商品，而供给定理则说明生产者希望以最高的价格销售其所想卖的商品。需求价格是消费者对一定量商品所愿意支付的最高价格；供给价格则是生产者为提供一定量商品所愿意接受的最低价格。在某种商品的各种可能的价格中必然有一个双方都愿意接受的价格，这个价格称为均衡价格，即一种商品需求与供给相等时的价格。

二、均衡价格的形成

均衡价格是在市场上供求双方的竞争过程中自发形成的。均衡价格的形成也就是价格的决定过程。因此，价格也就是由市场供求双方的竞争所决定的。

在均衡价格下，需求量等于供给量，被称为均衡数量。某款冰箱在不同价格水平下的需求量和供给量见表2-3。

表2-3　某款冰箱在不同价格水平下的需求量和供给量

组合	A	B	C	D	E
价格（元/台）	2 600	2 400	2 200	2 000	1 800
需求量（台）	1 000	1 200	1 450	1 750	2 100
供给量（台）	2 000	1 700	1 450	1 200	1 000

根据表2-3的数据绘制图2-7，说明均衡价格的形成过程。在图2-7中，需求曲线与供给曲线相交于E_e点，即均衡点为E_e，均衡价格P_e为2 200元/台，均衡数量Q_e为1 450台。

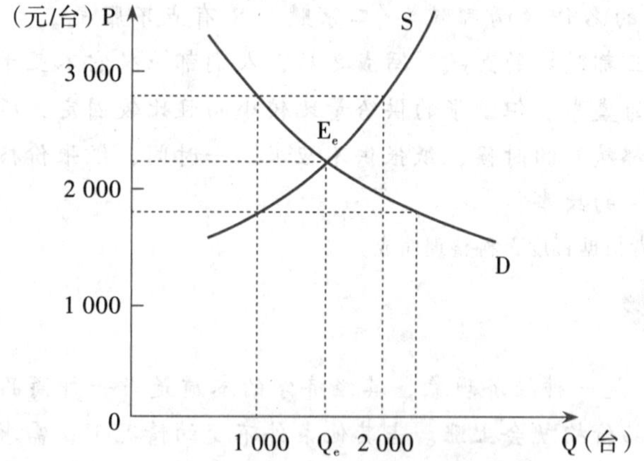

图2-7　均衡价格的形成过程

当冰箱的市场价格为1 800元/台时，冰箱的需求量是2 100台，而生产者在这个价格下愿意供给的数量仅为1 000台，需求量大大超过供给量，这就会刺激市场价格上升，这一方面能减少消费者对冰箱的需求量，另一方面能刺激生产者增加供给量，直至价格升到2 200元/台时，消费者对冰箱的需求量与生产者的供给量均为1 450台，此时冰箱市场达到了均衡。

如果冰箱的市场价格起初为2 600元/台，生产者在这个价格下愿意供给的数量是2 000台，而此时由于价格较高，消费者愿意购买的数量仅为1 000台，供给量远大于需求量，这将会导致市场价格下跌，致使生产者供给量减少，同时会刺激消费者对冰箱的需求量增加，直至价格降至2 200元/台时，消费者对冰箱的需求量与生产者的供给量均为1 450台，此时冰箱市场达到了均衡。

从几何意义上说，供求均衡出现在该商品的需求曲线与供给曲线相交的交点上，该点称为均衡点。均衡点以上需求曲线与供给曲线所夹区域为供给过剩区，均衡点以下需求曲线与供给曲线所夹区域为供不应求区。

均衡价格形成过程也可以用经济模型来表示，均衡价格决定的条件为：

$D=f(P)=a-bp$

$S=f(P)=-c+dp$

$D=S$

联立解方程：

$$P_e=\frac{a+c}{b+d}$$

$$Q_e=\frac{a(b+d)-b(a+c)}{b+d}$$

三、均衡价格的变动

商品的均衡价格是由商品的供给和需求共同决定的，所以无论是需求曲线的位置还是供给曲线的位置发生变动都会使均衡价格发生变动。

（一）需求的变动对均衡价格和均衡数量的影响

需求增加，需求曲线向右上方移动，如图2-8所示，需求曲线由D_0移动至D_2，D_2与S相交于E_2，形成了新的均衡价格P_2、均衡数量Q_2。这说明需求增加将引起均衡价格的上升和均衡数量的增加。

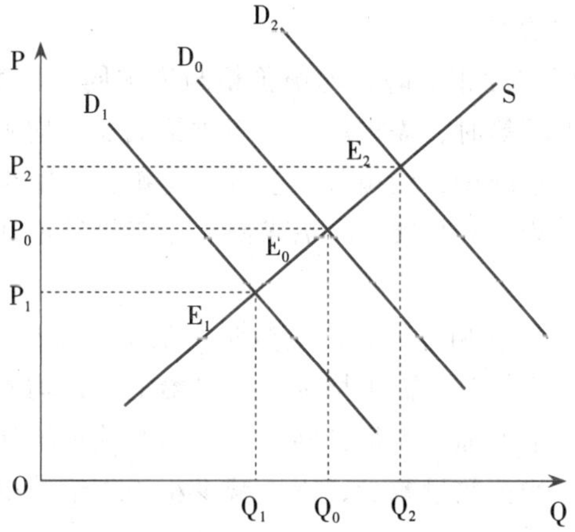

图2-8　需求的变动

需求减少，需求曲线向左下方移动，需求曲线由D_0移动至D_1，D_1与S相交于E_1，形成了新的均衡价格P_1、均衡数量Q_1。这说明需求减少将会引起均衡价格的下降和均衡数量的减少。

也就是说，需求的变动引起均衡价格和均衡数量同方向变动。

（二）供给的变动对均衡价格和均衡数量的影响

供给增加，供给曲线向右下方移动，如图2-9所示，供给曲线由S_0移动至S_2，S_2与D相交于E_2，形成了新的均衡价格P_2、均衡数量Q_2。这说明供给增加将引起均衡价格的下降和均衡数量的增加。

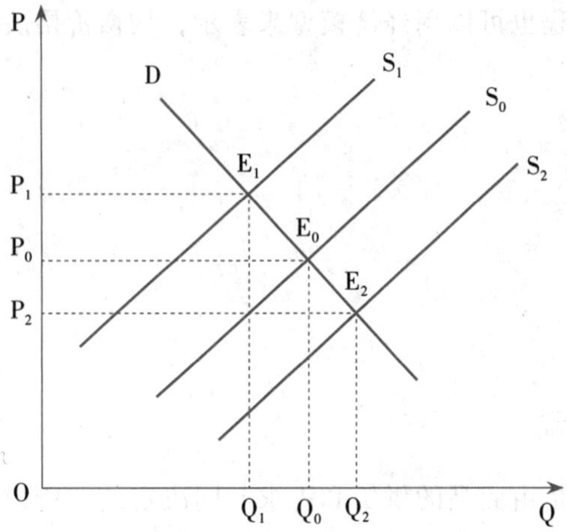

图 2-9　供给量的变动

供给减少，供给曲线向左上方移动，供给曲线由 S_0 移动至 S_1，S_1 与 D 相交于 E_1，形成了新的均衡价格 P_1、均衡数量 Q_1。这说明供给减少将引起均衡价格的上升和均衡数量的减少。

也就是说，供给的变动引起均衡价格反方向变动，引起均衡数量同方向变动。

此外，还有需求与供给同时变动的情况，这要根据变动的程度大小来确定均衡价格与均衡数量变动的情况。

供求反向变动，当程度相等时，均衡价格与需求同方向变动，均衡数量不定。供求反向变动，当程度不等时，需求增加大于供给减少，均衡价格上升，均衡数量增加；需求增加小于供给减少，均衡价格上升，均衡数量减少；需求减少大于供给增加，均衡价格下降，均衡数量减少；需求减少小于供给增加，均衡价格下降，均衡数量增加。

供求同向变动，当程度相等时，均衡数量与供给同方向变动，均衡价格不定。供求同向变动，当程度不等时，需求增加大于供给上升，均衡价格上升，均衡数量增加；需求增加小于供给增加，均衡价格下降，均衡数量增加；需求减少大于供给下降，均衡价格下降，均衡数量减少；需求减少小于供给减少，均衡价格上升，均衡数量减少。

四、供求定理

从上述关于需求与供给变动对均衡价格和均衡数量的影响分析可以得出供求定理：需求的增加引起均衡价格上升，需求的减少引起均衡价格下降；需求的增加引起均衡数量增加，需求的减少引起均衡数量减少。供给的增加引起均衡价格下降，供给的减少引起均衡价格上升；供给的增加引起均衡数量增加，供给的减少引起均衡数量减少。也就是说，在其他条件不变的情况下，需求变动将引起均衡价格和均衡数量同方向变动，供给变动将引起均衡价格反方向变动和均衡数量同方向变动，这就是供求定理。

案例2-5　　不同歌手门票差别之谜

演唱会的门票价格是歌手的劳务价格，美声歌手演唱会的门票比较便宜，比如某著名美声歌手演唱会的门票只要180元；通俗歌手演唱会的门票比较贵，普通通俗歌手演唱会的门票都可以达到600元以上。如果用歌手劳务所包含的劳务量恐怕很难理解，美声歌手的专业培训费比通俗歌手高，应该是美声歌手的票价比通俗歌手高，但事实上相反，这是为什么呢？学过供求定理，我们就知道，均衡价格会随着供给与需求的变动而变动：美声歌曲是阳春白雪，欣赏的人少，票价就低；通俗歌曲是下里巴人，欣赏的人多，票价就高。这就是供求定理决定的结果。

资料来源：付兵，胡明琦，王竹．经济学基础［M］．浙江：浙江大学出版社，2018.

思考与训练

一、主要概念

需求　影响需求的因素　需求定理　需求量的变动与需求的变动　供给　供给定理　供给量的变动与供给的变动　均衡价格　均衡数量　供求定理

二、单项选择题

1.一个商品价格下降对互补品最直接的影响是（　　）。

A.互补品的需求曲线向右平移　　B.互补品的需求曲线向左平移

C.互补品的供给曲线不移动　　D.互补品的供给曲线向左平移

2.商品的均衡价格会随着（　　）。

A.商品需求与供给的增加而上升

B.商品需求的减少与供给的增加而上升

C.商品需求的增加与供给的减少而上升

D.商品需求的增加与供给的减少而下降

3.在下列因素中，（　　）的变动不会引起商品供给量的变动。

A.生产技术　　B.原料价格

C.商品本身的价格　　D.消费者的收入水平及分配平等程度

4.下列组合中，一种商品需求量与另一种商品价格呈反方向变动的是（　　）。

A.香蕉和苹果　　B.照相机和胶卷　　C.汽车和收音机　　D.面包和方便面

5.需求量与消费者收入之间呈反方向变动的商品称为（　　）。

A.正常商品　　B.劣等商品　　C.生活必需品　　D.奢侈品

6.假如汽车工人的工资得到较大的增加，在其他条件不变时，汽车的价格将会上涨，这是因为（　　）。

A.汽车的需求增加　　B.汽车的供给曲线向右移动

C.汽车的供给曲线向左移动　　D.汽车的需求减少

7.比萨和炸玉米饼是替代品。如果比萨价格上升，则（　　）。

A.比萨的需求量减少，炸玉米饼的需求量增加

B.两种商品的需求量都减少

C.炸玉米饼的需求量减少，比萨的需求量减少

D.比萨的需求量增加，炸玉米饼的需求量增加

8.保持所有其他因素不变某种商品的价格下降将导致其（　　）。

A.需求增加　B.需求减少　C.需求量增加　D.需求量减少

9.下列因素不会使需求曲线移动的是（　　）。

A.购买者收入变化　B.商品价格的下降

C.其他相关商品价格下降　D.消费者偏好变化

10.如果商品A和商品B，总是替代关系，则A的价格下降将造成（　　）。

A. A的需求曲线向右移动　B. A的需求曲线不移动

C. B的需求曲线向右移动　D. B的需求曲线向左移动

11.建筑工人工资提高将使（　　）。

A.新房子供给曲线左移并使房子价格上升

B.新房于供给曲线右移并使房子价格下降

C.新房子需求曲线左移并使房子价格下降

D.新房子需求曲线右移并使房子价格上升

12.水果的供给量增加是指供给量由于（　　）。

A.水果的供给量增加而引起的增加　B.人们对水果偏好的增加而引起的增加

C.人们收入的增加而引起的增加　D.水果的价格提高而引起的增加

13.小麦歉收导致小麦价格上升，准确地说在这个过程中（　　）。

A.小麦供给减少引起需求下降　B.小麦供给减少而需求不变

C.小麦供给减少引起需求上升　D.小麦供给增加引起需求下降

14.如果某种商品供给曲线的斜率为正，在其他条件不变的情况下，该商品价格以外的任何因素引起供给量的上升，将导致（　　）。

A.点在同一条供给曲线上向上移动　B.生产成本随产量变化的情况

C.整个供给曲线左移　D.整个供给曲线右移

三、作图题

试分别用图形表示以下四种情形引起的均衡价格的变动：

（1）消费者的货币收入增加；

（2）互补商品的价格上升；

（3）生产技术和管理水平提高；

（4）生产要素的价格上升。

四、计算题

已知某一时期内某商品的需求函数为 $Q_d=50-5P$，供给函数为 $Q_S=-10+5P$。求均衡价格 P_e 和均衡数量 Q_e，并做出几何图形。

五、简答题

1.影响需求的主要因素有哪些？

2.影响供给的主要因素有哪些？

项目三

衡量对变动反应程度的法宝
——弹性理论

导　读　　　　《多收了三五斗》小说节选

万盛米行的河埠头，横七竖八停泊着乡村里出来的敞口船。船里装载的是新米，把船身压得很低。齐船舷的菜叶和垃圾给白腻的泡沫包围着，一漾一漾地，填没了这船和那船之间的空隙。

河埠上去是仅容两三个人并排走的街道。万盛米行就在街道的那一边。朝晨的太阳光从破了的明瓦天棚斜射下来，光柱子落在柜台外面晃动着的几顶旧毡帽上。

那些戴旧毡帽的大清早摇船出来，到了埠头，气也不透一口，便来到柜台前面占卜他们的命运。“糙米五块，谷三块。”米行里的先生有气没力地回答他们。

“什么！”旧毡帽朋友几乎不相信自己的耳朵。美满的希望突然一沉，一会儿大家都呆了。

“在六月里，你们不是卖十三块么？”

“十五块也卖过，不要说十三块。”

“哪里有跌得这样厉害的！”

“现在是什么时候，你们不知道么？各处的米像潮水一般涌出来，过几天还要跌呢！”

刚才出力摇船犹如赛龙船似的一股劲儿，现在在每个人的身体里松懈下来了。今年天照应，雨水调匀，小虫子也不来作梗，一亩田多收这么三五斗，谁都以为该得透一透气了。哪里知道临到最后的占卜，却得到比往年更坏的课兆！

……

资料来源：叶圣陶．多收了三五斗［M］．上海：上海文艺出版社，2021.

思考：老农们感到非常困惑：去年水灾，收成不好，亏本了！今年风调雨顺，喜遇丰收，却还是亏本！这个故事蕴含着经济学的原理，同学们要认真学习弹性理论，探究“谷贵饿农，谷贱伤农”的内因。

弹性是衡量买者或卖者对市场条件变动反应大小的指标。比如：需求定理主要说明在其他条件不变的情况下，商品的需求量与价格呈反方向变动关系，但没有说明变动的程度和大小。A商品和B商品的价格同时上涨20%，A商品的需求量下降

5%，而B商品的需求量下降50%，这种对价格变动不同的反应程度就用弹性来表示。

弹性主要包括需求弹性和供给弹性。其中，需求弹性主要有需求价格弹性、需求收入弹性和需求交叉弹性；在供给弹性中，供给价格弹性也是最基本、最主要的，通常把供给价格弹性简称为供给弹性。

任务一 探究“双11”背后的秘密
——需求价格弹性

学习目标

思政目标：学会运用辩证思维来分析问题，透过现象，发掘本质，应用实践。

知识目标：理解并能阐述需求价格弹性的概念、类型以及与总收益的关系。

技能目标：会计算需求价格弹性的大小、会作图分析需求价格弹性的类型及与总收益的关系，并能应用需求价格弹性理论解释相关经济现象。

导入案例

“双11”购物狂欢节，是指每年11月11日的网络促销日，源于淘宝商城（现天猫）2009年11月11日举办的网络促销活动。当时参与的商家数量和促销力度有限，但营业额远超预想的效果，于是11月11日成为天猫举办大规模促销活动的固定日期。“双11”已成为中国电子商务行业的年度盛事，并且逐渐影响国际电子商务行业。2021年“双11”，仅天猫当日交易量就达到5 403亿元，是2009年“双11”首次启动时的5 200万元的10 390倍。广大的商家利用降价折扣和促销广告吸引消费者。表3-1列示了天猫“双11”历年交易额数据。

表3-1 天猫“双11”历年交易额数据

年度	交易额（亿元）	年度	交易额（亿元）
2009年	0.52	2016年	1 207
2010年	9.36	2017年	1 682.69
2011年	33.6	2018年	2 135
2012年	191	2019年	2 684
2013年	352	2020年	4 982
2014年	571	2021年	5 403
2015年	912	2022年	5 571

任务思考

“双11”是所有的商品都降价吗？厂商如此疯狂降价，就不怕亏本吗？

知识研学

一、需求价格弹性的概念

微课3-1

需求价格弹性

需求价格弹性（price elasticity of demand）是指一种商品需求量的变动对其价格变动的反应程度，也可以说，是指一种商品的价格变动对其需求量变动的影响程度。如果一种商品的需求量对价格变动的反应大，可以说，这种商品的需求是富有弹性的；如果一种商品的需求量对价格变动的反应小，可以说这种商品的需求是缺乏弹性的。

生活中的经济学3-1

张大姐中午做饭时发现没大米了，赶忙到楼下的米店去买。到了米店，售货员告诉她，米价上涨了，张大姐说："大米涨价了，也得买！"

由此可见，张大姐对米价上涨的反应程度不大，依然要购买，大米的需求是缺乏弹性的。

张大姐吃过午饭，和闺蜜去逛街，看到金项链非常漂亮，想买一条。售货员告诉她金价涨了，所以金项链也涨价了，张大姐说："金价涨了，以后再买金项链吧！"

由此可见，张大姐对金项链价格上涨的反应程度大，直接决定不买了，等以后再买，金项链的需求是富有弹性的。

二、需求价格弹性的计算方法

需求价格弹性的大小一般用需求价格弹性系数E_d来表示。

$$\text{需求价格弹性系数}(E_d) = -\frac{\text{需求量变动的百分比}}{\text{价格变动的百分比}}$$

$$= -\frac{\dfrac{\text{变动后的需求量}Q_2 - \text{变动前的需求量}Q_1}{\text{变动前的需求量}Q_1}}{\dfrac{\text{变动后的价格}P_2 - \text{变动前的价格}P_1}{\text{变动前的价格}P_1}}$$

$$= -\frac{\Delta Q/Q}{\Delta P/P}$$

$$= -\frac{\Delta Q}{\Delta P} \cdot \frac{P}{Q}$$

注意：

①区分因变量和自变量，需求量是因变量，价格是自变量；

②一定是比率与比率之比，是需求量变动的比率比价格变动的比率，而不是需求量的变化量比价格的变化量；

③由需求定律可知，价格上升，需求量减少。一种商品的需求量与价格负相关，所以需求量变动的百分比与价格变动的百分比总是相反的符号，E_d为负数，通

常为了便于研究，取其绝对值。

┃例题3-1┃一种商品的价格上升10%时，其需求量下降30%，则其需求价格弹性系数是多少？

┃解析┃

$$E_d = -\frac{-30\%}{10\%} = 3$$

此例中，需求价格弹性系数是3，反映了需求量变动的百分比是价格变动百分比的3倍。

┃例题3-2┃如果一种商品的价格从4元上升到6元，其需求量从120个单位下降到80个单位，则其需求价格弹性系数是多少？

┃解析┃ $P_1=4$，$Q_1=120$，$P_2=6$，$Q_2=80$

$$E_d = -\frac{(Q_2 - Q_1)/Q_1}{(P_2 - P_1)/P_1} = -\frac{(80 - 120)/120}{(6 - 4)/4} \approx 0.67$$

┃例题3-3┃相反，如果一种商品的价格从6元下降到4元，其需求量从80个单位增加到120个单位，则其需求价格弹性系数是多少？

┃解析┃ $P_1=6$，$Q_1=80$，$P_2=4$，$Q_2=120$

$$E_d = -\frac{(Q_2 - Q_1)/Q_1}{(P_2 - P_1)/P_1} = -\frac{(120 - 80)/80}{(4 - 6)/6} = 1.5$$

小思考3-1

以上两例中，虽然价格涨跌幅度与需求变动的幅度相同，但需求价格弹性系数为什么有着不同的数值呢？

这是由于计算的基础和出发点不同而造成的。

为了克服计算的基础和出发点不同造成的影响，在计算需求价格弹性系数的值时要区分点弹性与弧弹性。

（一）点弹性

点弹性是需求曲线上某一点上的弹性，也就是价格变动无限小时所引起的需求量变动的反应程度。其计算公式为：

$$E_d = \lim_{\Delta p \to 0} -\frac{\Delta Q}{\Delta P} \cdot \frac{P}{Q} = -\frac{dQ}{dP} \cdot \frac{P}{Q}$$

┃例题3-4┃某商品的需求函数为 $Q_d=2\,400-400P$，请问，当 $P=5$、$Q=400$ 时，在（400，5）组合点的需求价格弹性系数是多少？

┃解析┃（400，5）组合点的需求价格弹性系数为：

$$E_d = -\frac{dQ}{dP} \cdot \frac{P}{Q} = -(-400) \times \frac{5}{400} = 5$$

（二）弧弹性

上面介绍的点弹性的计算方法适用于价格和需求量变化极为微小的条件，如果商品价格与需求量的变化都相当大，就要计算需求曲线上两点之间一段弧的弹性，即弧弹性。实际上，弧弹性是需求曲线上两点之间的平均弹性。其计算公式为：

$$E_d = -\frac{(Q_2 - Q_1)/(Q_1 + Q_2)}{(P_2 - P_1)/(P_1 + P_2)} = -\frac{Q_2 - Q_1}{P_2 - P_1} \cdot \frac{P_1 + P_2}{Q_1 + Q_2}$$

| 例题3-5 | 接上例，如果产品价格下降为3，需求量上升为1 200，则组合点从（400，5）到（1 200，3）的弧弹性为多少？

| 解析 | $P_1=5$，$Q_1=400$，$P_2=3$，$Q_2=1\,200$

$$E_d = -\frac{(Q_2 - Q_1)}{(P_2 - P_1)} \cdot \frac{P_1 + P_2}{Q_1 + Q_2} = -\frac{1\,200 - 400}{3 - 5} \cdot \frac{5 + 3}{400 + 1\,200} = 2$$

三、需求价格弹性的类型

不同商品的需求在其弹性上是有差异的。必需品，如食品的需求通常对价格的变动反应程度小，而奢侈品，如珠宝首饰的需求通常对价格的变动反应灵敏。根据需求价格弹性的大小，可以把需求价格弹性分为5种类型。

（一）需求完全无弹性

需求完全无弹性即$E_d=0$，表示某种商品的价格无论如何变动，其需求量都不会变动，这时的需求曲线是一条与纵轴平行的直线（如图3-1所示），这种情况并不多见。某些机器设备的专用零件属于这种情况，棺材、火葬这样的商品和劳务通常也被认为属于这种情况。

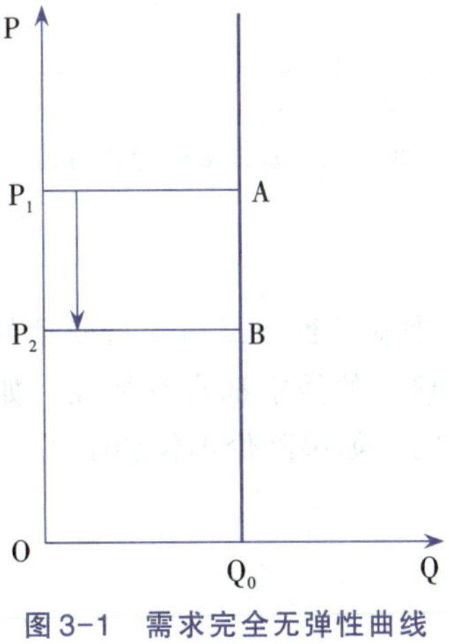

图3-1　需求完全无弹性曲线

（二）需求缺乏弹性

需求缺乏弹性即$0<E_d<1$，表示某种商品需求量变动的比率小于价格变动的比率，如图3-2所示。通常，生活必需品的需求就缺乏弹性。如米、面、油、盐，由于涨价会少买一点，但不会少买很多；由于降价会多买一点，但不会多买很多。

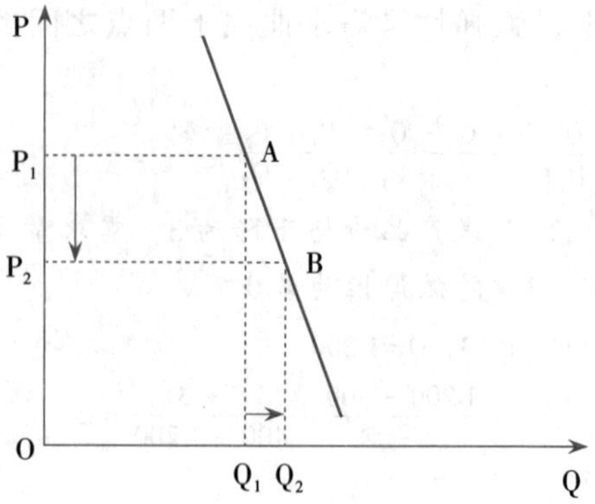

图 3-2　需求缺乏弹性曲线

（三）需求单位弹性

需求单位弹性即 $E_d=1$，表示某种商品需求量与价格按同一比率发生变动，如图 3-3 所示。这种情况在生活中也比较罕见。

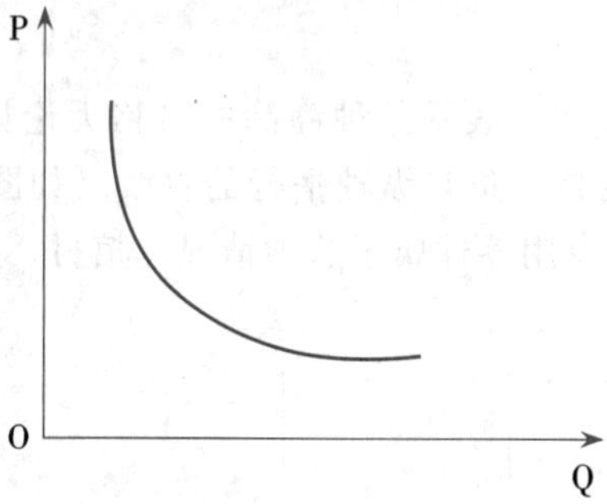

图 3-3　需求单位弹性曲线

（四）需求富有弹性

需求富有弹性即 $E_d>1$，表示某种商品需求量变动的比率大于价格变动的比率，如图 3-4 所示。通常高档奢侈品的需求都富有弹性，如珠宝、首饰、高档化妆品，本属可有可无、锦上添花之物。如果降价不仅会多买，而且会多买很多；如果涨价不仅会少买，而且会少买很多。

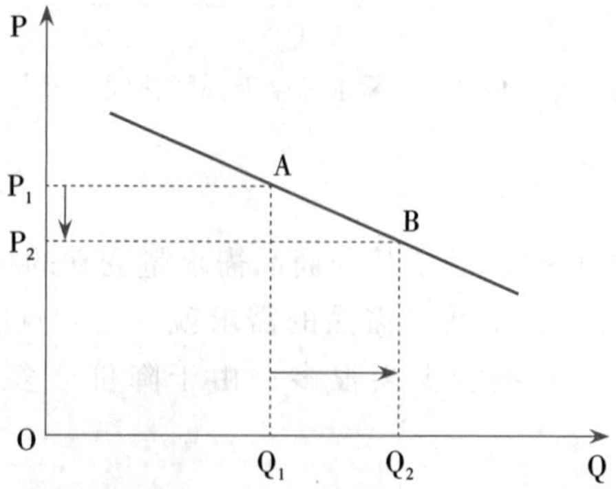

图 3-4　需求富有弹性曲线

（五）需求完全弹性

需求完全弹性即$E_d=\infty$，表示某种商品价格发生任何变动，都会引起需求量无限的变动，如图3-5所示。这也是一种罕见的情况。

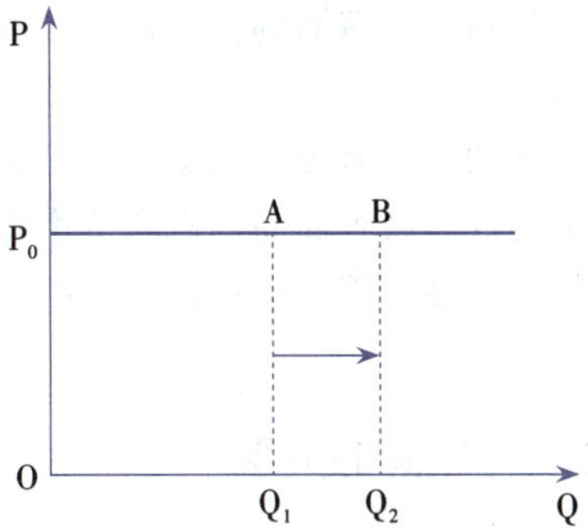

图3-5　需求完全弹性曲线

四、影响需求价格弹性的因素

为什么各种商品的需求价格弹性不同呢？一般来说，以下几个因素影响需求价格弹性的大小。

（一）商品的重要性

商品的重要性就是商品的支出在消费者总支出中所占的比重。如果某种商品的支出在消费者总支出中占较小的份额，那么该商品价格的变化对消费者的影响无关紧要，消费者不会大幅度地改变对它的需求量，因而该商品的需求价格弹性较小。相反，若某种商品的支出在消费者总支出中占较大比重，则该商品的需求价格弹性较大。

（二）商品的可替代程度

如果某种商品有许多可替代品，它的需求就富有弹性。因为，当该商品价格上升时，消费者会购买替代品；当价格下降时，消费者会购买该商品来取代替代品。

（三）消费者对某种商品的需求程度

一般来讲，消费者对生活必需品的需求程度大而稳定，所以生活必需品的需求价格弹性就小。粮食、油、盐、蔬菜等生活必需品的需求价格弹性都较小，而奢侈品、高档消费品等的需求价格弹性就较大。

（四）商品本身用途的广泛性

一般来说，商品的用途广泛，则其需求价格弹性就大；用途少，则其需求价格弹性就小。因为一种商品的用途越多，则消费者的需求量在这些用途之间进行调整的余地越大，需求量做出反应的幅度也就越大。

（五）商品的耐用程度

一般来讲，使用时间长的耐用消费品的需求价格弹性大，而使用时间短的非耐用消费品的需求价格弹性小。

在以上影响需求价格弹性的诸因素中，较重要的是商品的重要性、可替代程度和消费者对某种商品的需求程度。某种商品的需求价格弹性到底有多大，是由上述这些因素综合决定的。另外，商品的需求价格弹性也因时期、消费者收入水平和地区的不同等而有差异。

五、需求价格弹性与总收益之间的关系

总收益指厂商出售一定量商品所得到的全部收入，也就是商品销售量Q与价格P的乘积。总收益曲线如图3-6所示。

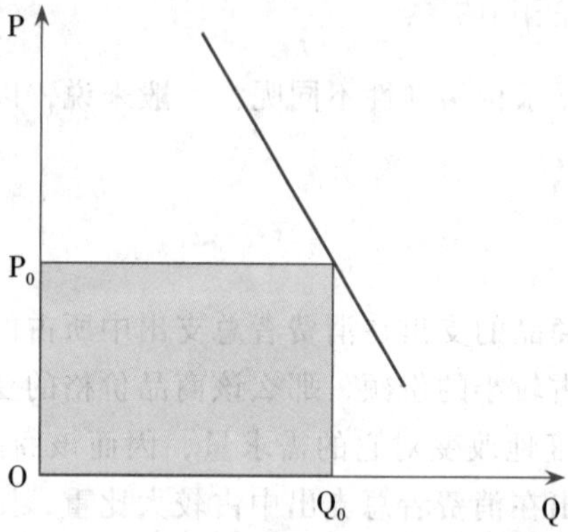

图3-6　总收益曲线

其计算公式为：

$$TR = P\times Q$$

式中：TR代表总收益；P代表价格；Q代表与需求量相一致的销售量。

假设需求量就是销售量，不同的商品，其需求价格弹性不同，价格变动引起的销售量（需求量）的变动不同，从而总收益的变动也就不同。下面主要分析需求富有弹性的商品和需求缺乏弹性的商品价格变动与总收益变动之间的关系。

（一）需求富有弹性的商品价格变动与总收益变动的关系

┃例题3-6┃假设笔记本的需求富有弹性，并且$E_d=2$，每台笔记本的价格为2 000元，销售量为100台，这时，总收益是多少？

┃解析┃$TR_1=P_1\times Q_1=2\ 000\times 100=200\ 000$（元）

┃例题3-7┃接上例，如果每台笔记本的价格下降10%，总收益会发生怎样的变化？

| 解析 | P_2=2 000×（1-10%）=1 800（元）

由于E_d=2，因此当每台笔记本的价格下降10%时，销售量便会增加20%。

Q_2=100×（1+20%）=120（台）

$TR_2=P_2 \times Q_2$=1 800×120=216 000（元）

TR_2-TR_1=21 6000-200 000=16 000（元）

通过比较，每台笔记本的价格虽然下降了，但总收益增加了16 000元。

| 例题3-8 | 接例题3-6，如果每台笔记本的价格提高10%，总收益会发生怎样的变化？

| 解析 | P_3=2 000×（1+10%）=2 200（元）

由于E_d=2，因此当每台笔记本的价格提高10%时，销售量会减少20%。

Q_3=100×（1-20%）=80（台）

$TR_3=P_3 \times Q_3$=2 200×80=176 000（元）

TR_3-TR_1=176 000-200 000=-24 000（元）

从中我们可以看出，通过比较，虽然每台笔记本的价格提高了，但需求富有弹性，需求量减少的比率大于价格上升的比率，因此总收益减少了24 000元。

我们通过下面的图3-7和图3-8的对比进一步分析，在富有弹性的需求曲线作用下，价格下降的幅度小于需求量增加的幅度。对于需求富有弹性的商品来说，降价，总收益会增加，而提价，总收益会减少。

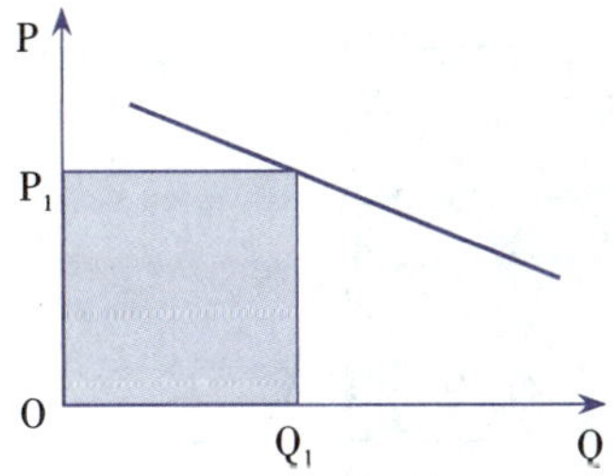

图3-7　价格下降前的总收益

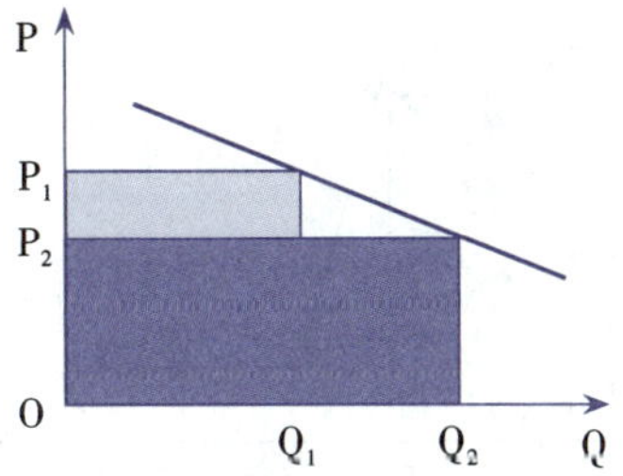

图3-8　价格下降前后的总收益对比

通过上述分析，可得出这样的结论：需求富有弹性的商品，其价格与总收益呈反方向变动。价格上升，导致需求量减少，价格上升的比率小于需求量减少的比率，总收益减少；价格下降，导致需求量增加，需求量增加的比率大于价格下降的比率，总收益增加。对于需求富有弹性的商品可以实行“薄利多销”。

（二）需求缺乏弹性的商品价格变动与总收益变动的关系

| 例题3-9 | 以面粉为例。假定面粉的E_d=0.5，每千克面粉的价格为2元，销售量为100千克，这时，总收益是多少？

| 解析 | $TR_1=P_1 \times Q_1$=2×100=200（元）

| 例题3-10 | 接上例，如果每千克面粉的价格下降10%，总收益会发生怎样变化？

| 解析 | P_2=2×（1-10%）=1.8（元）

由于E_d=0.5，因此当每千克面粉的价格下降10%时，销售量便会增加5%。

$Q_2=100\times(1+5\%)=105$（千克）

$TR_2=P_2\times Q_2=1.8\times105=189$（元）

$TR_2-TR_1=189-200=-11$（元）

通过比较，每千克面粉的价格下降了，总收益也减少了11元。

｜例题3-11｜接例题3-9，如果每千克面粉的价格上涨10%，总收益会发生怎样变化？

｜解析｜$P_3=2\times(1+10\%)=2.2$（元）

由于$E_d=0.5$，因此当每千克面粉的价格提高10%时，销售量会减少5%。

$Q_3=100\times(1-5\%)=95$（千克）

$TR_3=P_3\times Q_3=2.2\times95=209$（元）

$TR_3-TR_1=209-200=9$（元）

通过比较，虽然每千克面粉的价格上升了，但总收益并未减少，反而增加了9元。

通过下图3-9和图3-10的对比进一步分析，在缺乏弹性的需求曲线的作用下，价格下降的幅度大于需求量增加的幅度。对于需求缺乏弹性的商品来说，降价，总收益会减少，而提价，总收益会增加。

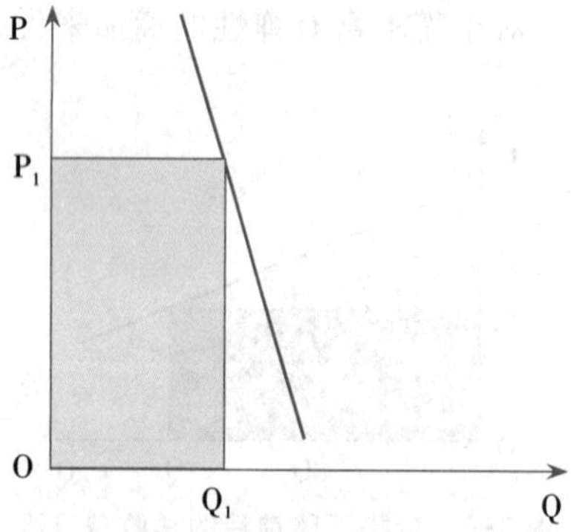

图3-9　价格下降前的总收益

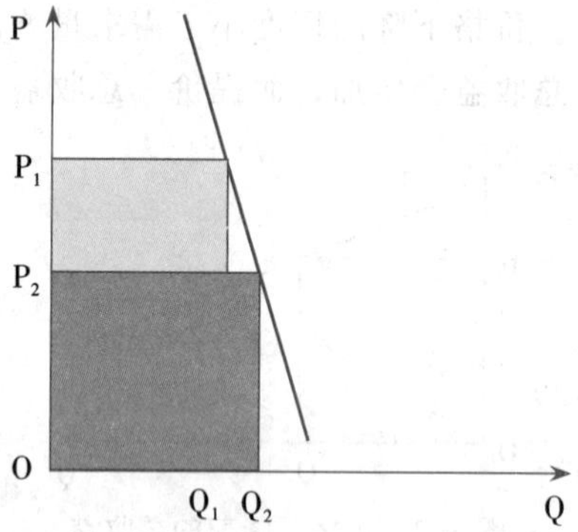

图3-10　价格下降前后的总收益对比

通过上述分析，可得出这样的结论：需求缺乏弹性的商品，其价格与总收益呈同方向变动。价格下降，导致需求量增加，但需求量增加的比率小于价格下降的比率，总收益减少；价格上升，导致需求量减少，需求量减少的比率小于价格上升的比率，总收益增加。

任务二　为什么石油输出国组织不能保持高价格
——供给价格弹性

学习目标

思政目标：学会运用辩证思维来分析问题，透过现象，发掘本质，应用实践。

知识目标：理解并能阐述供给价格弹性的概念、类型以及影响因素。

技能目标：会计算供给价格弹性系数的大小、会作图分析供给价格弹性的类型并能应用供给价格弹性理论解释相关经济现象。

导入案例

在过去的几十年间，对世界经济最具破坏性的许多事件都源于世界石油市场。在20世纪70年代，石油输出国组织（OPEC）的成员决定提高世界石油价格，以增加其收入。这些国家通过共同减少石油产量而实现增加收入的目标。从1973年至1974年，石油价格（根据总体通货膨胀水平进行了调整）上涨了50%以上。几年之后，OPEC又一次故伎重演。从1979年到1981年，石油价格几乎翻了一番。但OPEC发现要维持高价很困难。从1982年到1985年，石油价格一直以每年10%的速度稳步下降。不满与混乱很快蔓延到OPEC各成员。1986年，OPEC成员之间的合作完全破裂，石油价格猛跌了45%。1990年，石油价格（根据总体通货膨胀水平进行了调整）又回到1970年的水平，并在20世纪90年代的大部分时间内保持在这一水平。

资料来源：曼昆．经济学原理［M］．北京：北京大学出版社，2009.

任务思考

为什么石油输出国组织不能长期保持高价格？

知识研学

一、供给价格弹性的概念

供给价格弹性（price elasticity of supply）是指一种商品供给量的变动对其价格变动的反应程度，也可以说，是指一种商品的价格变动对其供给量变动的影响程度。如果一种商品的供给量对价格变动的反应大，可以说，这种商品的供给是富有弹性的；如果一种商品的供给量对价格变动的反应小，可以说，这种商品的供给是缺乏弹性的。

二、供给价格弹性的计算方法

供给价格弹性的大小一般用供给价格弹性系数E_s来表示。

$$\text{供给价格弹性系数}(E_S)=\frac{\text{供给量变动的百分比}}{\text{价格变动的百分比}}$$

$$=\frac{\dfrac{\text{变动后的供给量}Q_2-\text{变动前的供给量}Q_1}{\text{变动前的供给量}Q_1}}{\dfrac{\text{变动后的价格}P_2-\text{变动前的价格}P_1}{\text{变动前的价格}P_1}}$$

$$=\frac{\Delta Q/Q}{\Delta P/P}$$

$$=\frac{\Delta Q}{\Delta P}\cdot\frac{P}{Q}$$

注意：

①区分因变量和自变量，供给量是因变量，价格是自变量；

②一定是比率与比率之比，是供给量变动的比率比价格变动的比率，而不是供给量的变化量比价格的变化量；

③由供给定律可知，价格上升，供给量增加。一种商品的供给量与价格正相关，所以供给量变动的百分比与价格变动的百分比是相同的符号，Es为正数，不用取绝对值。

┃例题3-12┃一种商品的价格上升10%时，其供给量上涨5%，则其供给价格弹性系数是多少？

┃解析┃

$$E_S = \frac{5\%}{10\%} = 0.5$$

此例中，供给价格弹性系数是0.5，反映了供给量变动的百分比是价格变动百分比的一半。

┃例题3-13┃如果一种商品的价格从4元上升到6元，其供给量从100个单位增加到160个单位，则其供给价格弹性系数是多少？

┃解析┃$P_1=4$，$Q_1=100$，$P_2=6$，$Q_2=160$

$$E_s = \frac{(Q_2 - Q_1)/Q_1}{(P_2 - P_1)/P_1} = \frac{(160 - 100)/100}{(6 - 4)/4} = 1.2$$

┃例题3-14┃相反，如果一种商品的价格从6元下降到4元，其需求量从160个单位降低到100个单位，则其供给价格弹性系数是多少？

┃解析┃$P_1=6$，$Q_1=160$，$P_2=4$，$Q_2=100$

$$E_s = \frac{(Q_2 - Q_1)/Q_1}{(P_2 - P_1)/P_1} = \frac{(100 - 160)/160}{(4 - 6)/6} = 1.125$$

小思考3-2

以上两例中，虽然价格涨跌幅度与供给变动的幅度相同，但供给价格弹性系数为什么有着不同的数值呢？

这是由于计算的基础和出发点不同而造成的。

为了克服计算的基础和出发点不同造成的影响，在计算供给价格弹性系数的值时要区分点弹性与弧弹性。

（一）点弹性

点弹性是供给曲线上某一点上的弹性，也就是价格变动无限小时所引起的供给量变动的反应程度。其计算公式为：

$$E_s = \lim_{\Delta p \to 0} \frac{\Delta Q}{\Delta P} \cdot \frac{P}{Q} = \frac{dQ}{dP} \cdot \frac{P}{Q}$$

┃例题3-15┃某商品的供给函数为$Q_s=-1\ 200+400P$，请问，当价格P=5、Q=800时，则在（800，5）组合点的供给价格弹性系数是多少？

|解析|（800，5）组合点的供给价格弹性系数为：

$$E_s = \frac{dQ}{dP} \cdot \frac{P}{Q} = 400 \times \frac{5}{800} = 2.5$$

（二）弧弹性

上面介绍的点弹性的计算方法适用于价格和供给量变化极为微小的条件，如果商品价格与供给量的变化都相当大，就要计算供给曲线上两点之间一段弧的弹性，即弧弹性。实际上，弧弹性是供给曲线上两点之间的平均弹性。其计算公式为：

$$E_s = \frac{(Q_2 - Q_1)/(Q_1 + Q_2)}{(P_2 - P_1)/(P_1 + P_2)} = \frac{Q_2 - Q_1}{P_2 - P_1} \cdot \frac{P_1 + P_2}{Q_1 + Q_2}$$

|例题3-16|接上例，如果产品价格上涨为8，则需求量上升为2 000，则组合点从（800，5）到（2 000，8）的弧弹性为多少？

|解析| $P_1=5$，$Q_1=800$，$P_2=8$，$Q_2=2\,000$

$$E_s = \frac{Q_2 - Q_1}{P_2 - P_1} \cdot \frac{P_1 + P_2}{Q_1 + Q_2} = \frac{2\,000 - 800}{8 - 5} \cdot \frac{5 + 8}{800 + 2\,000} \approx 1.86$$

三、供给价格弹性的类型

与需求弹性一样，不同商品的供给在其弹性上是有差异的。根据供给价格弹性的大小，可以把供给价格弹性分为5种类型。

（一）供给完全无弹性

供给完全无弹性即$E_s=0$，表示某种商品的价格无论如何变动，其供给量总是不变的，如图3-11所示。如一些无法复制的珍贵名画，供给曲线是垂直的。

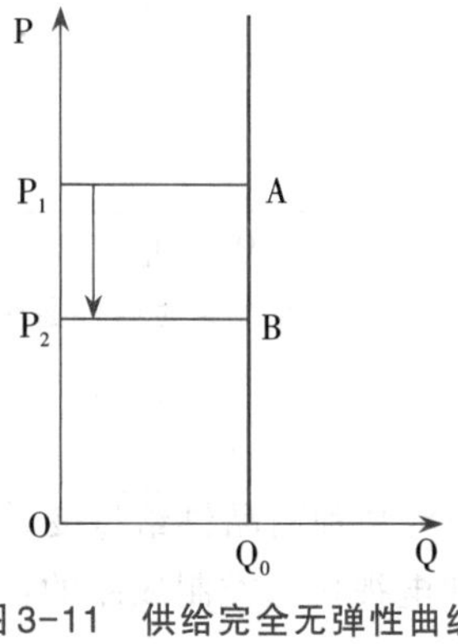

图3-11　供给完全无弹性曲线

（二）供给缺乏弹性

供给缺乏弹性即$0<E_s<1$，表示某种商品供给量变动的比率小于价格变动的比率，如图3-12所示。如资本技术密集型产品等的供给就缺乏弹性，供给曲线相对陡峭。

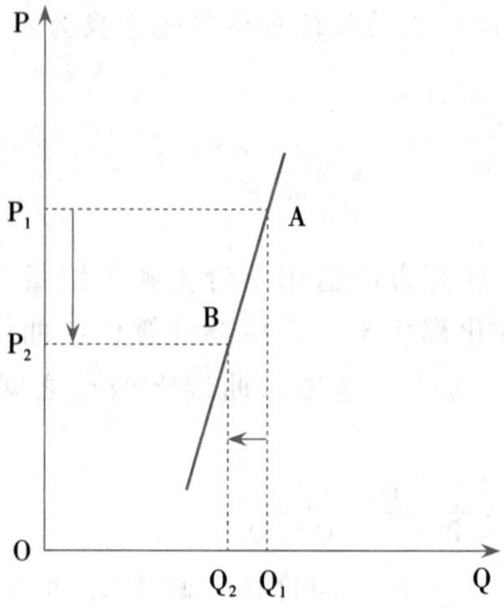

图 3-12　供给缺乏弹性曲线

（三）供给单位弹性

供给单位弹性即 $E_s=1$，表示某种商品供给量变动的比率等于价格变动的比率。此时，供给曲线的延长线交于原点，如图 3-13 所示。供给单位弹性的商品是理论概念，在生活中很少有这样的商品。

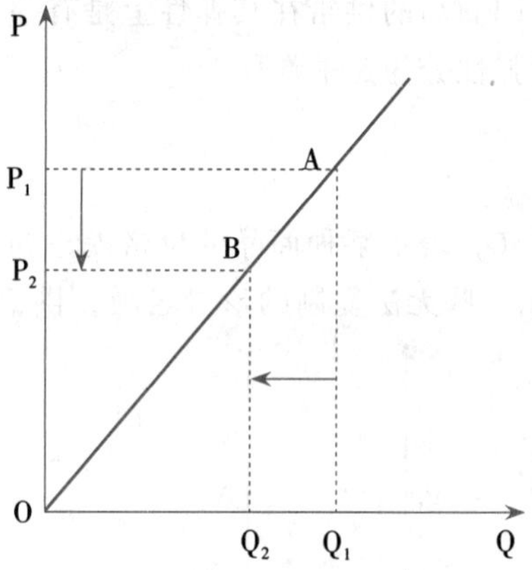

图 3-13　供给单位弹性曲线

（四）供给富有弹性

供给富有弹性即 $E_s>1$，表示某种商品供给量变动的比率大于价格变动的比率，如图 3-14 所示。例如，汽车和电视机这类制成品的供给就富有弹性。

（五）供给完全弹性

供给完全弹性即 $E_s=\infty$，表示某种商品价格发生任何变动，都会引起供给量无限的变动，如图 3-15 所示。在这种情况下，供给曲线是水平的。

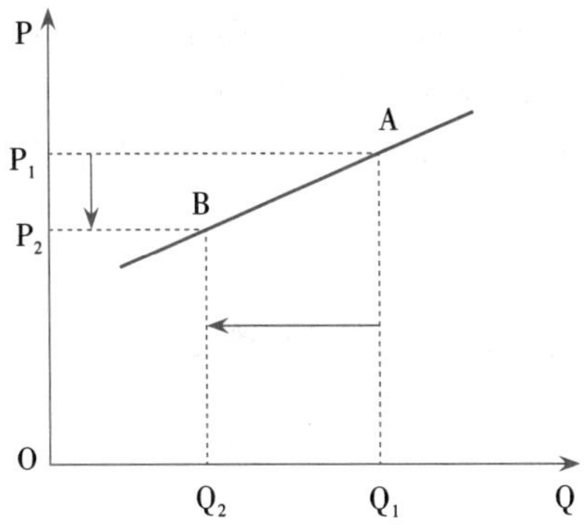

图 3-14　供给富有弹性曲线

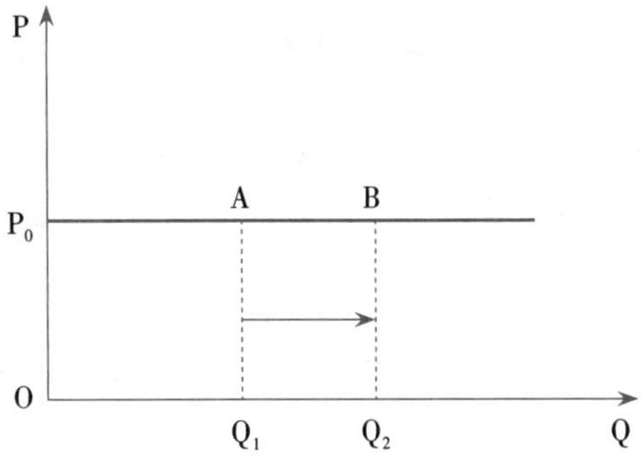

图 3-15　供给完全弹性曲线

四、影响供给价格弹性的因素

（一）生产的难易程度

一般而言，在一定时期内，容易生产的产品，当价格变动时其产量变动的反应和速度快，则其供给价格弹性大；较难生产的产品，则其供给价格弹性小。

（二）生产规模和规模变化的难易程度

一般而言，生产规模大的资本密集型企业，其生产规模较难变动，调整的周期长，因而产品的供给价格弹性小；而生产规模较小的劳动密集型企业，应变能力强，其产品的供给价格弹性大。

（三）生产成本的变化

如果随着产量的提高，只引起单位成本的轻微提高，则供给价格弹性大；如果单位成本随着产量的提高而明显上升，则供给价格弹性小。

（四）时间的差异

当商品的价格发生变化时，厂商对产量的调整需要一定的时间。在短期内，厂商要及时调整产量，存在不同程度的困难，供给价格弹性比较小，如农业生产、石油开采。但是在长期内，生产规模的扩大与缩小，甚至转产，都可以实现，供给量可以对价格变动做出较充分的反应，供给价格弹性比较大。

另外，厂商生产能力、生产周期、对未来价格的预期等因素，都会影响供给价格弹性。

任务三　了解政府管理市场的太极拳——价格管制

学习目标

思政目标：学会运用辩证思维来分析问题，透过现象，发掘本质，应用实践。

知识目标：理解并能阐述支持价格和限制价格的概念、原理。

技能目标：会作图分析支持价格和限制价格的原理，并应用其原理解释相关经济现象。

导入案例　房产最高指导价

在房地产过热时，二手房价格飞涨难控，为防止房价过快上涨，各地对其入市新盘执行限价政策，以期抑制房价过快上涨。

现实操作时因新盘的备案价格要远低于周边的二手房挂牌价，买家只要买到就相当于赚到，在某种程度上引发了公众恐慌性抢购，造成了更多的购房需求，有可能进一步推高房价和房租。由于买到就相当于赚到，所以购房人排队买房。为了获取购房资格，甚至出现黑市，有人偷偷从销售人员手中购买所谓房票或以交茶水费的形式来获取购房资格。

为了抑制房地产过热，政府除简单限价外，还要加上各种条件来限制购买，打击借钱炒房的行为，增加二套房的借款利息和首付比例等，从中央到地方明确“房子是用来住的，不是用来炒的”。

资料来源：佚名．价格上限影响市场结果的案例［EB/OL］．［2022-12-26］．https：//wenku.baidu.com/view/1528b4b701d276a20029bd64783e0912a2167c03.html?_wkts_=1681195869069.

任务思考

供求决定的价格都是合理的吗？

知识研学

在纯粹的竞争性市场中，是由市场的供求均衡来决定产品价格的，从而影响并调节生产与消费，逐渐使资源得到最优配置。如果价格提高，刺激生产积极性，市场逐渐供过于求，导致价格下跌，挫伤生产者的积极性……这种价格调节是在市场上自发进行的，有其盲目性，有时由供求所决定的价格对经济并不一定是有利的。

例如，某些生活必需品的价格如果完全按供求决定，价格水平可能会高到让一般家庭难以承受，从而不利于社会稳定。另外，像农产品这样的生活必需品的价格波动会冲击整个国民经济的持续、稳定发展。因此，政府有必要通过制定价格政策来克服这些市场机制的副作用，从而更好地管理市场。

一、支持价格

微课3-2

支持价格

支持价格是指政府为了支持某一行业发展而对该行业规定的高于均衡价格的最低限价，所以支持价格也称为最低价格。例如，农产品属于需求缺乏弹性的产品，由于风调雨顺收成好，产量大幅增加，供过于求，价格下跌，导致农民收入减少。政府为了保护农民利益，调动农民种地的积极性，稳定扶持农业生产，常实行农产品支持价格。支持价格可用图3-16来表示。

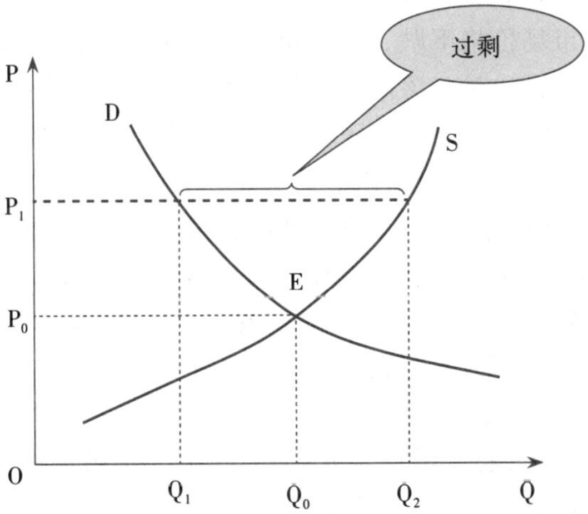

图3-16　支持价格

从图3-16可以看出，该农产品的均衡价格为P_0，均衡产量为Q_0，政府为了支持农产品生产而对该农产品规定高于均衡价格的最低价格P_1，由于$P_1>P_0$，这时市场需求量为Q_1，市场供给量为Q_2，由于$Q_2>Q_1$，即供给量大于需求量，商品出现过剩，其过剩量为Q_2-Q_1。为了维持支持价格，这些过剩农产品不能在市场上卖掉。此时政府可采取的措施有两种：一是政府以P_1的价格收购过剩农产品，或用于储备，或用于出口。在出口受阻的情况下，收购过剩农产品必然会增加政府财政支出。二是政府对该商品的生产实行产量控制，规定将生产的数量控制在Q_1，使供求平衡，并对减少产量的生产者进行补贴。

二、限制价格

微课3-3

限制价格

限制价格是指政府为了限制某些商品价格的上涨而规定的低于均衡价格的最高价格，其目的是稳定经济生活和社会秩序。如对生活必需品实行限制政策，可以保护消费者利益，安定民心。限制价格可用图3-17来表示。

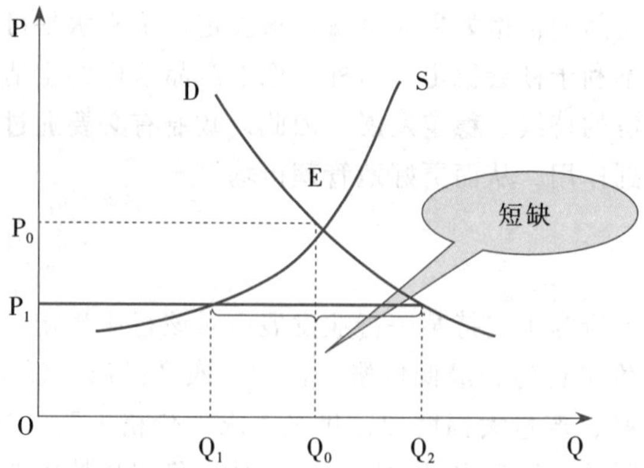

图 3-17　限制价格

从图3-17可以看出，该商品的均衡价格为P_0，均衡产量为Q_0，实行限制价格P_1后，由于$P_1<P_0$，市场价格下跌，这时市场需求量为Q_2，市场供给量为Q_1，由于$Q_2>Q_1$，即供给量小于需求量，该商品出现短缺，其短缺量为Q_2-Q_1。为维持限制价格，解决商品短缺问题，政府一般采取配给制。配给制只能适用于短期的特殊情况，长期实行会引起严重的不良后果。这主要表现在：第一，价格水平低，不利于刺激生产，从而会使商品长期存在短缺现象；第二，价格水平低，不利于抑制消费，从而会在资源缺乏的同时造成严重的浪费；第三，限制价格之下所实行的配给制会引起社会风气败坏，产生黑市交易，出现“走后门”现象。此外，生产者可能粗制滥造降低产品质量，形成变相涨价。

最高限价是指国家规定的价格上限，是保证每个人都能买得起某种商品的一种简单办法。但当最高限价起作用时，往往此价格低于市场实际价格，结果表现为市场短缺，即人们想要买的数量超过了市场供应量。能够在较便宜价格下购买的人得到了利益，未购买到的人蒙受了损失。

限制价格有利有弊。有利的是，有利于社会平等的实现和社会的安定。不利的是，一方面不利于刺激生产，产品短缺；另一方面不利于抑制需求，有可能资源浪费。

支持价格一定大于均衡价格；限制价格一定小于均衡价格。

思考与训练

一、主要概念

需求价格弹性及其类型　供给价格弹性及其类型　支持价格与限制价格

二、单项选择题

1.商品供给价格弹性是（　　）。

A.商品供给量变动的比率与价格变动的比率之比

B.商品供给量与价格变动的比率

C.商品需求量与价格变动的比率

D.商品需求量与消费者收入变动的比率

2.政府运用限制价格政策，会导致（　　）。

A.产品大量积压

B.消费者随时都能买到自己需要的产品

C.黑市交易

D.市场秩序稳定

3.适合于进行薄利多销的商品是（　　）的商品。

A.需求缺乏弹性　　B.需求富有弹性

C.需求完全弹性　　D.需求完全无弹性

4.政府为了扶持农业，对农产品规定了高于其均衡价格的支持价格。政府为了维持支持价格，应该采取的相应措施是（　　）。

A.增加对农产品的税收　　B.实行农产品配给制

C.收购过剩的农产品　　D.对农产品生产者予以补贴

5.土地的供给价格弹性（　　）。

A.无穷大　　B.等于零

C.小于1　　D.等于1

6.以下都是影响供给价格弹性的主要因素，除了（　　）。

A.商品开支占收入的比重　　B.生产成本随产量变化的情况

C.增加生产的难易程度　　D.时间长短

三、简答题

1.需求价格弹性和供给价格弹性有几种情形？它们的经济学意义各是什么？

2.运用需求价格弹性原理解释“薄利多销”和“谷贱伤农”的含义。

3.如果考虑提高生产者的收入，那么对农产品应采取提价还是降价的办法？

四、计算题

1.假定表3-2是需求函数$Q_d=500-100P$在一定价格范围内的需求列表：

表3-2　　需求函数列表

价格（元）	1	2	3	4	5
需求量	400	300	200	100	0

（1）求出价格2元到4元之间的需求价格弧弹性。

（2）求出价格为2元时的需求价格点弹性。

2.土豆的需求价格弹性系数是0.2，如果现在每千克土豆为2元，政府想增加20%的销售量，价格应该降低多少？

3.某公司生产皮鞋，现单价为200元，某年的销售量每月大约1 000双，该皮鞋的需求价格弹性系数是2，该公司要想把销售量增大到每月2 000双的水平，则每双要降价到多少元？

4.1986年7月某外国城市公共汽车的票价从32美分提高到40美分，同年8月的乘客为880万人次，与1985年同期相比减少了12%，求票价从32美分到40美分之间的需求价格弧弹性。

5. 假设汽油需求价格弹性系数为0.15，现价为每桶1.2美元，问汽油价格上涨多少美元才能使消费量从1 500桶减到1 350桶？

6. 某种商品的价格由10元涨到12元，会使该商品的需求量由1 600吨降低到1 200吨，则该商品需求量变动的百分比、价格变动的百分比和需求价格弹性系数各是多少？

项目四

学会理性消费
——消费者行为理论

导　读

明太祖朱元璋是中国明朝的开国皇帝，他出身贫苦，少年时为了谋生，曾做过乞丐，还出家当过和尚。朱元璋的传奇经历给后人留下了数不清的民间传说和故事。著名相声表演艺术家刘宝瑞根据朱元璋的传说故事，表演了著名的单口相声《珍珠翡翠白玉汤》，至今为人津津乐道。

有一次，朱元璋一连三日都没讨到一口饭吃，又饿又晕，在街上昏倒了。或许上天注定要让他日后成就一番事业，就在朱元璋昏倒之时，一位老婆婆恰好路过此地，这位老婆婆又恰好是个心善之人，她的家中又恰好有余粮。这位老婆婆不忍朱元璋命丧于此，于是就将他救起带回家。

为了救活朱元璋，老婆婆将家里仅有的一块豆腐和一小撮菠菜放在一起，与一碗剩米饭一起煮，给朱元璋吃了。朱元璋吃了之后精神大振，瞬间恢复了元气。恢复元气的朱元璋忙问老婆婆刚才吃的是什么，那老婆婆或许是个文化人，她并没有直截了当地跟朱元璋说这只是一碗普通的不能再普通的菠菜豆腐泡饭，而是开玩笑地说出了一个十分文雅的菜名——“珍珠翡翠白玉汤”。

后来朱元璋平定天下当了大明皇帝，珍馐美味吃腻了，又想起当年的“珍珠翡翠白玉汤”，专门在全国的州城府县贴皇榜，寻找会做“珍珠翡翠白玉汤”的人。

等到朝思暮想的汤做出来后，朱元璋却再也找不到当年美味的感觉。

资料来源：作者根据相关资料整理而成。

思考：朱元璋感到非常困惑：当年自己吃得津津有味，如今还是“珍珠翡翠白玉汤”，感觉却一去不返。这个故事蕴含着经济学原理，请同学们认真学习本章内容，用消费者行为理论分析朱元璋困惑的原因。

消费者行为理论是经济学中研究消费者选择、购买、使用和处置商品或服务，以满足他们需要和愿望的理论。不同的消费者具有各种各样的消费心理和消费行为，在这个过程中，各种因素都在影响消费者的消费心理和消费行为，分析这些消费心理和消费行为，就可以发现其中的消费规律。

本章将从效用论、消费者行为均衡分析、消费者行为均衡应用和效用论应用四个角度进行阐述。效用论主要是用来解释消费者需求动机和行为的基本原则。消费者行为均衡分析主要是解释消费者如何选择商品来实现效用最大化目标。基于基数效用论的消费者行为分析被称为边际效用分析；基于序数效用论的消费者行为分析被称为无差异曲线分析。消费者行为均衡的应用主要解释需求曲线的形成及其性质。最后将在效用论的应用中分析现实的消费问题。

任务一　把握幸福的真谛：知足常乐
——偏好与效用

学习目标

思政目标：学会运用理性态度来分析消费中的问题，提倡理性消费理念，反对铺张浪费。

知识目标：理解并能阐述欲望、效用和偏好的概念以及效用论的两大分类。

技能目标：会分析欲望、偏好和效用的基本类型，并能运用效用论解释相关经济现象。

导入案例

春秋时代，不少诸侯国的国君玩物丧志，留下千古奇闻。比如，卫国的卫懿公非常喜爱仙鹤，他在自己的苑囿、宫中大量养仙鹤，还让它们享受大夫的俸禄，甚至有的仙鹤出门都要乘轩车。为了满足私欲，卫懿公通过横征暴敛来豢养仙鹤，对百姓的疾苦全然不顾，最后引起百姓不满。后来，北方的狄人大举攻打卫国，卫懿公急忙动员百姓拿起武器迎敌，可是卫国的百姓们说："国君喜欢给仙鹤官位俸禄，让仙鹤去迎战吧！我们凭什么要去迎战呢？"百姓们拒不受命，四散而去。结果卫国被狄人打得大败，卫懿公死在乱军之中，狄人入卫，卫国灭国，后在中原诸侯援助下才得以复国。

无独有偶，晋国国君晋灵公喜欢狗，他在曲沃专门修筑了狗圈，精心喂养狗，还给狗穿上绣花衣。颇受晋灵公宠爱的屠岸贾看到晋灵公喜欢狗，就投其所好，用夸赞狗来博取晋灵公的欢心。晋灵公越来越喜欢狗，甚至放狗公然在市集抢夺百姓的猪羊，大夫进谏也遭到狗咬。奢侈的生活和政事的懈怠引起国人极大不满，晋灵公后来被大臣刺杀，他的狗爱莫能助。

资料来源：作者根据相关资料整理而成。

任务思考

为什么卫懿公和晋灵公会对宠物爱得如此深，以至于不惜动摇国本，赔上君位呢？经济学中效用和偏好的理论，可以帮助我们解释这个问题。

知识研学

一、偏好

偏好是微观经济学的一个基础概念。它是指消费者按照自己的意愿对可选择的商品组合进行排列。比如我们日常所说“萝卜白菜，各有所爱”，就体现了经济学中偏好的含义。

一个人的消费行为在很大程度上是由其消费偏好决定的，正如导入案例中的国君一样，卫懿公对养仙鹤情有独钟，晋灵公对养狗念念不忘。在现实生活中，每个人都有独特的消费偏好，这必然就会导致消费者对消费品产生不同的选择。

偏好是一个主观的、相对的概念。主观的表现是，偏好是个人对事物的评价，只表示某个人认为一物优于另一物。相对的表现是，一个人的主观偏好会随时间的推移而变化。

消费者偏好具有明显的个体差异，也具有群体性的特征。

除了人本身的主观欲望之外，消费者偏好还会受到外界的文化、经济、社会、技术、信仰等因素的影响。

常见的偏好类型可以分为以下几种：

（一）习惯

由于消费者长期养成的生活方式，消费者会习惯性地保持同样的消费行为，这种习惯越强，消费的种类和行为模式就越难以改变。几乎每个人都有自己的消费习惯，只是习惯的稳定性和种类有所不同。

（二）方便

消费时，消费者倾向于将商品或服务获取的便利性作为选择的依据，节约时间、金钱或精力是选择消费活动的一大动因。比如当网购的便利性超过在实体店购物时，消费者就会选择去网上消费。

（三）价格

大部分消费者会在选择商品或服务时考虑相对低的价格，前提是被选择的商品或服务具有类似的品质。

（四）名牌

部分消费者会在选择商品或服务时倾向于名牌，为了获得名牌商品或服务不惜承受更高的价格。此类偏好可能是出于对名牌商品或服务的信任，也有个人情感方面的原因，但对名牌偏好的程度，会受到个人收入和价格的限制。

二、效用

消费者在进行消费时，目的在于获得幸福。经济学家萨缪尔森曾经将幸福总结为以下公式：

$$幸福=\frac{效用}{欲望}$$

从公式中可以得出推论，如果人要想使幸福增加，可以有两种途径：一是在欲望不变的情况下增加消费获得的效用；二是在消费获得的效用不变的情况下，降低欲望。

在经济学中，主要研究在欲望不变的情况下，如何使效用最大化。

效用（utility）是消费者从消费商品或服务中所获得的满足程度。在现实生活中，人们吃东西能解除饥饿，穿衣服能保暖御寒，去娱乐可以获得感官与精神享受。效用大，人的满足程度就高；效用小，人的满足程度就低。每个人都希望从自身的消费活动中获得更多的效用。

效用具有两个特征：

（一）主观性

效用在本质上是一种消费者个人对消费结果的主观评价，难以跨越个体进行横向比较。不同商品或服务的效用可以通过同一个消费者进行比较，但相同商品或服务的效用难以在不同消费者之间进行比较，更难以量化。比如名画“蒙娜丽莎”对于艺术家或收藏家具有难以估量的效用，但对于不懂艺术的人，最大的效用只能是墙上的装饰；千里马对于懂马的伯乐而言就有“千里之能”，对于不懂马的“奴隶人”，就只能“骈死于槽枥之间，不以千里称也”。

（二）相对性

效用的相对性是指对消费品的评价是因时、因地、因事而异的。有一则故事叫作《救命墙》，非常生动地说明了效用的相对性。

案例 4-1

有个村子盛产洋芋。村里有一户三口之家——老大爷和他的儿子、儿媳妇。老大爷的儿子和儿媳妇平时很浪费，洋芋吃几口就丢掉，吃剩的洋芋扔得到处都是。老大爷实在看不过去，就悄悄地把他们吃剩的洋芋收集起来，磨成粉，打成坯子，砌成了一堵洋芋墙。有一年村里大旱，家家都没了粮食，纷纷逃荒。老大爷一家靠吃那道洋芋墙，度过了旱灾，儿子和儿媳妇也受到教育，改掉了浪费粮食的坏习惯。

这则故事告诉我们：在衣食无忧的年景里，洋芋的效用不高，可是在特殊的时期（比如闹饥荒时期），洋芋的效用对于同样的消费者，会发生巨大的变化。所以，效用具有相对性。

资料来源：佚名．一天一个好故事［EB/OL］．［2013-09-02］．http：//www.80sjy.net/shuzhai/haogushi.html.

三、效用评价

要想研究效用如何实现最大化，首先必须解决的就是效用的评价问题。西方经济学家先后提出了基数效用和序数效用概念，并在此基础上形成了分析消费者行为的两种方法，即基数效用论者的边际效用分析法和序数效用论者的无差异曲线分析法。

（一）基数效用论

基数效用论主要由德国的戈森、英国的杰文斯、奥地利的门格尔、法国的瓦尔拉斯等经济学家研究提出。其基本观点认为，效用是可以计量并加总求和的，即效用的大小可以用基数（1，2，3……）来表示，基数的效用可以加总求和，比如基数3加9等于12，且12是3的4倍。

基数效用理论的主要用途是利用边际效用分析法，分析消费者均衡的问题。

（二）序数效用论

在序数效用论的提出并发展的过程中，意大利经济学家帕累托和英国经济学家希克斯都做出了贡献。其基本观点是：效用作为一种心理现象，是一种有点类似香、臭、美、丑的抽象概念，效用的大小是无法具体衡量的，更不能加总求和，只能表示出满足程度的高低与顺序，因此效用只能用序数（第一，第二，第三……）来表示。

序数效用理论的主要用途是利用无差异曲线分析法，分析消费者均衡的问题。

小思考4-1

同学们，你们认为基数效用论和序数效用论谁更符合实际？

任务二 基数效用论分析

学习目标

思政目标：通过学习基数效用论，树立适度消费、理性消费的健康消费理念。

知识目标：理解边际效用、消费者剩余的概念，熟悉基数效用论的消费者均衡、边际效用递减的经济规律。

技能目标：会用基数效用论找到实现消费者均衡的方法。

导入案例

1932年，富兰克林·罗斯福通过竞选，以占绝对优势的票数战胜竞争对手，成为美国第三十二任总统，在1936年和1940年两次连任当选美国总统，1944年美国总统换届选举时，罗斯福又一次战胜竞争对手，第四次成功当选总统，成为美国历史上连任次数最多和在任时间最长的总统。

在罗斯福第四次竞选成功后，记者像潮水一样涌入会客厅，争先恐后想对罗斯福总统进行采访。其中《先锋论坛报》的一位记者热情最高，他拼尽力气穿过人群，终于来到罗斯福面前。

“尊敬的总统先生，请问我能问您一个问题吗?”尽管他距离总统很近，但周围的环境实在太嘈杂了，记者不得不对着总统大喊。

“当然可以。”罗斯福彬彬有礼地回答。

“您能不能和大家分享一下，连续担任四次总统有什么感受?”记者迫不及待地问。

“记者先生，您看这里的三明治不错，先来一块吧!”罗斯福并没有直接回答记者的问题，而是邀请他吃三明治。

记者当然不知道罗斯福总统为什么要让自己吃三明治，但能够得到总统的邀请是一种荣耀，所以他没有丝毫犹豫，立刻拿起一块三明治吃了起来。

“味道如何呢?”罗斯福微笑着问。

“味道美极了!”记者受宠若惊地回答。

“那就请再吃几块吧!”罗斯福没回答问题，继续邀请记者吃三明治。

记者当然不会拒绝，他接连吃起了三明治。在吃第二块三明治时，记者依然能感觉到可口。

可是，等到吃第三块和第四块的时候，他已经毫无胃口，一点都不觉得好吃了。如果让他再吃下去，恐怕就只有折磨的感觉。

“我想现在您已经有了切身感受，还需要我来回答您的问题吗?”罗斯福看了看记者，再次微笑着说。

记者终于恍然大悟，完全明白了罗斯福总统让自己吃好几块三明治的意图。

资料来源：佚名．总统和四个三明治［EB/OL］．［2022-05-12］.https：//m.163.com/dy/article/H76T389T0534THXH.html.

任务思考

记者最后明白了什么？为什么连续吃三明治和连续当总统一样，都会让人感到难以承受？同学们可以联系本任务要学习的一个重要内容——边际效用递减规律来分析上面的问题。

本任务在基数效用论的基础上，运用边际效用分析法来研究消费者均衡的实现，以解决效用最大化的问题。

知识研学

一、总效用和边际效用

根据基数效用论，效用是可量化和可计算的，可以通过具体的数值来表示某种商品或服务对消费者的效用大小，比如一辆汽车效用为10，一架飞机效用为100。

（一）总效用

总效用（total utility，TU）是指消费者消费一定数量商品或服务所获得的满足程度。商品或服务的消费量（Q）是自变量，欲望的满足程度是因变量，因此总效用的函数关系可以表示为：

$$TU = f(Q)$$

（二）边际效用

边际效用（marginal utility，MU）是指消费者每增加1单位商品或服务的消费量所增加的效用。消费的增加量可以用ΔQ来表示，总效用的增加量可以用ΔTU来表示，因此边际效用的函数关系可以表示为：

$$MU = \frac{\Delta TU}{\Delta Q}$$

（三）总效用与边际效用之间的关系

表4-1中以早餐吃包子为例，列举了总效用和边际效用之间的关系。

表4-1 消费包子的总效用与边际效用

早餐包子消费量（个）	边际效用（MU）	总效用（TU）
0	0	0
1	10（10～0）	10
2	8（18～10）	18
3	6（24～18）	24
4	4（28～24）	28
5	2（30～28）	30
6	0（30～30）	30
7	-2（28～30）	28

- 消费包子数量为0，总效用和边际效用都为0；
- 消费包子数量为1个，总效用为10，边际效用为10；
- 消费包子数量为2个，总效用为18，边际效用为8；
- 消费包子数量为3个，总效用为24，边际效用为6；
- 消费包子数量为4个，总效用为28，边际效用为4；
- 消费包子数量为5个，总效用为30，边际效用为2；
- 消费包子数量为6个，总效用为30，边际效用为0，人已经吃饱；
- 消费包子数量为7个，总效用减少，边际效用变成负数，吃包子已经给人带来负担，不会产生效用。

根据表4-1，可以绘制出总效用曲线和边际效用曲线（如图4-1所示）。

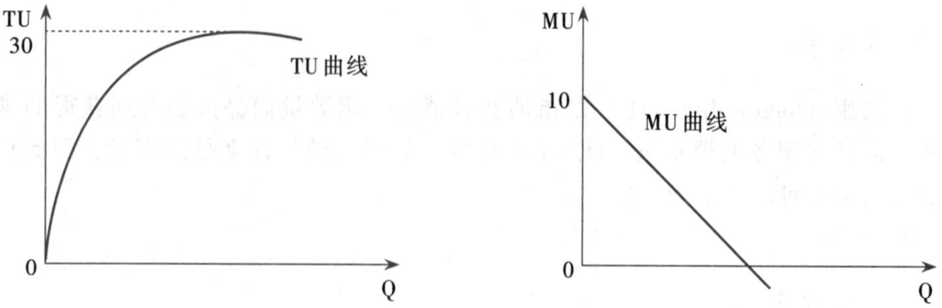

图4-1　总效用曲线与边际效用曲线

图4-1中，横轴代表包子的消费量；纵轴代表总效用或者边际效用；TU曲线表示总效用曲线，曲线的曲率先增后减；MU曲线表示边际效用曲线，曲线从左上方向右下方倾斜，并与横轴相交。

经过观察，可以发现总效用和边际效用之间存在以下关系：

（1）当边际效用为正数时，总效用递增。（MU>0，TU上升）

（2）当边际效用为0时，总效用达到最大值。（MU=0，TU最大）

（3）边际效用为负数时，总效用递减。（MU<0，TU下降）

二、边际效用递减规律

微课4-1

边际效用递减规律

根据消费者的行为和心理，经济学家发现一个规律：随着消费者连续不断地消费同种商品或服务，所得到的边际效用是逐步减少的，或者说一种商品或服务的边际效用与该商品或服务被连续消费次数呈反方向变化，这种边际效用递减的现象揭示了边际效用递减规律。

边际效用递减规律的原因，在基数效用论中有着以下的解释：

（1）连续消费某种商品或服务，会导致消费者的主观满足程度不断降低；

（2）受人体生理结构的限制，导致消费者无法持续消费某种商品或服务；

（3）人都有喜新厌旧的好奇心理，导致持续消费的效用较低；

（4）消费品用途的多样性，导致人总是将第一单位的消费品用在最重要用途上，之后消费品的用途将会持续降低。

生活中的经济学4-1

从1983年开始，我国老百姓在迎春节的年夜饭中增添了一套固定节目——春节联欢晚会。第一届春节联欢晚会的播出，在当时娱乐事业尚不发达的中国引起了极大的轰动，从此春节联欢晚会的节目成为老百姓街头巷尾和茶余饭后津津乐道的题材。

春节联欢晚会成了人们翘首以盼的迎春节重头戏，年复一年地办下来，每年投入的人力物力等越来越大，技术特效越来越先进，场面设计越来越宏大，节目种类越来越丰富，登场明星也越来越多。随着电视机的普及，春节联欢晚会的收视率也越来越高。

花无百日红，人无千日好。不知从哪一年起，人们对春节联欢晚会的评价越来越差，由一开始的满口赞美之词到渐渐出现了许多骂声，对其态度也越来越冷漠。春节联欢晚会成了一道众口难调的“大菜”，也陷入了“年年办，年年骂；年年骂，年年办”的怪圈。

资料来源：佚名．春晚为什么越来越不好看了［EB/OL］．［2023-01-03］．https：//baijiahao.baidu.com/s?id=1754014696209427847&wfr=spider&for=pc.

小思考4-2

春节联欢晚会受欢迎程度变化的背后反映了什么经济学规律？如果你是春节联欢晚会的导演，怎样才能让春节联欢晚会的效用不再降低？

三、基数效用论的消费者均衡

在基数效用论中，消费者均衡是研究单个消费者如何把有限的货币收入分配在各种商品或服务的购买中以获得最大的效用。也可以说，它是研究单个消费者在既定收入下实现效用最大化的均衡条件。

在消费者均衡时，消费者实现了最大效用，达到了一种不想再增加也不想再减少任何商品或服务购买数量的相对静止状态。

实现消费者均衡的条件是：

（1）消费者的货币收入水平既定；

（2）市场上的各种商品或服务的价格既定。

在这种条件下，消费者应该使自己购买的各种商品或服务的边际效用与价格之比相等，换句话说，就是消费者应该使自己花费在购买各种商品或服务的最后一单位货币产生出相等的边际效用。

假设消费者用既定收入I来购买X商品和Y商品，购买数量分别为Q_X和Q_Y，购买价格分别为P_X和P_Y，λ为不变的货币边际效用，MU_X和MU_Y分别表示商品X和商品Y的边际效用，则消费者效用最大化的均衡条件可以用以下公式来表示：

$$P_xQ_x + P_yQ_y = I$$

$$MU_x/P_x = MU_y/P_y = \lambda$$

第一个公式是消费者均衡的限制条件，说明消费者收入是既定的，购买两种商品的总支出不能超过收入I，也不应该小于I。超支是不可能实现的，但低于收入的支出不符合效用最大化的原则。

第二个公式体现了消费者均衡的原则，表示无论购买X商品还是Y商品所带来的边际效用与该商品价格之比都相等。在这种条件下，最后一单位货币无论是购买X商品还是购买Y商品，所得到的货币边际效用都相等，或者可以理解为钱花的都是一样值得的。

之所以会形成消费者均衡，是因为花费在任意一种商品的最后一元钱都能提供一样的边际效用，消费者就不会选择将货币花费到其他商品上去。如果花费在一种商品上的最后一元钱提供的边际效用较少，那么消费者出于理性，就会选择购买能够给其带来更多边际效用的其他商品，直到购买该商品花费的最后一元钱的边际效用也提升到与其他商品同样的水平。

消费者均衡的条件同样适用于消费者其他可量化的花费，比如时间、精力等。

| 例题4-1 |　　如何有效使用复习时间

一位大学生即将参与3门功课的期中考试，他能够用来复习功课的时间只有6小时。每门功课占用的复习时间与对应取得的成绩见表4-2。

表4-2　　每门功课占用的复习时间与对应取得的成绩

经济学		数学		信息学	
小时数	分数	小时数	分数	小时数	分数
0	30	0	40	0	70
1	44	1	52	1	80
2	65	2	62	2	88
3	75	3	70	3	90
4	83	4	77	4	91
5	88	5	83	5	92
6	90	6	88	6	93

如果这位大学生想让这3门功课的总成绩达到最高，应该如何分配自己的复习时间呢？

| 解析 | 我们首先应该分析这位大学生每增加1小时复习时间每门功课增加的分数是多少，即功课的边际效用，分析结果见表4-3。

表4-3　　各门功课每增加1小时复习时间对应的分数增加

小时数	1	2	3	4	5	6
经济学	14	11	10	8	5	2
数学	12	10	8	7	6	5
信息学	10	8	2	1	1	1

从表4-3中可以看出，经济学增加3小时，能获得边际效用是10；数学增加2小时，能获得边际效用是10；信息学增加1小时，能获得的边际效用也是10，3门功课加起来的复习时间一共是6小时。

根据消费者均衡的条件可以得知，该大学生将6小时的时间按照经济学3小时、数学2小时和信息学1小时的方式进行分配，可以得到最大的总分。

四、消费者剩余

微课4-2
消费者剩余

案例4-2

2021年，证监会发出问询函，要求正在申请IPO的知名家居公司慕思股份对企业广告中出现的外国人形象进行说明，告知其与公司产品的关系；同时，证监会要公司澄清是否对外宣传此人，此人的情况是否与实际情况相符，对外宣传自身产品的方式是否表述恰当和是否存在虚假宣传。

在中国的寝具市场上，慕思股份号称是一家开发生产“整套健康睡眠系统产品”的专业国内企业。在这家企业的广告上，消费者总能看到一位身着白衬衣、戴黑色眼镜、花白胡子的外国老人。这位气质优雅的外国老人让很多消费者印象深刻，直接将此人和慕思股份的床垫联系在一起，无意中产生慕思股份是一家有外国背景企业的印象。

事实上，慕思股份并未对此人的身份做过任何介绍，消费者对此人的情况毫无了解。这个“洋人广告”已经在广大消费者中引起了普遍的认知混乱，误导了消费者的购买行为。

市场上的“假洋货”已经不是个案，用外国人的形象来迷惑消费者的手段，在国内消费品市场上屡见不鲜，除了“洋人广告”，还有带“洋味儿”的企业名称和产品名称等。这次证监会的问询函捅破了窗户纸，在业界和消费者中掀起了轩然大波，也引起了各方面的反思。

改革开放初期，中国打开了国门走向世界，当时“洋货”对于中国消费者来说很有市场，因为外国产品不仅造型美观，而且质量可靠，但是经过几十年的发展，中国制造已经在世界市场打出了名气，国内很多企业的产品与外国同类产品相比已经毫不逊色甚至略胜一筹，更有很多所谓的外国品牌的产品上本身就写着“Made in China”。

资料来源：品牌观察官．慕思床垫要上市，神秘洋老头是谁？[EB/OL]．[2023-01-03]．https：//baijiahao.baidu.com/s?id=1718132997733465226&wfr=spider&for=pc.

小思考 4-3

同学们，该企业为什么要用“洋老头”进行混淆视听的营销？这背后反映出的经济学原理是什么？

消费者剩余（consumer surplus）概念是由经济学家阿尔弗雷德·马歇尔在《经济学原理》一书中提出的，他观察到消费者在购买商品时，经常出现其愿意付出的价格远超实际付出价格的现象，超出的价格即消费者剩余。

消费者剩余又称消费者福利，是指消费者在购买一定数量的某种商品时愿意支付的最高总价格和实际支付的总价格之间的差额。消费者剩余衡量了购买者自己感觉到所获得的额外利益。比如一场电影的票价为20元，购买者认为这场电影好看，电影票值50元，消费者剩余就是30元。

一般情况下，消费者愿意为消费品支付的价格取决于其对该消费品的评价，而评价的本质就是效用。该消费品能给消费者带来的效用越大，那么消费者愿意支付的价格就越高；反之，消费者愿意支付的价格就越低。

消费者对每一单位商品所愿意支付的最高价格，取决于这一单位商品的边际效用。由于商品的边际效用是递减的，所以消费者愿意支付的价格是递减的。但是，消费者愿意支付的价格并不等于该商品在市场上的实际价格，于是消费者愿意支付的价格与实际的市场价格之间就有一个差额。

随着消费者对于某种商品消费数量的不断增加，愿意支付的价格也在递减，但实际的市场价格并没有改变，所以消费者获得的消费者剩余就会随着消费不断减少。

从表4-4中可以看到，当消费数量为1时，消费者对该商品愿意支付的价格是10元，但实际的售价是2元，所以消费者会获得8元的消费者剩余，这会让消费者的购买热情高涨，继续增加购买数量。

表4-4 消费者剩余表

消费数量	边际效用MU	愿意支付的价格（元）	实际价格（元）	消费者剩余
1	20	10	2	8
2	16	8	2	6
3	12	6	2	2
4	6	3	2	1
5	4	2	2	0

随着消费数量的增加，消费者的消费欲望在降低，意愿支付的价格也在递减，所以消费者剩余不断减少。当消费者愿意支付的价格等于商品的实际价格时，消费者剩余为0。

在理解消费者剩余的概念时，必须注意以下两点：

（1）消费者剩余并不代表着实际的收入增加或支出节约，只是一种主观的心理感受，或者是研究经济学问题的一种工具。

（2）生活必需品的消费者剩余一般被认为比较大，因为消费者对这类物品的效用评价高，愿付出的价格也高，但这类物品的市场价格一般比较低。

任务三 序数效用论分析

学习目标

思政目标：了解边际替代率递减规律和消费者均衡，倡导理性的消费观和培养广泛兴趣的积极价值观。

知识目标：理解无差异曲线和预算线的概念，熟悉边际替代率递减的经济规律。

技能目标：会用作图的方式利用序数效用论找到消费者均衡点。

导入案例

以前出境游一直是国人心中的热门选择，绝大多数人认为出境旅游很有面子。

然而新冠肺炎疫情开放之后，国内游逐渐兴起并形成一股强劲的旅游热潮，而出境游显得冷清。

数据显示，2023年的出境游人数并没有如预期一样增长。如果说在全球新冠肺炎疫情形势刚刚缓和时，尽量避免前往境外旅游是一种理智的选择，那么在如今放开管控后的很长一段时间里，出境游为何依然门可罗雀，甚至连2019年水平的一半都不到？

资料来源：研智金言．泼天富贵？国内旅游一片火爆，为何出境游冷清暗淡？[EB/OL]．[2023-08-15]．https：//baijiahao.baidu.com/s?id=1773378892223584117&wfr=spider&for=pc.

任务思考

请从效用的角度思考，消费者为什么会转向国内旅游呢？

知识研学

作为消费者行为分析的另一大分支，序数效用论在效用的衡量方面有不同的观点。在序数效用论中，边际效用无法进行计量和求和，只能用序数（第一，第二，第三……）来表示消费者满足程度的高低，并对此进行排序。

在序数效用论中，可以采用无差异曲线和预算线来分析消费者行为，其研究目的在于做出效用最大化的理性消费选择。

一、无差异曲线

由于消费者的欲望具有偏好性，所以消费者可以根据自己的意愿对可能消费的商品组合进行排序，比如为了早餐吃饱同时消费包子和油条、为了穿暖同时购买上衣和裤子，都能给消费者带来效用。

无差异曲线（indifference curve）是指这样一条曲线，在它上面的每一点商品的组合是不同的，但是人们在每一点所得到的效用程度是相同的。

假设某消费者同时用可乐和汉堡满足食欲，不同数量组合的可乐和汉堡都能给消费者带来相同的效用，这些数量组合见表4-5。

表4-5 具有相同效用的不同商品数量组合

组合	汉堡（个）	可乐（杯）
A	2	15
B	3	10
C	4	7
D	5	6
E	8	5

如果将以上数量组合在坐标系上表示出来，则可以绘制成图4-2。

在图4-2上，无差异曲线上任何一点（如A、B、C、D、E等）所对应的商品

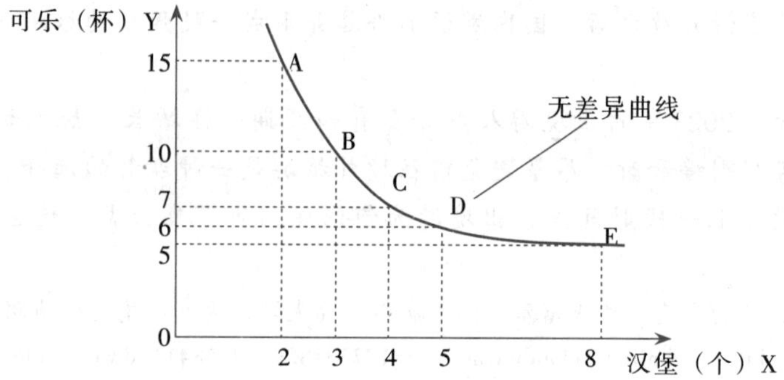

图4-2　汉堡和可乐的无差异曲线

组合能为消费者提供同等的效用。消费者的选择从A点移向B点，放弃了5杯可乐去多消费1个汉堡，这种选择的变化不会让他感到自己的效用增加或减少，所以A点和B点给消费者带来的满足程度是一样的。

在坐标系中，将所有能给消费者带来相同满足程度的组合所对应的点连成轨迹，就是消费者的无差异曲线。

通过图4-3，可以观察到无差异曲线具有以下特征：

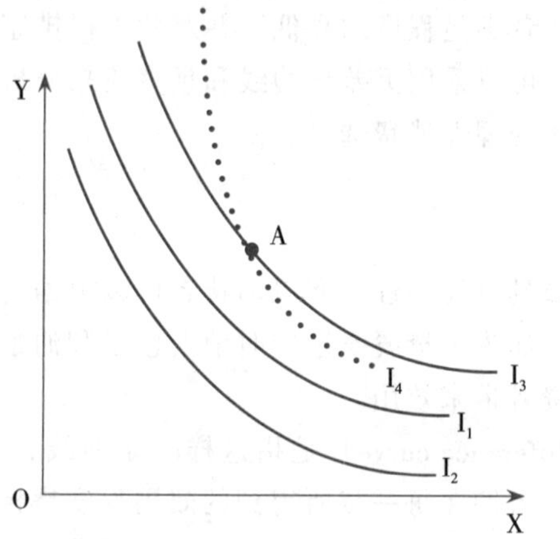

图4-3　无差异曲线的特征分析

（1）在同一坐标平面上，可以有无数条无差异曲线，距离原点越远，效用越高。

无差异曲线的形状和位置不同，代表了不同的效用。无差异曲线距离原点越远，代表的效用就越大，比如图4-3中I_3效用较高；无差异曲线距离原点越近，代表的效用就越小，比如图4-3中I_2效用较低。在图4-3中，I_1、I_2、I_3三条无差异曲线的效用大小排序为$I_3>I_1>I_2$。

（2）在同一坐标平面上，任何两条无差异曲线都不可能相交。

同一坐标平面上的无差异曲线不可能相交。假如说I_3、I_4可以相交，那么按照无差异曲线的定义，除了交点之外组合点的效用应该相同，但这显然不符合实际情况。因此，无差异曲线不可能相交。

（3）无差异曲线向右下方倾斜，凸向原点。

无差异曲线的斜率是负值，代表了消费者愿意用一种商品替换另一种商品的比率。在收入和商品价格既定的条件下，消费者为了得到相同的总效用，增加一种商品的消费，就必须减少另一种商品的消费。两种商品同时增加或减少是不可能出现的。

另外，不同形状所代表的无差异曲线，可以显示消费者的不同偏好，如图4-4所示。

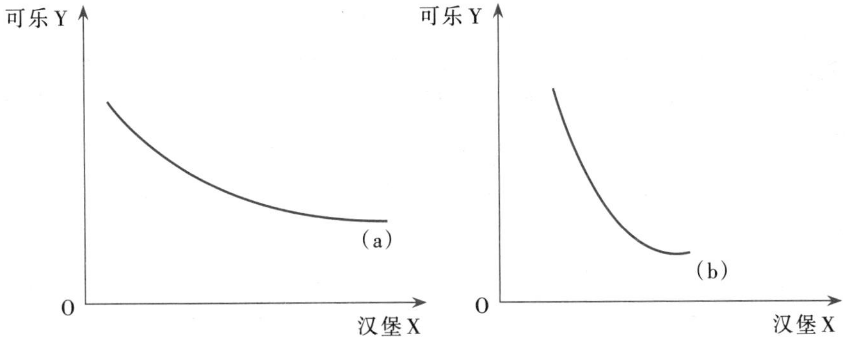

图4-4　不同的无差异曲线对比

小思考 4-4

请问同学们，图4-4中的两条无差异曲线表明哪一组消费者更喜欢可乐，哪一组消费者更喜欢汉堡？

二、边际替代率

微课4-3

边际替代率递减规律

边际替代率（marginal rate of substitution，MRS）是指两种物品可以按某种比率替换，在维持满足程度不变的前提下，消费者增加消费一单位的一种物品所需放弃的另一种物品的消费数量的比率。

在同一条无差异曲线上，消费者在保持同一效用水平时，如果减少一种物品消费的数量，就必须增加另一种物品消费的数量，所以边际替代率也可以看作无差异曲线上的一点转移到另一点时，为保持满足程度不变，两种物品之间的替代比例。

边际替代率在图形上，可以用无差异曲线上两点连线的斜率来表示。

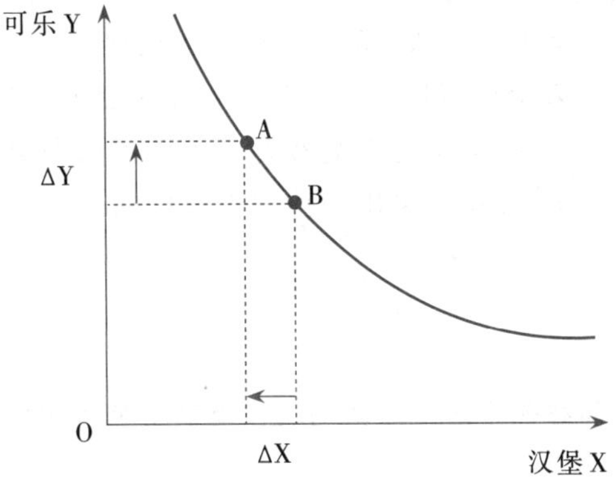

图4-5　边际替代率

在图4-5中，当无差异曲线上的B点向A点移动时，可乐的消费增加量为ΔY，汉堡的消费量减少量为ΔX，则边际替代率可以用以下公式来进行计算：

$$MRS_{xy} = -\frac{\Delta Y}{\Delta X}$$

如果已知商品组合的数量，就可以利用边际替代率公式计算出各组合变动时的MRS（见表4-6），并观察其变化规律。

表4-6 边际替代率的变化

组合	汉堡（X）（个）	可乐（Y）（杯）	ΔY	ΔX	MRS_{xy}
A	2	15			
B	3	10	−5	1	5
C	4	7	−3	1	3
D	5	6	−1	1	1
E	8	5	−1	3	0.33

从表4-6中可以发现，随着商品组合的替换，两种商品之间的MRS_{xy}一直处于递减的状态，在这种情况下，消费者要增加汉堡的消费量，就要减少可乐的消费量，或者说增加汉堡的消费量是以减少可乐的消费量为代价的，但是随着汉堡消费量的增加，需要放弃的可乐数量也逐渐减少。

小思考4-5

请问同学们，为什么在上述的情况下，被汉堡替代的可乐越来越少？汉堡能够完全替代可乐吗？可乐可以完全替代汉堡吗？

通过观察和计算，我们可以发现一条规律：在维持效用水平不变的前提下，随着一种商品消费数量的连续增加，消费者为得到每一单位的这种商品所愿意放弃的另一种商品的消费数量是递减的，这条规律被称为边际替代率递减规律。

边际替代率递减规律是边际效用递减规律起作用的结果。以图4-5举例，当消费者位于A点时，他会因为自己消费的可乐较多而汉堡较少，而变得对汉堡产生更大的偏好。于是，消费者会愿意用较多单位的可乐去交换1单位的汉堡，所以A点的MRS会比较大。但是，接下来随着消费者不断用可乐去交换汉堡，消费者对汉堡的偏好会越来越低，所以MRS会出现持续下降的状态，消费者消费了过多汉堡口渴时，又会变得对可乐产生偏好。

小思考4-6

请问同学们，边际替代率总是递减的吗？有没有例外呢？

三、预算线

孟子曰："鱼，我所欲也；熊掌，亦我所欲也。二者不可得兼，舍鱼而取熊掌者也。"

消费者一方面追求效用最大化，想要尽可能多地获得各种消费品，另一方面不得不像孟子所说的一样，必须面对收入的限制，无法将所有想要得到的东西都收入囊中。所以，在现实中消费者的效用最大化，只能是收入既定条件之下的最大化。

假设消费者想要去消费可乐和汉堡两种食物，数量分别为Y与X，价格分别为P_y和P_x，消费者当下可支配的收入为I。如果把消费者的全部收入都用于消费可乐和汉堡，那么消费者的消费情况可以用下图4-6来表示。

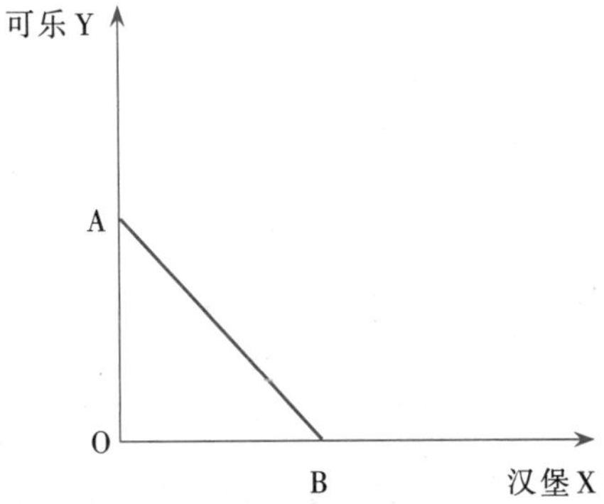

图4-6　预算线

在图4-6中，消费者全部的收入I用于消费，那么A点为全部收入用于消费可乐所对应的数量，B点为全部收入用于消费汉堡所对应的数量，购买可乐Y与汉堡X的所有组合对应的点组成的轨迹，就是图中的AB线段。在经济学中，AB线段被称为预算线。

预算线又被称为消费可能线，表示在收入和商品价格既定的条件下，消费者能够购买到的两种商品最大数量组合的连线。消费者无论消费何种组合，都不能使支出超出其总收入。

消费者预算线AB可以用下面的公式来表示：

$$I = P_xQ_x + P_yQ_y$$

如果消费者用全部收入购买Y，则Y商品的数量为$\frac{I}{P_y}$，相当于预算线在Y轴上的截距；如果消费者用全部收入购买X，则X商品的数量为$\frac{I}{P_x}$，相当于预算线在X轴上的截距。由于预算线的斜率为两种商品价格之比的负值，所以预算线公式还可以表示为：

$$Q_y = \frac{I}{P_y} - \frac{P_x}{P_y} \cdot Q_x$$

小思考 4-7

请问同学们，假如汉堡或可乐的价格变动了，或者消费者的收入变动了，那么预算线会有什么变化呢？

事实上，预算线会因消费者收入的变化和商品价格的变化而变化。

（1）消费者收入变动时，预算线会做平行移动。

如果两种商品的价格不变，在消费者收入增加时，预算线会平行向外移动，即从AB移动到A_1B_1；在消费者收入减少时，预算线会平行向内移动，即从AB移动到A_2B_2，如图4-7所示。

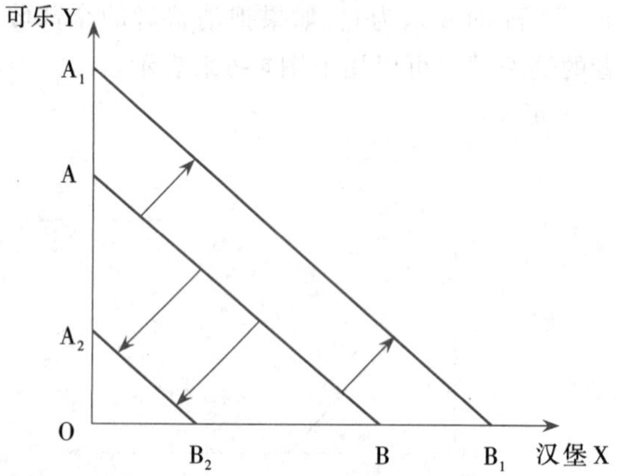

图4-7　预算线在收入变动时的变化情况

（2）商品价格变动时，预算线会做非平行移动。

如果消费者收入不变，一种商品价格变动，而另一种商品价格保持不变时：如果Y商品价格不变，X商品价格提高，预算线会以A点为轴向内旋转，变为AB_1；如果Y商品价格不变，X商品价格降低，预算线会以A点为轴向外旋转，变为AB_2，如图4-8所示。如果商品X价格不变，商品Y的价格发生变化，则情况与前两者正好相反。

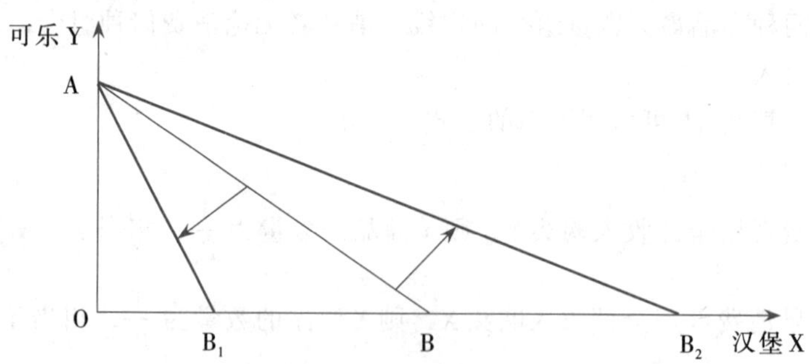

图4-8　预算线在X商品价格变动时的变化情况

总之，预算线的变动情况可以用表4-7进行总结。

表 4-7　预算线的变动情况

移动类型	移动的原因	备注
平行移动	收入变化	收入高低决定移动位置
	比价不变的价格变化	比价决定斜率
非平行移动	一种商品价格变化	
	比价变化的价格变动	

四、序数效用论的消费者均衡

消费者均衡是研究单个消费者在货币收入、消费偏好和商品价格一定的条件下，实现效用最大化的均衡条件，是消费者行为理论的核心。那么，在什么样的情况下，消费者的行为才会处于均衡状态呢？在序数效用论中，需要将无差异曲线和预算线结合到一起来分析消费者均衡。

在序数效用论中，实现消费者均衡的条件是无差异曲线与预算线相切，如图 4-9 所示。

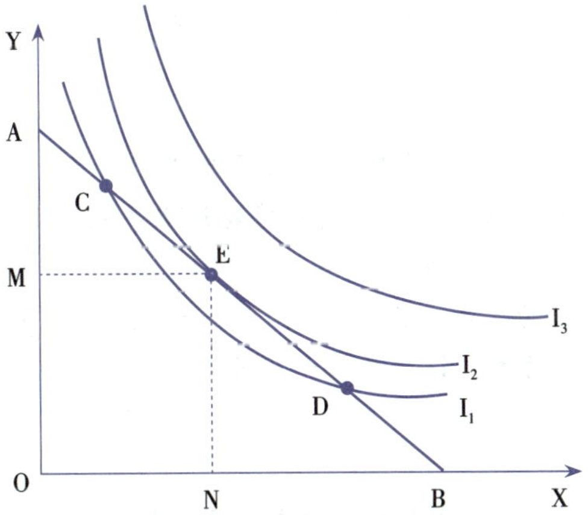

图 4-9　消费者均衡的条件

在图 4-9 中，I_1、I_2和I_3三条无差异曲线的效用大小排序为$I_1<I_2<I_3$，AB 是一条预算线。当I_2与 AB 相切于 E 点时，消费者均衡就实现了。实现消费者均衡的时候，消费者购买数量分别为 ON 与 OM 的 X、Y 两种商品，就能给其提供最大的效用。

E 点实现了消费者均衡，因为 E 点实现了既定收入水平下的效用最大化。

从图 4-9 中可以看出，I_3的效用高于I_2，但是I_3和 AB 距离过远，既不能相交也不能相切，说明想用 AB 水平的预算实现I_3水平的效用是不可能的。I_1与 AB 相交于 C、D 两点，说明 C、D 两点对应的商品数量也能够实现既定收入下的效用，但是I_2效用高于I_1，C、D 两点上的商品数量不足以达到消费者期待的更高效用。

在均衡点 E 上，预算线的斜率正好等于无差异曲线的斜率。由于预算线的斜率等于X和Y两种商品的价格之比的负值，无差异曲线的斜率恰好等于边际替代率。因此，当两种商品的价格之比等于边际替代率绝对值时，消费者均衡就可以实现，即$MRS_{xy}=P_x/P_y$。

从这个角度看，序数效用论的消费者均衡条件和基数效用论的消费者均衡条件一致，其公式为：

$$MRS_{xy}=\frac{MU_x}{MU_y}=\frac{P_x}{P_y}$$

$$\frac{MU_x}{P_x}=\frac{MU_y}{P_y}=\lambda$$

任务四　消费者行为理论的应用

学习目标

思政目标：学会运用辩证思维来分析消费者与企业不同的行为模式，透过商业现象，发掘经济本质。

知识目标：理解并能简要阐述基于消费者行为理论的消费行为和企业行为。

技能目标：熟悉消费者行为的内在机制，并应用其原理解释相关经济现象。

导入案例

2023年8月，一众国货品牌突然成为消费者“野性消费”的目标。先有蜂花率先凭借“79元产品套装”以及“79元能在蜂花这里买到什么”等相关视频、互动，获得了首批大量关注，品牌直播间也迎来了销量、销售额的翻倍增长。据飞瓜数据，蜂花9月11日开始的这场直播，2天销售额已超2 500万元，销量也超过25万单。此前，蜂花直播间的单日销售额较少超过百万元。红星资本局发现，9月11日开始的这场直播已持续了3天，其销售额则是从12日开始，出现了10倍的暴涨，一直持续到了13日。

在“蜂花效应”下，不少国货也纷纷加入了这场大戏。以味精为主要产品的莲花、运动品牌鸿星尔克也纷纷上线了79元套餐。鸿星尔克在其直播间还与国货品牌联动，让主播直播洗头，并卖起了蜂花、白象等国货产品。

其实，这已经不是老国货们第一次这么火了，仅以蜂花为例，2021年，蜂花首次开通了在抖音平台的直播带货。那一年，一个“蜂花疑似倒闭”的视频刷爆短视频平台，心疼国货的消费者冲入直播间，为这家国货品牌带来一波“野性消费”。2022年，“蜂花董事长含泪直播”的新闻就曾冲上新浪微博热搜榜，视频中“董事长”含泪表示“蜂花10年间仅涨价2元钱”，再次吸引消费者关注。

资料来源：江瀚视野观察．泼天富贵？老国货集体卖脱销，国货复兴到底路在何方？[EB/OL]．[2023-09-18]．https：//www.yicai.com/news/101860800.html.

任务思考

从效用最大化的角度上看，对某种商品进行“野性消费”是理性的行为吗?

知识研学

一、消费者行为与消费者需求

在市场上，商品的价格取决于供求关系，而价格的支付者是市场上的消费者，只有当消费者认为自己用货币购买的商品能够为自己提供足够的效用时，消费者才愿意支付这个市场价格。

在研究消费者行为理论时，存在一个重要的前提，就是货币的边际效用是不变的。只有当货币的边际效用不变时，货币的边际效用才能用于衡量各种商品的效用。

当消费者愿意支付货币去购买一定数量的商品时，消费者所关注的就是从商品中获得的效用。愿意支付的价格高，说明商品的效用大；愿意支付的价格低，说明商品的效用小。

由于边际效用递减规律的作用，当消费者增加对某商品的消费时，该商品给消费者带来的边际效用是下降的，但货币的边际效用是不变的，所以随着消费的增加，消费者愿意付出的价格必然是下降的。这正符合前文需求定理的内容，即市场上商品的需求量与商品的价格成反比。

消费者要对自身的效用需求和收入情况有明确的认识，提升自身对市场商品的分析判断能力，避免盲目的非理性消费，在满足自身偏好的基础上实现效用最大化，达到消费者均衡。

案例 4-3

1856至1857年间，法国的《巴黎杂志》上连载的一部小说轰动了整个法国文坛，也在法国社会上引起广泛讨论。这部小说就是著名小说家福楼拜的《包法利夫人》。

小说的主人公爱玛出生在一个富农之家，母亲虽然早逝，但父亲很疼爱她，在她13岁时就送她去修道院学习贵族式生活。正是在修道院埋下的那粒贵族种子，让爱玛脱离了现实生活，整天幻想着能遇上一个贵族公子，不仅能带给她美妙的爱情，还能满足她对精致生活的渴望。可不幸的是，她的结婚对象偏偏是一个老实、清贫、不懂浪漫的乡村医生查理，在她还不明白爱情是什么滋味的时候，就稀里糊涂地接受了查理的求爱。

对于大多数普通女孩来说，查理其实算得上是一个理想的丈夫人选，老实、勤劳、专一，无条件信任老婆，收入也过得去，除了不太懂浪漫。但在爱玛眼里，这个丈夫简直一无是处，既给不了她想要的爱情，也给不了她想要的生活。为了满足空虚的生活，她有了外遇，以外出学习为由和情夫幽会，幻想着“希望能乘一辆蓝色提耳玻里，驾一匹英吉利马，有一个穿翻口长靴的马童驭马”，情夫除了有虚假的浪漫外一毛不拔，她自己贴钱维持虚荣心。

爱玛本身没有钱，家里只有丈夫给人看病的收入，结果爱玛把钱用在了与情人的幽会上，钱用完后又瞒着丈夫打上了家族房产的主意。狡猾的商人勒乐先生乘虚而入，怂恿爱玛偷偷卖掉了公婆的房产，用卖房产的钱来弥补先前欠下的债务。于是，没头脑的爱玛，被勒乐一步步算计，最终被高利贷推入了无底的深渊无法回头，只能喝下砒霜服毒自尽，而她的情人早就提前抽身而退了。

空有外表而没有头脑的爱玛，为了追求她所谓的精致生活，为了金钱维持的爱情，对爱她的老实丈夫和可爱女儿熟视无睹，最后落得人财两空的悲惨结局，至今令人唏嘘。

小说的背后是冰冷的现实，这段情节并非完全由小说杜撰，而是发生在福楼拜身边的真实事件。他的一位医生朋友的妻子就是小说主人公的原型，因为精神空虚，与其他男子发生了婚外情。谈恋爱要花钱，为了讨好情人，她疯狂地买买买。几年后，她债台高筑，又无力偿还，最终只能一死了之。福楼拜深有感触，为了警醒世人，于是便创作了文学名著《包法利夫人》。

资料来源：米俪米．福楼拜《包法利夫人》：一个被伪精致生活毁掉一生的漂亮女人［EB/OL］．［2021-03-02］．https：//baijiahao.baidu.com/s?id=1694006869479964099&wfr=spider&for=pc.

小思考 4-8

同学们，从经济学的角度上看，包法利夫人的悲剧究竟是由哪些原因导致的？如果你是爱玛，如何才能避免悲剧的发生呢？

二、消费者行为理论与企业营销

在市场经济中，有一对关系至关重要，那就是供给和需求。供给和需求分别对应的两方，就是企业和消费者。如果消费者需求的原动力是获得最大的效用，那么企业在生产和销售时，必须考虑自身的产品或服务能给消费者带来多大的效用。

基于消费者行为理论，企业应该从培育偏好和避免边际效用过快递减的角度上进行商品或服务的生产和销售。

（一）培育偏好

效用是一种主观感受，由消费者的偏好决定。尽管消费者的偏好有很大的主观性，但企业可以通过研究消费者的心理，通过塑造消费时尚的方法来培育消费者的偏好。广告是培育偏好的主要营销手段之一，成功的广告可以对消费者的偏好产生深远影响。企业之所以愿意在广告营销上投入资源，原因就在于此。

由于消费者的社会地位和经济地位不同，个人的习惯、伦理和道德标准也不同，对产品的偏好有很大的差异，所以企业在开发产品时，要对消费者群体进行精准画像，根据目标消费者的偏好来开发产品，用市场细分和市场定位的方法来实现精确营销。

案例4-4

2013年，一部电视剧《来自星星的你》在韩国热播，成为当年的年度收视冠军剧，并很快随着“韩流”迈出国门，在中国同样获得了巨大人气，仅网络播放量就超过了60亿次。

剧中男女主角成了名人，受到了万千粉丝的追捧，更不可思议的是，连剧中的食物也在中国成为饮食时尚。

“下雪了，怎么能没有炸鸡和啤酒?”剧中千颂伊的这句台词带火了“炸鸡和啤酒”。电视剧播出后，不仅引发中国追剧星人的强烈追捧，众多中国明星也纷纷发微博感叹“炸鸡和啤酒在哪里”。在此之前，中国其实并没有“炸鸡和啤酒”的饮食习惯。但是，在该剧播出后，不少商家闻风而动，各地“炸鸡和啤酒”的食谱开始出现在街头巷尾，一部热播的电视剧使得餐饮业的利润也颇为可观。一部电视剧的影响如此惊人，竟能引发一场空前的饮食新文化，不得不让人瞩目。

“炸鸡和啤酒”的火爆并非个例，多年前，韩剧《大长今》曾在中国热播，随后掀起中国的韩餐热潮，对韩国饮食在中国的推广贡献极大。

2010年以后，韩国政府在宣传“韩流”的力度和方法上发生了变化，从歌舞、电影和电视剧等传统项目，逐步转向利用“韩流”带动韩国的旅游、饮食、产品、生活方式等，效果令人称叹。通过向全世界输出“韩流”，韩国不仅提升了国家的知名度，建立了“韩流”品牌，还带动了韩国产业的发展，在提升国家形象的同时创造了可观的经济价值。

资料来源：高文慧．炸鸡+啤酒 带来超级“韩流”[EB/OL]．[2021-03-05]．http：//qnck.cyol.com/html/2014-03/05/nw.D110000qnck_20140305_1-31.htm.

（二）推陈出新，避免边际效用过快递减

边际效用递减规律是消费者行为理论中的一条重要规律，当消费者不断消费某种商品或服务，就会出现边际效用递减的现象。在这种情况下，消费者愿意为之支付的价格就会自然下降。

因此，企业在生产中必须注意产品品种的多样化，打造产品的个性化差异，就能有效避免边际效用过快递减。

除此之外，企业还要注意不断推陈出新，加大创新力度，不断突破自己，生产与众不同的产品，提供个性化的服务，不断为消费者提供更多的效用。

案例4-5

乐高，创立于1932年，是一家总部位于丹麦的玩具制造厂商。直到今天，乐高已经走过了近百年的历程，在全世界的玩具领域，乐高是巨无霸般的存在，打着“LEGO”标签的塑料积木风行全世界。

创立于1932年的乐高，其创始人是一位丹麦乡村木匠——奥勒。奥勒曾经在做“家具”还是做“玩具”方面做出过艰难的选择，最后选择了他更感兴趣的木质玩具。

20世纪50年代起，乐高开始生产创新性的塑料玩具，虽然起初玩具不温不火，但是在不断的开发创新中，具有划时代意义的积木结合方式被开发出来，成为乐高最有价值的专利。

在开发新玩法的同时，乐高独具慧眼地选择了和影视结合的道路。乐高玩具与风靡全球的电影《星球大战》合作，成功让乐高在当时最大的北美消费市场站稳了脚跟，并用授权的方式和更多知名影视IP合作，不断扩大玩具的生态圈，将越来越多的消费者纳入乐高帝国之中。

今天，乐高产品遍布130多个国家和地区，但该公司一直在寻求扩大其业务。乐高十分重视在主要城市的高端商圈开设乐高商店，装修精美的乐高商店极大地提高了乐高品牌的知名度。

数字化娱乐是传统玩具最大的竞争对手。为了在数字化时代保持消费者对玩具的兴趣，乐高还进行了各种跨界经营，比如乐高电影特许经营权极大拓展了乐高的受众，同时灌输了乐高的游戏理念。乐高主题公园在多个国家开业。为了在数字领域输出影响，乐高还进入了游戏领域，与游戏厂商联合开发了大量受欢迎的乐高游戏。

乐高最受欢迎的产品就是乐高套装。乐高与迪士尼、漫威和DC漫画公司合作打造其广受欢迎的星球大战和超级英雄主题玩具套装，并定期组织“乐高大师”比赛，让不分年龄的乐高爱好者参加比赛，同享乐高的快乐。

除了娱乐之外，乐高还将自己定位成“益智玩具”的领军者。乐高可以让孩子们通过玩耍成为富有想象力的学习者。乐高品牌已经与教育行业建立了牢固的合作伙伴关系。乐高的独立教育公司乐高教育自1986年以来一直为学校提供教育产品，专门设计建立STEAM（科学、技术、工程、艺术和数学）课程用于帮助学生学习，并在民间广泛推广使用乐高的课程。

自1932年成立以来，乐高已涉足电影、电子游戏、电视节目、流行的社交媒体频道，甚至主题游乐园等。因此，尽管新冠肺炎大流行对玩具行业造成了严重的影响，但乐高在2020年上半年的销售额与2019年同期相比增长了14%，营业利润增长了11%，达到6.22亿美元。

资料来源：海岛急救包．乐高如何做产品创新［EB/OL］．［2022-12-09］．https：//zhuanlan.zhihu.com/p/590458624.

思考与训练

一、主要概念

基数效用论　边际效用递减规律　序数效用论　无差异曲线　消费者均衡　消费者剩余　预算线　边际替代率

二、单项选择题

1.关于经济学中的效用论述错误的一项是（　　）。

A.效用是指消费者从消费商品或服务中所获得的满足程度

B.效用具有主观性

C.效用具有相对性

D.效用具有绝对性

2.以下关于边际效用递减规律的原因，不正确的论述是（　　）。

A.连续消费某种物品会降低满足程度

B.不受生理结构的限制

C.人有喜新厌旧的好奇心理

D.物品用途的多样性

3.无差异曲线中的“无差异”是指（　　）。

A.曲线上商品价格相同　　B.曲线上商品组合的效用相同

C.曲线上商品的边际效用相同　　D.曲线上商品的数量相同

4.边际替代率递减的原因是（　　）。

A.消费商品的价格下降　　B.消费商品的数量下降

C.消费商品的效用下降　　D.消费商品的供给下降

5.想要达到消费者均衡和效用最大化，消费者可以（　　）。

A.追求新潮　　B.跟风消费　　C.借贷消费　　D.理性消费

三、简答题

1.请简要介绍基数效用论和序数效用论的基本观点。

2.什么是边际效用递减规律？这个规律的经济学意义是什么？

3.序数效用论是如何实现消费者均衡的？

4.消费者行为理论对企业营销有哪些启示？

四、计算题

1.假定某消费者的包子消费数量与效用关系见表4-8。

表4-8　某消费者的包子消费数量与效用关系

消费数量（个）	效用	总效用	边际效用
0	0		
1	10		
2	8		
3	7		
4	5		
5	3		
6	1		
7	-2		

（1）计算包子的总效用、边际效用。

（2）从表4-8中，可以发现什么经济规律？

2.某人要购买衣服和食物，但是他每月用于购买衣服和食物的收入只有2 500元，食物每餐50元，衣服每件100元，他能有哪些消费组合呢？请将结果填写在表4-9中。

表4-9 某消费者的消费组合

组合	食物（餐）	衣服（件）
A	0	25
B		20
C	20	
D		10
E	40	
F		0

项目五

把握好企业经营的投入与产出
——生产者行为理论

导　读

经常坐飞机的人可以发现，有的航班满员，有的航班空座很多。当航班有空座时，民航公司总是以向乘客提供折扣机票的办法作为竞争的基本手段，甚至以低于成本的价格销售机票。

思考：当大家以低于火车票的价格买上飞机票的时候，有没有想过：这样的销售价格航空公司能挣到钱吗？航空公司这种行为是理性的吗？带着疑问，我们进入项目五的学习。

任务一　从多种形态下认清本质
——企业的定义与类型

学习目标

思政目标：个人的力量是有限的，通过公司制企业组织形式的学习，我们要学会充分利用社会资源去处理问题，学会合理调配和利用人力、物力、财力，最大限度去发挥它们的作用。

知识目标：掌握企业组织形式的概念、特点。

技能目标：了解三种企业组织形式的区别和联系。

导入案例

马克思在《资本论》中指出，假如必须等待积累去使某些单个资本增长到能够修建铁路的程度，那么恐怕直到今天世界上还没有铁路。但是，集中通过股份公司转瞬之间就把这件事完成了。股份制企业是发展现代社会生产力的强大杠杆，它们对国民经济迅速增长的影响恐怕估价再高也不为过。

任务思考

你了解的企业组织形式有哪些？如何理解股份制企业是发展现代社会生产力的强大杠杆？带着问题，我们进入任务一的学习。

知识研学

一、企业组织形式

企业组织形式是指企业存在的形态和类型，主要有独资企业、合伙企业和公司制企业三种形式。无论企业采用何种组织形式，都应具有两种基本的经济权利，即所有权和经营权，它们是企业从事财务运作和经营运作的基础。企业采用何种组织形式，对企业的生产经营活动有重大影响。

（一）独资企业

独资企业是指由一个自然人投资，全部资产为投资人所有的营利性经济组织。个人独资企业是独立的民事主体，可以以自己的名义从事民事活动。

个人独资企业的设立条件：

第一，投资人为一个自然人，且只能是中国公民。

（1）投资人只能是自然人，不包括法人。

（2）投资人只能是中国公民，不包括港、澳、台同胞。

（3）国家公务员、党政机关领导干部、法官、检察官、警官、商业银行工作人员等，不得投资设立个人独资企业。

第二，有合法的企业名称。

个人独资企业的名称中不能出现“有限”、“有限责任”或者“公司”字样。

第三，有固定的生产经营场所和必要的生产经营条件。

第四，有必要的从业人员。

第五，有投资人申报的出资。

（二）合伙企业

合伙企业是由两个或两个以上的自然人通过订立合伙协议，共同出资经营、共负盈亏、共担风险的企业组织形式。合伙企业分为普通合伙企业（其中包括特殊的普通合伙企业）和有限合伙企业。

（三）公司制企业

公司（或称公司制企业）是指由两个以上投资人（自然人或法人）依法出资组建，有独立法人财产，自主经营、自负盈亏的法人企业。出资者按出资额对公司承担有限责任。

其主要形式分为有限责任公司和股份有限公司两种。

有限责任公司和股份有限公司的区别：

第一，公司设立时对股东人数要求不同。有限责任公司必须有2个以上股东，最多不得超过50个；非上市股份有限公司必须有2个以上发起人，最多不得超过200人。

第二，股东的股权表现形式不同。有限责任公司的权益总额不做等额划分，股东的股权是通过投资人所拥有的比例来表示的；股份有限公司的权益总额平均划分为相等的股份，股东的股权是用持有多少股份来表示的。

第三，股份转让限制不同。有限责任公司不发行股票，对股东只发放一张出资证明书，股东转让出资需要由股东会或董事会讨论通过；股份有限公司可以发行股票，股票可以自由转让和交易。

公司制企业的优点包括：容易转让所有权；有限债务责任；可以无限存续，一个公司在最初的所有者和经营者退出后仍然可以继续存在；融资渠道较多，更容易筹集所需资金。

公司制企业的缺点包括：组建公司的成本高；存在代理问题，所有者成为委托人，经营者成为代理人，代理人可能为了自身利益而伤害委托人利益，矛盾需要协调；有双重课税，公司作为独立的法人，其利润需要缴纳企业所得税，企业利润分配给股东后，股东还需要缴纳个人所得税。

二、三种企业组织形式的比较

独资企业、合伙企业和公司制企业三种企业组织形式的优缺点比较见表5-1。

表5-1　　三种企业组织形式的比较

企业类型	优点	缺点
独资企业	•容易建立 •决策过程简单	•决策不受约束 •所有者承担无限责任 •企业发展受所有者约束
合伙企业	•容易建立 •决策多样化 •合伙人可以退出企业	•形成统一意见困难 •普通合伙人承担无限责任 •合伙人退出引起资本短缺
公司制企业	•所有者承担有限责任 •筹资容易 •责权明晰，相对稳定	•管理体系复杂 •决策缓慢 •管理者与所有者意见需要统一

小思考5-1

股份有限公司和有限责任公司相比，在经营过程中有哪些优点？

股份有限公司特别是上市公司，所有权与经营权一般是相分离的，职业经理人一方面需要对公司的股东负责，另一方面需要对消费者负责。在具体经营管理过程中，当出现自身利益与企业利益不一致的情况时，职业经理人一定要公平、公正，坚持股东、消费者利益至上的原则，做一个以诚信为本、以大局为重的经理人。

任务二 如何选择一种生产要素的合理投入区域——短期生产理论

学习目标

思政目标：了解矛盾的普遍性，学会具体问题具体分析，能够合理分配企业在不同发展阶段所需投入的各类生产要素，实现企业利益最优化。

知识目标：了解生产、生产要素、生产函数；了解总产量、平均产量和边际产量以及它们之间的关系；掌握边际报酬递减规律；掌握一种生产要素的合理投入区域。

技能目标：能够运用所学知识理解并分析生产者行为。

导入案例

有人曾经做过一个拉绳试验：先把被试验者分成2人组、3人组和8人组，要求各组用尽全力拉绳。然后，要求这些被试验者单独用尽全力拉绳。不管是分组拉绳，还是单独拉绳，测试都使用灵敏度极高的测力器分别测量各组和每个被试验者的拉力，并且进行比较。测量和比较的结果是：2人组的拉力只是这2个人单独拉绳时拉力总和的95%；3人组的拉力只是这3个人单独拉绳时拉力总和的85%；而8人组的拉力则降到这8个人单独拉绳时拉力总和的49%。

在拉绳试验中出现了“1+1<2”的现象，这种现象说明：有人在偷懒。而且在一起干活的人越多，偷懒的现象越严重。如果我们投入的不是人力而是物力，情况会不会有所不同呢？1771年，英国农学家杨格所做的农业试验向我们证明了在物质生产领域，当技术水平不变时，过多地投入某种生产要素也会带来产量的递减。所以，值得我们注意的是，在生产领域中，并不是投入的资源越多带来的产量就会越大。

资料来源：佚名．管理哲学故事［EB/OL］．［2023-05-30］．https://www.docin.com/p-822180963.html.

任务思考

究竟要怎么投入资源才能为企业带来既定资源下的产量最大从而实现利润最大化呢？在我们学习了生产理论后，便可以找到问题的答案。

知识研学

一、生产与生产要素

（一）生产

生产（production）是指投入各种不同的生产要素以制成产品的过程，也就是把投入变为产出的过程。在经济学中生产者（企业/厂商）被假定为理性的经济人，其目标是追求利润最大化。

（二）生产要素

生产要素（factor of production）是指企业在生产过程中投入的各种资源，主要包括劳动、土地、资本和企业家才能。

1.劳动

劳动（labor）是指劳动者在生产过程中所提供的劳务，包括体力劳动和脑力劳动，是人类在生产过程中提供的体力和智力的总和。

2.土地

土地（land）是指生产中使用的各种自然资源。经济学中的土地是一个广义的概念，不仅包括土地本身，还包括地上（下）的各种自然资源，例如山川、森林、矿藏等一切自然资源。

3.资本

资本（capital）是指生产中使用的资本品，可以是货币形态的，也可以是实物形态的。资本的实物形态，又称资本品或投资品，如厂房、机器设备、动力燃料、原材料等。

4.企业家才能

企业家才能（entrepreneurship）是指企业家组织建立和经营管理企业的才能，包括经营管理企业的能力、创新的能力和承担风险的能力等。传统的生产三要素需要企业家将其合理组织才能充分发挥生产效率。

任何一种产品的生产都需要投入上述四种生产要素，产品是所有生产要素共同作用的结果。例如，蛋糕烘焙店使用的生产要素包括工人的劳动，土地（店铺），面粉、糖等原材料以及投资在烤箱、搅拌器和其他一些设备上的资本，通过蛋糕烘焙店老板的管理与协调，生产出蛋糕。

二、生产函数

（一）生产函数的含义

生产函数是指一定时期内在给定的生产技术水平条件下，企业在生产过程中所使用的各种生产要素的数量与所能生产产品的最大产量之间的关系。在这里要注意：任何生产函数都是以给定的生产技术为前提的，一旦生产技术发生变化，则会形成新的生产函数。

（二）生产函数的一般表现形式

Q=f（L，K，N，E）

式中：Q代表产量；f表示投入与产出之间的函数关系；L、K、N、E分别表示劳动、资本、土地、企业家才能。

为了简化分析，通常假定生产中只使用劳动和资本两种生产要素。因此，生产函数通常表示为：

Q=f（L，K）

（三）短期生产函数与长期生产函数

企业的生产可以区分为短期和长期，它们各自的生产技术特征和规律是不同的。如何区分生产的短期和长期呢？经济学所研究的长期和短期不是以时间的绝对长短来划分的，而是以生产者是否能变动全部生产要素的投入量为标准的。

短期是指生产者还来不及调整全部生产要素的数量，至少有一种生产要素的投入数量是固定不变的时期。因此，短期生产要素可以区分为固定生产要素和可变生产要素。如厂房、设备等在短期内无法进行数量调整的要素为固定生产要素；像劳动、原材料、燃料等在短期内可以进行数量调整的要素为可变生产要素。

长期是指生产者可以调整全部生产要素的投入数量的时期。由于在长期生产中每种生产要素投入的数量都是可以调整的，因此就不存在固定生产要素和可变生产要素的区分。

根据短期与长期的含义，短期生产函数是指在短期内生产技术条件一定的情况下，生产要素投入量与产品最大产出量之间的关系；长期生产函数是指在长期内生产技术条件一定的情况下，生产要素投入量与产品最大产出量之间的关系。在公式Q=f（L，K）中，如果假定L可变而K不变，该函数就是短期生产函数；如果假定L和K两个要素同时可变，该函数就是长期生产函数。

三、短期生产函数（一种可变生产要素的生产函数）

短期生产函数是指在短期内生产技术条件一定的情况下，生产要素投入量与产品最大产出量之间的关系。在短期内我们假定资本K不变，只有劳动L可以随产量变化，则短期生产函数可以表示为：

$Q=f(\bar{K}, L)$

式中：K的上面加一横线代表它是一个常数，表示固定生产要素资本的投入量不变；L表示可变要素劳动的投入量。

（一）总产量、平均产量和边际产量

总产量（total product，TP）是指投入一定量的生产要素所生产出来的产品全

部产量。其公式为：

$TP=f(L)$

平均产量（average product，AP）是指平均每一单位生产要素投入所带来的产品产量。它等于总产量除以生产要素投入量。其公式为：

$$AP=\frac{TP}{L}$$

边际产量（marginal product，MP）是指在其他投入保持不变的条件下，每增加一单位的生产要素投入所增加的产品产量。其公式为：

$$MP=\frac{\Delta TP}{\Delta L} \quad 或 \quad MP=\frac{dTP}{dL}$$

以某印刷厂为例，表5-2显示了印刷厂短期的产量与所雇用劳动量之间的关系。表5-2的第一栏表示劳动投入量的变化，后面的三栏给出了总产量、平均产量和边际产量的数据。

表5-2　　印刷厂短期劳动投入量与产出量的关系

劳动投入量（人）（L）	总产量（件）（TP_L）	平均产量（件）（AP_L）	边际产量（件）（MP_L）
0	0	0	0
1	8	8	8
2	20	10	12
3	36	12	16
4	48	12	12
5	55	11	7
6	60	10	5
7	60	8.6	0
8	56	7	-4

由表5-2可得出，总产量：1个工人时的总产量是8件；2个工人时的总产量为20件等。

平均产量：2个工人的平均产量是10件，可用20件除以2个工人得出等。

边际产量：当工人从1个增加到2个时，总产量从8件增加到20件，因此第2个工人的边际产量是12件。同样，当工人从2个增加到3个时，总产量从20件增加到36件，因此第3个工人的边际产量是16件等。在该例中，边际产量代表每增加一个工人的劳动投入所带来的产量的变动。

根据表5-2中的数据可画出如图5-1所示的产量曲线，用来表示短期生产函数。仔细观看该图，会产生这样的疑惑：随着劳动投入量的不断增加，为什么总产量不增反降呢？我们会在本节的分析中给出答案。

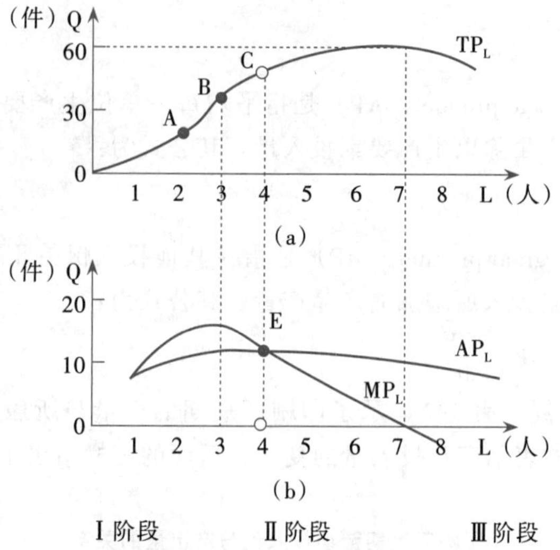

图5-1　短期生产函数

(二) 总产量、平均产量和边际产量的关系

在图5-1中，横轴L表示劳动投入量，纵轴Q表示产出量。图5-1（a）给出了总产量曲线TP_L，可以看出，随着工人投入量从0增加到1、2、3人时，总产量以递增的速度增加。到达拐点B以后，随着工人投入量的继续增加，总产量以递减的速度增加。当工人投入量增加到7人时，总产量达到最大，为60件。此后，总产量开始逐渐降低，这是因为印刷机固定不变，劳动投入过多会造成人浮于事，导致生产率下降。图5-1（b）给出了平均产量曲线AP_L和边际产量曲线MP_L，我们看到，平均产量随着劳动投入的增加而增加，达到最高点E后不断下降。边际产量从几何意义上看是总产量曲线上任何一点切线的斜率，总产量在达到最大值之前，其切线的斜率为正；在总产量的最大值，即图5-1（a）的“山顶”，其切线的斜率为零；在总产量的最大值之后，其切线的斜率为负。因此，相应的边际产量表现为先上升而后下降最终变为负值的变动趋势。

综上所述，我们从以下方面分析总产量、平均产量和边际产量的关系：

第一，总产量、平均产量和边际产量都呈现出先递增后递减的趋势。

第二，当边际产量大于零时，总产量是逐渐递增的；当边际产量等于零时，总产量达到最大值；当边际产量小于零时，总产量开始逐渐递减。

第三，当平均产量和边际产量相等时，平均产量达到最大值；当边际产量大于平均产量时，平均产量是逐渐递增的；当边际产量小于平均产量时，平均产量是逐渐递减的。

(三) 边际报酬递减规律

在生产实践中可以发现这样一个普遍现象：在技术水平和其他因素不变的条件下，连续地将某一种生产要素投入增加到其他一种或几种数量固定不变的生产要素中去，最初这种可变要素的投入增加会带来边际产量的递增，但当这种可变要素的投入增加到一定限度时，其边际产量就开始递减了。这就是边际报酬递减规律。

边际报酬递减规律普遍存在，在农业中的使用最为广泛。早在1771年英国农学家杨格就用在若干相同的地块上施以不同量肥料的实验，证明了肥料施用量与产量增加之间存在这种边际产量递减的关系。这不是偶然的现象而是经验性规律。假如农民在一亩地上撒一把化肥能增产1千克，撒两把化肥能增产3千克，但随着撒入化肥量的增加，化肥的增产效果会越来越差，过多的施肥量甚至导致土壤板结、粮食减产。

边际报酬递减规律的原因在于：对于任何产品的短期生产来说，可变生产要素和固定生产要素之间都存在一个最佳的数量配置比例。当可变生产要素投入较少、固定生产要素投入较多时，增加可变生产要素的投入可以使生产要素之间的配置比例趋向合理，从而使得产量增加。但当生产要素之间的配置比例达到最佳时，可变生产要素的边际产量已经达到最大值，之后继续增加可变生产要素的投入就逐渐背离了生产要素配置的最佳比例，从而带来了边际产量递减的现象。边际报酬递减规律解释了边际产量曲线先递增后递减的原因。

微课5-1

边际报酬递减规律

（四）一种生产要素的合理投入区域

生产要素既然存在边际报酬递减规律，那么追求利润最大化的生产者应该如何选择生产要素投入量来进行生产呢？

根据产量变化的特征，我们可以将短期生产划分为三个阶段，即平均收益递增阶段、平均收益递减阶段、负边际收益阶段（如图5-1所示）。

第Ⅰ阶段，是从原点到平均产量最高点的阶段，即平均收益递增阶段。在第Ⅰ阶段，随着劳动要素投入的不断增加，平均产量不断增加，边际产量大于平均产量。在这一阶段，和固定投入（资本）相比，可变投入（劳动）不足，一部分固定生产要素没有被充分利用，因此相对于变动的生产要素而言，每增加一个单位的可变投入（劳动）都可以提高平均产量，追求利润最大化的生产者不会将生产停留在这一阶段的任何产量上，必须增加可变投入（劳动），扩大生产。

虽然对特定的一种生产要素来说，收益最好的是边际产量最大，但对全部投入的生产要素而言，收益最好的应是平均产量最大，所以生产要素投入在达到平均产量最高点以前不应停止投入。

第Ⅱ阶段，是从平均产量最高点到总产量最高点的阶段，即平均收益递减阶段。在第Ⅱ阶段，平均产量从最高点开始递减，边际产量亦递减但大于零，因此增加可变投入（劳动）仍可增加总产量。此外，在这一阶段，由于增加可变投入（劳动）使边际产量递减增加，因而边际产量小于平均产量。

第Ⅲ阶段，是边际产量为零以后的阶段，即负边际收益阶段。在第Ⅲ阶段，劳动的边际产量为负值，总产量也开始递减，这时，每减少一个单位的可变投入（劳动）可以提高总产量。这种情况表明，在这一阶段，相对于固定投入（资本）而言，可变投入（劳动）太多，出现人浮于事，因此减少可变投入（劳动）将有利可图。当然理性生产者不会将生产停留在这一阶段的任何产量上，必然要减少可变投入（劳动），提高生产效率。

从以上分析中可以看出，对于理性的生产者而言，生产函数在第Ⅰ、Ⅲ阶段都是不合理的生产阶段。因为第Ⅰ阶段只要增加可变生产要素的投入，就可以增加产出，所以可变生产要素的投入不应停留在这一阶段；而第Ⅲ阶段则因为随着可变生产要素投入的增加，产出不仅没有增加，反而减少，所以可变生产要素的投入也不应达到第Ⅲ阶段。只有第Ⅱ阶段，才是可变生产要素投入的合理阶段，可变生产要素投入量究竟应该在这一阶段的哪一点，还需要引入可变生产要素与产品的价格，并结合成本与收益进行分析。

任务三 如何确定合理的生产规模
——长期生产理论

学习目标

思政目标：学会应用辩证法中发展的眼光来看待问题，不局限于眼前的利益，确定适合企业长远发展的生产规模。

知识目标：理解长期生产的含义；了解等成本线、等产量线、生产扩张线的实际意义；合理安排经济生产规模。

技能目标：会通过等成本线、等产量线、生产扩张线之间的关系处理实际企业发展应投入要素；学会将生产规模最适化。

导入案例

2006年年初，媒体报道了一系列关于中国“用衬衫换飞机”的争论。有经济学家对以“8亿件衬衫”为代表的大批量、廉价、没有自主知识产权、“只赚辛苦钱”的“中国制造”产品感到自豪。也有经济学家认为，虽然不能反对“衬衫换飞机”，但不能以恶化百姓的生存和工作环境为代价来为大企业或外资“改善投资环境”，中国人不能“永远”为世界打工。

事实上，中国会不会永远“用衬衫换飞机”，主要取决于中国普通劳动力的劳动生产率是不是能够持续提高。更为确切地说，这取决于中国一般劳动力的劳动生产率与发达国家的劳动生产率的差距是不是能够持续缩小。中国现如今GDP排在世界第二，早已经摆脱了“用衬衫换飞机”的局面，中国企业不再是单纯的劳动输出。现如今，中国各大企业正在实现转型，互联网科技等产业发展也越来越快。

资料来源：佚名. 中国永远“用衬衫换飞机”?［EB/OL］.［2021-03-14］. https://wenku.so.com/d/ea2c1dfaa3c7138cdd1b1ecb344a6774.

任务思考

中国企业的发展越来越快，这与生产者的每一步决策都脱离不了关系。那从企业长期发展的角度来看，该如何确定投入何种生产要素呢？

知识研学

一、长期生产函数

长期生产函数是指在长期内生产技术条件一定的情况下，生产要素投入和产出之间的关系。这里的“长期”不是指一个具体的时间跨度，而是指企业可以根据其所要达到的产量来调整其全部生产要素的时期。长期研究的是企业生产规模的收益率。在长期中，企业的生产要素不再划分为固定投入和可变投入，而是所有的要素投入都可以改变。

长期生产函数反映的是长期的投入产出关系，通常表示为：

Q=f（K，L）

（一）等产量线

等产量线是表示两种生产要素的不同数量的组合可以带来相等产量的一条曲线，或者说是表示某一固定数量的产量可以用所需要的各种生产要素的不同组合生产出来的一条曲线。等产量线如图5-2所示。

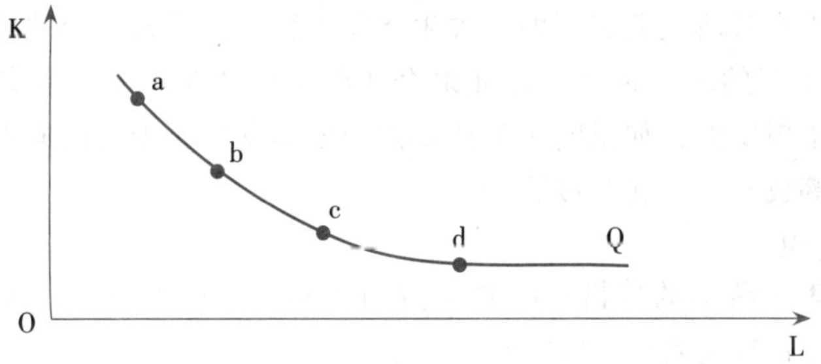

图5-2　等产量线

在图5-2中，横轴代表劳动L的投入量，纵轴代表资本K的投入量，Q代表等产量线，a、b、c、d表示劳动与资本的四种组合方式。在等产量线的任何一点上，劳动L与资本K不同数量的组合给生产者所带来的产量都是相同的。

由于等产量线的几何特点与无差异曲线相似，因此它又被称为生产无差异曲线。但两者有区别：等产量线表示产量，无差异曲线表示效用；等产量线是客观的，无差异曲线是主观的。

等产量线具有以下特征：

1.等产量线是一条向右下方倾斜并凸向原点的曲线，其斜率为负值

这表明，在生产者的资源与生产要素价格既定的条件下，为了达到相同的产量，在增加一种生产要素时，就必须减少另一种生产要素。如从a点到b点，产量不变，这就是说，增加一种生产要素（劳动）所增加的产量恰恰弥补了因减少另一种生产要素（资本）所减少的产量。

边际技术替代率（MRTS）是指在保证产量不变的前提条件下，增加一单位某

种生产要素可以代替的另一种生产要素的数量。假设ΔL表示劳动的增加量，ΔK表示资本的减少量，MP_L表示劳动的边际产量，MP_K表示资本的边际产量，$MRTS_{LK}$表示劳动对资本的边际技术替代率，则有：

微课5-2

边际技术替代率递减规律

$$MRTS_{LK}=-(\Delta K/\Delta L)=-(dK/dL)$$

等产量线之所以是一条向右下方倾斜并凸向原点的曲线，是因为边际技术替代率递减。等产量线上任何一点的边际技术替代率，从几何学意义上看，是过该点做等产量线切线的斜率，因为资本投入增加（减少），则劳动投入减少（增加），其变化方向相反，因此是负值。

2.在同一平面图上，可以有无数条等产量线

不同的等产量线代表不同的产量水平。离原点越远的等产量线所代表的产量水平越高；离原点越近的等产量线所代表的产量水平越低。

3.在同一平面图上，任意两条等产量线不能相交

因为在交点上，两条等产量线代表了相同的产量水平，显然这与不同等产量线代表不同的产量水平相矛盾。

（二）等成本线

等成本线也称企业预算线，是一条表明在生产者的货币成本与生产要素价格既定的条件下，生产者所能购买到的两种生产要素数量的最大组合的线。等成本线表明了企业进行生产的限制条件，即如果企业购买生产要素的成本支出大于货币成本，生产就是不现实的；如果购买生产要素的成本支出小于货币成本，就无法实现产量最大化。等成本线公式可以写为：

$$P_L \times Q_L + P_K \times Q_K = M$$

式中：P_L表示劳动的价格；Q_L表示劳动的购买量；P_K表示资本的价格；Q_K表示资本的购买量；M代表货币成本。

已知M=20 000元，P_L=500元，P_K=400元。当Q_L=0时，Q_K=50；当Q_K=0时，Q_L=40。于是可以绘出图5-3，连接a、b两点的直线就是等成本线。在等成本线上的任何一点，都是在货币成本与生产要素价格既定的条件下，能购买到的劳动与资本的最大数量的组合。

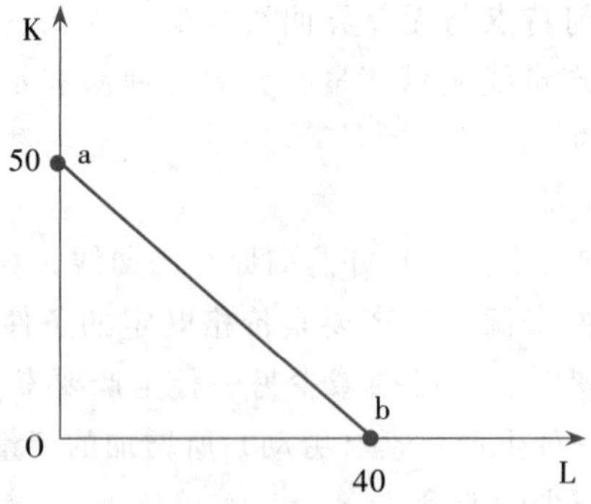

图5-3　等成本线

如果企业的货币成本和生产要素价格改变了，则等成本线就会发生变动。如果生产者的货币成本变动，则等成本线会平行移动。货币成本增加，等成本线向右上方平行移动；货币成本减少，等成本线向左下方平行移动。等成本线的移动如图5-4所示。

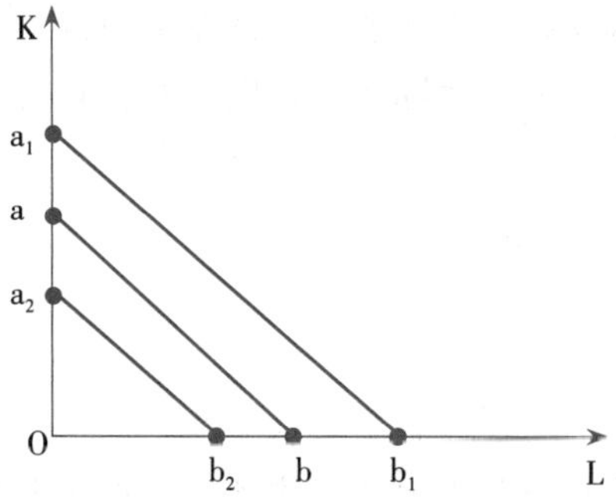

图5-4 等成本线的移动

在图5-4中，ab是原来的等成本线。当货币成本增加时，等成本线移动为a_1b_1；当货币成本减少时，等成本线移动为a_2b_2。

小思考5-2

在实际的企业生产中，如何根据等产量线和等成本线来确定实现了生产要素的最优组合？

（三）生产者均衡（最优要素组合）

把等产量线与等成本线结合在一个图上，那么等成本线必定与无数条等产量线中的一条相切于一点。等产量线与等成本线的切点E叫作生产者均衡点，是生产者成本最小或产量最大的组合点。在生产者均衡点上，生产者实现了利润最大化。生产要素的最优组合如图5-5所示。

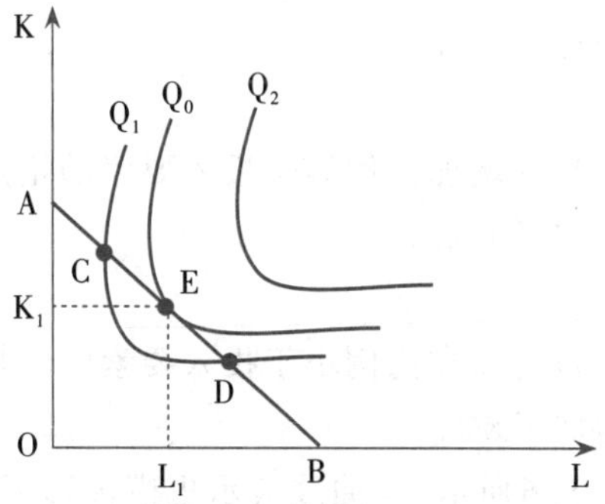

图5-5 生产要素的最优组合

在图5-5中，三条等产量线，产量大小的顺序为$Q_1<Q_0<Q_2$。等成本线AB与等产量线Q_0相切于E，这时就实现了生产要素的最优组合。这就是说，在货币成本与生产要素价格既定的条件下，OL_1的劳动与OK_1的资本结合，可以实现利润的最大化，即既定产量下成本最小或既定成本下产量最大。

生产者均衡的条件可以理解为超市购物排队结账的情景。若A收银台排队的人少，其他收银台排队的人多，则理性的人会马上转移到人少的A收银台；若B和C收银台排队的人少，同理人们会从其他收银台转移到B和C收银台，直到所有收银台排队的人数趋于相同时达到均衡状态。

所以，生产者均衡的条件是企业购买生产要素的每一单位货币所带来的边际产量都相等，若哪边能带来更多的边际产量，则企业会倾向于向哪边多投入，直到两边都相等时达到均衡。

二、生产的规模报酬

（一）规模报酬

微课5-3 生产的规模报酬

规模报酬是指在生产技术水平不变的条件下，企业生产规模的变动（各种生产要素按同样的比例变动）引起生产单位产量或收益变动的情况，也就是企业采用一定的生产规模所能获得的经济利益。

理解这一概念时要注意以下3点：

第一，规模报酬发生作用是以生产技术水平不变为前提的。

第二，在生产中使用的两种可变投入要素是按同样的比例变动的，且不考虑技术系数变化的影响，以及由于生产组织规模的调整对产量的影响。例如，由于若干企业发生合并，而使产量发生变化的这种影响不予考虑。

第三，两种生产要素增加所引起的生产单位产量或收益的变动情况，有规模报酬递增、规模报酬不变、规模报酬递减3种情况。

（二）规模报酬的3种情形

1.规模报酬递增

规模报酬递增是指产量的增加比例大于投入要素的增加比例。例如，生产规模扩大了10%，带来产量增加了15%。

2.规模报酬不变

规模报酬不变是指产量的增加比例等于投入要素的增加比例。例如，生产规模扩大了10%，带来产量增加了10%。

3.规模报酬递减

规模报酬递减是指产量的增加比例小于投入要素的增加比例。例如，生产规模扩大了10%，带来产量增加了8%。

规模报酬的变动如图5-6所示，a曲线表示规模报酬不变，b曲线表示规模报酬递增，c曲线表示规模报酬递减。

（三）影响规模报酬变动的因素

1.内在经济

它是指一个企业在生产规模扩大时由自身内部因素所引起的收益或产量的增加。

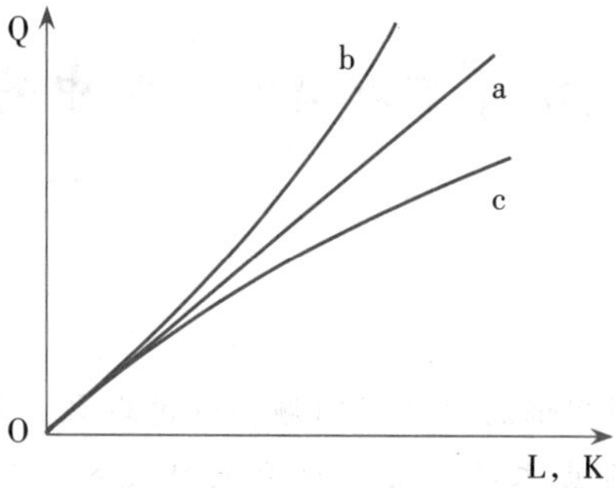

图 5-6　规模报酬的变动

引起内在经济的主要因素有：①生产规模扩大，可以购置和使用更加先进的机器设备；可以提高专业化程度，提高生产效率；有利于实现资源的综合开发和利用，使生产要素效率得到充分发挥。②巨大的工厂规模能使企业内部管理系统高度专门化，容易使各个部门的管理者成为某一方面的专家，从而提高管理水平和工作效率。③在大规模生产中，可以对副产品进行综合利用，可以更加快速地开发生产出许多相关产品，实行多元化生产。④在大规模生产中，可以对生产要素进行综合、大批量采购，对产品进行大批量运输，从而降低购销成本。同时，由于大规模生产相对容易形成生产经营上的垄断，因此有利于获取生产经营上的优势，获得递增的规模收益。

2.内在不经济

它是指一个企业由于本身生产规模过大时由自身内部因素所引起的产量或收益的减少。引起内在不经济的原因主要有：①企业规模过大，会导致管理层次复杂、管理幅度过大。同时，庞大的管理机构可能降低企业的管理效率。②生产经营规模庞大、产品多样化、可能引起销售费用增加。③生产规模大，可能会使生产要素、制成品和在制品积压，导致生产成本增加。

3.外在经济

它是指由于整个行业生产规模扩大，而给个别企业带来的产量或收益的增加。引起外在经济的原因主要有：①可以从整个行业的扩大中得到更加便利的交通辅助设施，可以获得各种市场信息。②能够在行业内部实行更好的专业化协作，提高生产效率。③可以得到更多的人才和熟练的技术工人。④可以更加方便地实现企业间的规模连锁经营和扩张经营。

4.外在不经济

它是指由于整个行业生产规模扩大，而给个别企业带来的产量或收益的下降。引起外在不经济的原因主要有：①行业规模过大，可能会加剧企业之间的竞争，从而降低收益。②行业规模过大，企业之间互相争购原材料和劳动力，可能会导致生产要素价格上升、货币成本增加。③行业规模过大，会加重环境污染、交通拥挤等不利影响。

任务四 为什么经济学家和会计师眼中的利润不同
——生产成本

学习目标

思政目标：学会运用辩证思维分析问题，透过现象，发掘本质，应用实践。

知识目标：理解机会成本的含义；区分显性成本与隐性成本；掌握成本曲线规律。

技能目标：注重成本规律在生产不同时期中的应用。

导入案例

某私营业主小王用自己的20万元资金办了一家服装厂，年终到了，会计师拿来会计报表，见表5-3“会计报表”栏。小王的经济学家朋友看了报表后，也列出了一张报表，见表5-3“经济学家的报表”栏。经济学家和会计师计算的成本和利润是不同的。

表5-3 某服装厂的报表

会计报表		经济学家的报表	
销售收益	100万元	销售收益	100万元
设备折旧	10万元	设备折旧	10万元
厂房租金	11万元	厂房租金	11万元
原材料	40万元	原材料	40万元
电力等	6万元	电力等	6万元
工人工资	25万元	工人工资	25万元
贷款利息	5万元	贷款利息	5万元
		业主应得的工资	3万元
		自有资金利息	1万元
成本	97万元	成本	101万元
利润	3万元	利润	-1万元

资料来源：佚名．经济学家和会计师计算的成本和利润为什么不同？[EB/OL]．[2021-07-11]．https://www.guayunfan.com/baike/247618.html.

任务思考

由此导入案例可以看出，经济学家与会计师计算的成本和利润不同，会计师算的是赚了3万元，而经济学家算的是亏了1万元，为什么？由于两者对成本含义的理解不同，导致对利润计算的结果也不同。

无论是企业还是个人，它们在做决策的过程中都要衡量付出和回报，即成本和收益，下面我们站在企业的角度来认识成本。

知识研学

一、成本的含义与分类

（一）成本的含义

企业要生产出产品，必须有相应的要素投入。成本（cost）是指企业使用生产要素所付出的代价。企业在生产经营活动中，为了获得劳动、土地、资本和企业家才能等生产要素，需要支付给生产要素所有者相应的报酬，即支付给劳动者工资，支付给土地所有者地租，支付给资本所有者利息，支付给企业家报酬等。然而，经济学的成本概念与日常生活中所说的成本是不同的。我们日常生活中所说的成本是指实际的货币支出，而经济学的成本概念还包括机会成本。

（二）成本的分类

1.机会成本

机会成本（opportunity cost）是指生产者放弃的使用相同的生产要素在其他生产用途中所能获得的最高收入。从机会成本的角度来说，经济学所说的成本，是指做出一项选择时所放弃的其他选择的最高收入。

假定某厂商利用一组经济资源既可以生产A产品，也可以生产B产品或C产品。在面临这3种选择时，如果该厂商决定生产A产品，那么它就放弃了利用相同的经济资源在B或C产品生产中所能得到的收入。如果相同的经济资源被分别用在B、C产品的生产中所能得到的收入分别为900万元、1 000万元，那么我们可以说，该厂商生产A产品的机会成本就是它所放弃的在生产B或C产品中所能得到的最高收入，即1 000万元。换言之，如果该厂商生产A产品的收入小于1 000万元，那么它选择生产A产品显然就是一个错误的决定，而正确的选择是：它应该把相同的经济资源投放到C产品的生产中，从而获得尽可能高的收入（即1 000万元）。

由此可见，机会成本的概念是与稀缺资源的有效配置密切联系在一起的。企业的生产成本应该从机会成本的角度来理解，这是经济学效率要求的基本体现。

2.显性成本与隐性成本

（1）显性成本

显性成本（explicit cost）是指企业在生产要素市场上购买或租用所需要的生产要素的实际支出。也就是说，显性成本是需要企业支出货币的投入成本。

例如，某企业雇用了一定数量的工人，从银行获得了一定数量的贷款，并租用了一定数量的土地。为此，这个企业就需要向工人支付工资、向银行支付利息、向土地所有者支付地租，这些货币支出便构成了该企业生产的显性成本，也被称为会计成本。

（2）隐性成本

隐性成本（implicit cost）是指企业自己所拥有的且被用于自己企业生产过程中的那些生产要素的总价格。或者说，隐性成本是指不需要企业支出货币的投入成本。

例如，为了进行生产，某企业所有者还动用了自己所拥有的资金和土地，并亲自管理企业。经济学家指出，既然企业借用他人的资本需要支付利息，租用他人的土地需要支付地租，聘用他人来管理企业需要支付工资，同样的道理，当企业使用自有生产要素时，也应该得到报酬。所不同的是，现在是企业自己向自己支付利息、地租和工资，所以这部分支出也应该计入生产成本中。由于这部分支出成本不如显性成本那么明显，所以被称为隐性成本。隐性成本必须从机会成本的角度按照企业自有生产要素在其他最佳用途中所能得到的收入来支付，否则，企业会把自有生产要素转移出本企业，以获得更高的报酬。

3.沉没成本

沉没成本（sunk cost）是指已经支付而且无法回收的成本。

例如，专用设备的成本支出、埋在地底下的自来水管道的成本支出等。这类成本一旦支出，便无法回收。或者说，即便是企业退出生产也无法使沉没成本消失。因此，企业在进行生产决策时需要考虑机会成本，但不需要考虑沉没成本。

二、短期成本分析

在短期内，由于生产要素不能全部根据生产规模变动进行调整，所以产品成本变动的特点是一部分费用可变、一部分费用相对不变。在短期成本分析中，主要研究由于产量变动所引起的总成本、平均成本和可变成本的变动规律，以及由此决定的企业生产经营规模的确定等问题。

（一）短期成本的构成

我们以张三的炸鸡店为案例来说明一个企业的短期成本状况。表5-4为张三炸鸡店的各种成本，并根据表5-4绘制图5-7。

1.总成本

总成本（total cost，TC）是指企业生产一定数量的产品所需要的成本总额，它随产量的上升而上升。在短期内，总成本等于固定成本加可变成本，即：

短期总成本（STC）=固定成本（FC）+可变成本（VC）

当产量为零时，短期总成本等于固定成本。

在表5-4中，第1列表示该炸鸡店的产量，第2列为总成本。可以看出，总成本TC随着产量Q的增加而增加，这是因为生产某一产品的更多产量必须使用更多的劳动和其他要素投入，增加的生产要素引起成本的增加。当产量为零时，总成本等于固定成本。因此，TC曲线在产量为零时，是固定成本的高度，此后随着产量的变动而向右上方倾斜，如图5-7中的TC曲线所示。

表5-4　　张三炸鸡店的各种成本　　金额单位：元

产量（斤）Q	总成本 TC	固定成本 FC	可变成本 VC	平均总成本 ATC	平均固定成本 AFC	平均可变成本 AVC	边际成本 MC
0	2	2	0	—	—	—	—
1	3	2	1	3	2	1	1
2	3.8	2	1.8	1.9	1	0.9	0.8
3	4.4	2	2.4	1.47	0.67	0.8	0.6
4	4.8	2	2.8	1.2	0.5	0.7	0.4
5	5.2	2	3.2	1.04	0.4	0.64	0.4
6	5.8	2	3.8	0.97	0.33	0.63	0.6
7	6.6	2	4.6	0.94	0.29	0.66	0.8
8	7.6	2	5.6	0.95	0.25	0.7	1
9	8.8	2	6.8	0.98	0.22	0.76	1.2
10	10.2	2	8.2	1.02	0.2	0.82	1.4
11	11.8	2	9.8	1.07	0.18	0.89	1.6
12	13.6	2	11.6	1.13	0.17	0.97	1.8
13	15.6	2	13.6	1.2	0.15	1.05	2
14	17.8	2	15.8	1.27	0.14	1.13	2.2

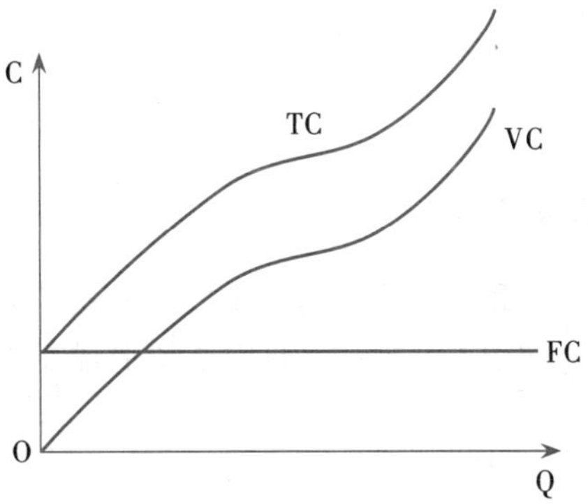

图5-7　固定成本、可变成本和总成本

2.固定成本

固定成本（fixed cost，FC）又称不变成本，是指不随产量的变动而变动的成本。固定成本是一个常量，即使企业停产，也必须支付。例如，借入资金的利息，租用厂房或设备的租金，固定资产的折旧费，停工期间无法解雇的雇员的薪金及保险费等。需要指出的是，在长期内企业可以根据产量的要求调整全部的生产要素投入量，甚至进入或退出一个行业。在长期内，企业所有的成本都是可变的。因此，但凡提及固定成本的生产一律属于短期生产的范畴。

在表5-4中，第3列为固定成本，其数值为2元且保持不变。因此，FC曲线是一条与横轴平行的直线，如图5-7中的FC曲线所示。

3.可变成本

可变成本（variable cost，VC）是指随着产量的变动而变动的成本。例如，原材料、工资和燃料等。可变成本曲线一直呈上升趋势。

在表5-4中，第4列表示可变成本。如果该店不生产，可变成本为零；如果该店生产，可变成本随着产量的增加而增加。因此，VC曲线是一条从原点出发向右上方倾斜的曲线，如图5-7中的VC曲线所示。

4.平均总成本

平均总成本（average total cost，ATC）是指企业在短期内平均生产一单位产品所消耗的全部成本。平均总成本等于总成本除以总产量，是平均每单位产量所分摊的成本，即：

$$平均总成本（ATC）=\frac{总成本}{总产量}=\frac{TC}{Q}$$

由于总成本分为固定成本和可变成本，所以平均成本分为平均固定成本（AFC）和平均可变成本（AVC），分别是固定成本和可变成本与总产量之比，记作AFC=FC/Q和AVC=VC/Q。因此，平均总成本的计算公式还可以表示为：

$$ATC=\frac{TC}{Q}=AFC+AVC$$

5.边际成本

边际成本（marginal cost，MC）是指每增加一单位产量所引起的总成本的变化量。由于固定成本不随产量而增加，即边际固定成本是零，所以边际成本等于边际可变成本。边际成本的计算公式可以表示为：

$$MC=\frac{\Delta TC}{\Delta Q}=\frac{dTC}{dQ}$$

（二）短期成本曲线及其形状

根据一般的平均总成本和边际成本与产量之间的变动关系，我们可以画出平均总成本和边际成本曲线，如图5-8所示。我们要特别观察四条曲线的形状以及它们之间的关系。

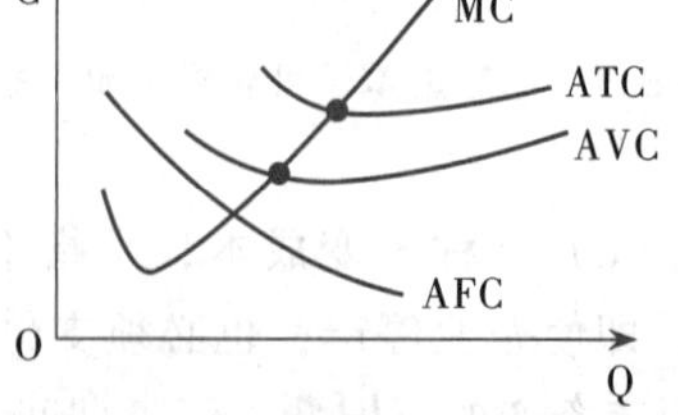

图5-8　平均总成本、边际成本、平均可变成本和平均固定成本曲线

1.边际成本、平均总成本、平均可变成本曲线呈U形

边际成本（MC）、平均总成本（ATC）、平均可变成本（AVC）三条曲线都呈U形。随着产量的增加，平均可变成本、平均总成本和边际成本都是先递减，各自达到最低点之后又递增。

2.平均固定成本曲线向右下方倾斜

随着产量的增加，给定的固定成本平均分摊到越来越多的产量上，每单位产量分摊的固定成本趋于下降。

3.边际成本和平均总成本、平均可变成本之间的关系

边际成本（MC）曲线先穿过平均可变成本（AVC）曲线的最低点，然后穿过平均总成本（ATC）曲线的最低点。

（1）边际成本（MC）和平均总成本（ATC）之间的关系。

从图5-8中可以看出，U形的ATC曲线和MC曲线相交于ATC曲线的最低点。相交前MC小于ATC，MC曲线位于ATC曲线的下方，ATC曲线必然会下降；相交后MC大于ATC，MC曲线位于ATC曲线的上方，ATC曲线必然会上升；在交点处MC等于ATC，此时ATC最小；不管是上升还是下降，MC的变动均快于ATC的变动。

如果企业销售商品的单价或平均收益等于MC和ATC相交点，那么这个最低平均总成本点便称为收支相抵点（盈亏平衡点）。因为在这一点正好平均收益等于平均总成本，超过这一点继续增加产量，平均收益小于平均总成本，将导致亏损。

（2）边际成本（MC）和平均可变成本（AVC）之间的关系。

U形的AVC曲线和MC曲线相交于AVC曲线的最低点。相交前MC小于AVC，MC曲线位于AVC曲线的下方，AVC曲线必然会下降；相交后MC大于AVC，MC曲线位于AVC曲线的上方，AVC曲线必然会上升；在交点处MC等于AVC，此时AVC最小；不管是上升还是下降，MC的变动均快于AVC的变动。

如果企业销售商品的单价或平均收益等于MC和AVC相交点，那么AVC的最低点通常可称为停止营业点。因为这一点正好平均收益等于平均可变成本，超过这点继续增加产量，平均收益小于平均可变成本，不仅收不回固定投入，连可变投入也不能完全收回，所以产量不能超过这点。

（3）平均总成本（ATC）与平均可变成本（AVC）的关系。

ATC曲线始终位于AVC曲线的上方，ATC曲线的最低点高于AVC曲线的最低点。ATC大于AVC的部分就是AFC。

请注意，企业做决策时一定要清楚什么时候盈利，什么时候不盈利就必须停止营业。

三、长期成本分析

与短期不同，在长期中企业所有的投入要素都是可以调整的。企业可以根据其产量目标，选择不同的生产规模。企业的长期成本都是可变成本。由于长期中企业的决策可变，企业总是可以根据其计划产量选择成本最低的生产规模，所以企业的

长期成本曲线不同于其短期成本曲线。下面我们通过从表示不同生产规模的短期平均成本曲线推导出长期平均成本曲线，说明短期成本和长期成本如何相关。

以图5-9为例，图中有三条短期平均成本曲线，它们分别代表小型生产规模（SAC_1）、中型生产规模（SAC_2）和大型生产规模（SAC_3）。长期中，企业可以根据其产量目标选择平均成本最低的生产规模。

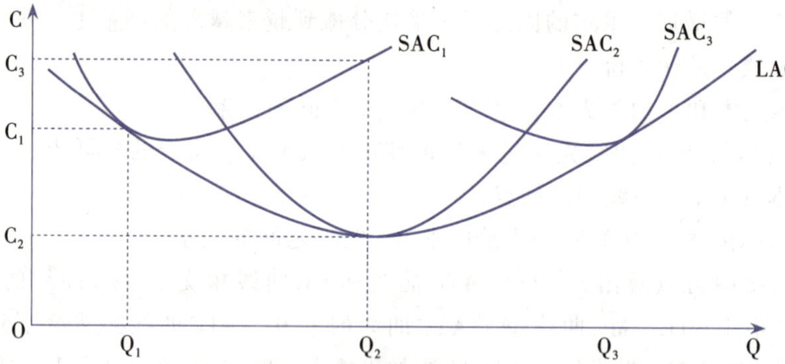

图5-9 短期平均成本与长期平均成本曲线

例如，假定企业生产Q_1的产量，则企业会选择SAC_1曲线所代表的小型生产规模。因为对于Q_1的产量而言，平均成本OC_1是最低的。假定企业生产Q_2的产量，则企业会选择SAC_2曲线所表示的中型生产规模，相应的最低平均成本为OC_2。大型生产规模同理。总之，在长期中，企业总是可以根据计划生产的产量找到相应的最优生产规模进行生产。但在短期内，企业做不到这一点，短期最低成本不可能低于长期最低成本。比如，假定企业现有的生产规模为SAC_1曲线所表示的小型生产规模，如果企业计划生产Q_2的产量，那么短期内企业只能以OC_3的平均成本来生产，而不是在SAC_2曲线上以更低的平均成本OC_2来生产。

图5-9中的三条短期平均成本曲线可用来表示企业在长期中面临的各个可能的生产规模选择。显然，长期平均成本曲线是无数条短期平均成本曲线的包络线。在这条包络线上，与每一产量水平相对应的，都有一个LAC曲线和SAC曲线的切点，该切点所对应的平均成本就是相应的最低平均成本，该SAC曲线所代表的生产规模就是生产该产量的最优生产规模。所以，LAC曲线表示企业长期内在每一产量水平上，通过选择最优生产规模所实现的最低平均成本。

需注意的是，如图5-9所示，LAC曲线是U形特征。该曲线上的点虽然都是与一定产量相对应的LAC曲线和SAC曲线的切点，但这些切点不一定都在其他SAC曲线的最低点。

思考与训练

一、基本知识点

生产函数　总产量、平均产量和边际产量及其关系　一种要素的合理投入区域　等产量线　边际技术替代率　等成本线　规模经济　隐性成本与显性成本　短期总成本、短期平均成本、短期边际成本及其关系　长期成本与短期成本的关系

二、单项选择题

1.等成本线平行向外移动，说明（ ）。

A.产量减少了 B.产量增加了

C.货币成本增加了 D.货币成本减少了

2.当其他生产要素不变时，一种生产要素增加，总产量会（ ）。

A.一直增加 B.一直减少 C.先增加而后减少 D.不变

3.边际产量曲线与平均产量曲线相交于（ ）之点。

A.边际产量大于平均产量 B.边际产量小于平均产量

C.边际产量等于平均产量 D.边际产量等于平均产量的2倍

4.当总产量递增达到最大时，一种生产要素的投入会使（ ）。

A.边际产量为零 B.边际产量等于平均产量

C.边际产量为正数 D.边际产量为负数

5.企业规模正常情况下应该最大的为（ ）。

A.饮食业 B.钢铁业 C.纺织业 D.美容业

6.如果连续地增加某种生产要素，在总产量达到最大时，边际产量曲线（ ）。

A.与纵轴相交 B.经过原点

C.与平均产量曲线相交 D.与横轴相交

7.下列说法中错误的是（ ）。

A.只要总产量减少，边际产量一定是负数

B.只要边际产量减少，总产量一定也减少

C.随着某种生产要素投入量的增加，边际产量和平均产量增加到一定程度将趋于下降，其中边际产量的下降一定先于平均产量

D.边际产量曲线一定在平均产量曲线的最高点与之相交

8.下列说法中正确的是（ ）。

A.生产要素的边际技术代率递减是规模报酬递减造成的

B.边际收益递减是规模报酬递减造成的

C.规模报酬递减是边际收益递减规律造成的

D.生产要素的边际技术替代率递减是边际收益递减规律造成的

9.等成本曲线平行向外移动表明（ ）。

A.产量提高了

B.货币成本增加了

C.生产要素的价格按相同比例提高了

D.生产要素的价格按不同比例提高了

10.在长期中，下列成本中不存在的是（ ）。

A.固定成本 B.平均成本 C.机会成本 D.隐性成本

11.使用自有资本也应计算利息收入，这种利息从成本角度看是（ ）。

A.固定成本 B.隐性成本 C.会计成本 D.生产成本

12.假定某机器原来生产产品A，利润收入为200元，现在改生产产品B，所花的人工材料费为1 000元，因此生产产品B的机会成本是（　　）。

A.200元　　B.1 200元　　C.1 000元　　D.无法确定

13.边际成本低于平均成本时，（　　）。

A.平均成本上升　　B.平均可变成本可能上升也可能下降

C.总成本下降　　D.平均可变成本上升

三、简述题

1.如何确定生产要素最优组合?

2.短期和长期生产有什么区别?

3.成本在经济学里的概念是什么？有几种类型?

四、计算题

1.某企业每周生产100个产量，成本是机器200元、原料500元、厂房租金400元、保险费50元、工资750元、废料处理100元。求企业的固定成本与平均可变成本。

2.假设某车间男工和女工各占一半。男工和女工之间可互相替代。假定男工每增加1人可增产10件；女工每增加一人可增产8件。男工工资为每人40元，女工工资为每人20元。问该车间男工和女工的组合比例是否最优？如果不是最优，应该如何调整?

3.某企业投入变动要素L生产产品X，短期生产函数为$Q=12L+6L^2-0.1L^3$。求：（1）AP_L最大时，需要雇用多少工人?（2）MP_L最大时，需要雇用多少工人?

4.某人原为某机关一处长，每年工资为2万元，各种福利折算成货币为2万元。他后来下海，以自有资金50万元办起一家服装加工厂，经营一年后共收入60万元，购布料及其他原料支出40万元，工人工资支出为5万元，其他支出（税收、运输等）为5万元，厂房租金为5万元。这时银行的利率为5%。请计算会计成本、机会成本各是多少。

项目六

到底是赔了还是赚了
——市场结构与厂商均衡

导　读

21世纪初，中国互联网行业进入了蓬勃发展的上升期。大批IT企业在广阔的市场上跑马圈地，以智能手机为载体的移动终端也开始成为消费者的新宠，网上办公、电子阅读、网络游戏、视频播放、电子商务等应用创新层出不穷，云计算和云储存成为数据管理的新选择……在这个互联网风光无限的时间点，一场被业内人士称为中国互联网"第一次世界大战"的商业大战突然引爆了整个行业。

腾讯计算机系统有限公司（以下简称腾讯）成立于1998年，旗下的即时通信软件QQ在中国无人不知。2010年，QQ的最高同时在线用户数首次突破1亿人，创造了人类互联网历史上首次单一应用同时在线人数突破1亿人的纪录，腾讯也成为中国最知名的互联网企业之一，业务范围扩展到互联网的各个领域。

奇虎360是一家以互联网安全为主业的企业，旗下的360安全卫士以永久免费的策略，在很短时间内就占有了绝大多数的安全市场份额，成为继腾讯QQ之后第二大客户端软件。

2010年5月，腾讯推出"QQ医生"，正式进军网络安全领域，其功能和外观与360安全卫士有相似之处，采用和QQ用户进行捆绑安装推广的方式。尽管第一代"QQ医生"由于性能不足未被市场普遍接受，但已经直接威胁到了奇虎360安全卫士的市场地位。

2010年中秋，"QQ软件管理"和"QQ医生"自动升级为"QQ电脑管家"，涵盖了云查杀木马、系统漏洞修补、安全防护、系统维护和软件管理等功能，而这些也是360安全卫士的主流功能。

2010年9月14日，奇虎360发布直接针对"隐私保护器"的工具，宣称其能实时监测曝光QQ的行为，并提示用户"某聊天软件"在未经用户许可的情况下偷窥用户个人隐私文件和数据，引起了网民对于QQ客户端的担忧和恐慌。

2010年10月14日，针对奇虎360"隐私保护器"曝光QQ偷窥用户隐私事件，腾讯正式宣布起诉奇虎360不正当竞争，要求奇虎360及其关联公司停止侵权、公开道歉并做出赔偿。奇虎360针锋相对，表示要对腾讯提起反诉。

2010年10月27日，腾讯联合金山、百度、傲游、可牛等公司，刊登了《反对360不正当竞争及加强行业自律的联合声明》，要求主管机构对360不正当商业竞争行为进行坚决制止，对360恶意对用户进行恫吓、欺骗的行为进行彻底调查。两天后，一款名为“360扣扣保镖”的安全工具上线，360称该工具全面保护QQ用户的安全，包括阻止QQ查看用户隐私文件、防止木马盗取QQ号以及给QQ加速、过滤广告等功能。该工具72小时内下载量突破2 000万次，并且不断迅速增加。腾讯对此做出强烈说明，称“360扣扣保镖”是“外挂”行为。

2010年11月3日晚6点，腾讯抛出了王炸——“2选1”，声称将在装有360软件的电脑上停止运行QQ软件，倡导必须卸载360软件才可登录QQ。当晚9点，360对此发表回应“保证360软件和QQ同时运行”，随后“360扣扣保镖”软件在其官网悄然下线。

愈演愈烈的3Q大战严重影响了互联网用户的使用体验，造成了不必要的选择难题。在有关部门的介入调解下，2010年11月10日，奇虎360宣布QQ和360软件已经恢复兼容，腾讯也在2010年11月21日发布名为《和你在一起》的致歉信。双方的冲突在工信部的介入下正式化解，历时半年的3Q大战告一段落。

资料来源：心的大禅院．解析堪称中国互联网史上的“二战”——3Q大战［EB/OL］．［2021-04-08］．https://aiqicha.baidu.com/yuqing?yuqingId=d8fb2199820983a1f85874af7039ba28&type=report.

思考：这次互联网大战的硝烟已经消散，两家企业的业务和消费者的使用体验都受到了影响，这件事背后蕴含着经济学的原理，值得我们认真推敲。在这一章，我们将通过市场结构和厂商均衡理论，探究市场企业行为模式的内在原理。

通过学习消费者行为理论和生产者行为理论，我们了解到市场是由消费者行为和生产者行为共同决定的。企业的利润主要取决于收益和成本，而成本由生产中的技术和管理方法等因素决定，收益取决于市场上消费者的需求情况。然而，在不同的市场上，消费者对企业产品或服务的需求情况存在差异。

本章将从消费者与生产者地位的角度研究生产者行为，分析不同市场中企业的价格和产量如何决定。

在西方经济学中，依据市场竞争程度的差别，可以将市场划分为四种类型：完全垄断市场、完全竞争市场、垄断竞争市场和寡头垄断市场。

任务一　认知市场结构类型——垄断与竞争

学习目标

思政目标：理解不同市场结构的区别，倡导有序竞争的市场意识。

知识目标：理解并能简要阐述不同市场结构的类型与特征。

技能目标：会区分不同市场结构的类型，并能从不同角度论述其主要差异。

导入案例

长久以来，美国都被称为“车轮上的国家”，汽车在美国人的生活中扮演着极其重要的角色，开车出行是美国人最喜欢的外出方式。在这背后，是美国汽车工业在历史上的辉煌成就。

然而，与市场上庞大的汽车保有量相对应的，是美国汽车市场上数量极少的汽车企业。当然，美国汽车市场并不是一开始就缺少竞争，1900年到1929年近30年间，美国进入车企爆炸阶段，大大小小汽车企业一共出现几百家，随着时间的推移和资产重组的优胜劣汰，目前美国较大的车企只剩下通用汽车、福特、FCA（克莱斯勒）和特斯拉4大品牌。

2020年，中国市场的汽车销量超过美国，成为世界第一大汽车市场；2021年，中国汽车保有量达到3.84亿辆，成为100年来首个汽车保有量超过美国的国家。然而，中国的汽车生产企业超过100家，远远大于美国市场。

资料来源：[1] 佚名. 美国一直被比作“车轮上的国家”[EB/OL].[2022-12-06]. https://www.docin.com/p-981036179.html.[2] TangMing. 世界第一，2020年中国市场汽车销量2 531万余辆，超过美国市场！[EB/OL].[2021-01-14]. https://www.360kuai.com/pc/911852616d1d99aa9?cota=3&kuai_so=1&sign=360_57c3bbd1&refer_scene=so_1.

任务思考

为什么中国市场上的汽车生产企业数量会远超美国呢？两个规模相近的汽车市场有什么差别？

知识研学

一、市场

企业的生存和发展离不开市场。在经济学中，市场（market）是商品和劳务进行交易的场所，一切经济活动都在市场中发生。市场可以是一个现实存在的有形交易场所，比如菜市场、商场、超级市场等，也可以是一个无形的抽象交易空间，比如金融市场。

市场是劳动分工和商品经济发展的产物，劳动分工使人与人之间产生了交易需求，商品经济的发展使市场的种类和规模日益扩大。

所有的买方和卖方都会在市场中进行交易活动。对于买方来说，市场是购买消费品和服务的场所与中介；对于卖方来说，市场是销售其产品和服务以及采购生产要素的场所与中介。

与市场这一概念密切相关的另一个概念是行业。行业（industry）指的是为同一个商品市场生产和提供商品的所有厂商的总和。同一行业中的厂商类型都是同类或存在相关性的。

二、市场结构

不同的企业在市场中所处的地位和行为模式是有差异的，因为其所处的市场组织和构成情况并不相同。西方经济学根据市场竞争和垄断的强弱程度来划分市场，从而比较不同市场上企业的行为差别。

市场结构是指某一行业市场的组织特征，不同的市场结构会影响企业在市场上的行为和活动。

划分市场结构的依据，就是市场竞争和垄断程度的强弱。判断市场竞争和垄断程度的强弱，受到以下因素的影响：

（一）厂商的数目

某个市场上的参与者越多，竞争程度就越强，垄断程度就越弱。在参与者较多的市场上，每家厂商的规模都很小，市场份额极低，对市场缺乏控制力，只能靠加强竞争来获取更多收益；如果市场上的参与者较少，每家厂商占有的市场份额就大，影响力就强，容易形成垄断。

（二）产品差异程度

为了获得更多的市场份额，厂商会在产品的质量、品牌、外观、包装、服务等方面制造差异，差异越大，就越难以模仿，就越容易形成垄断；如果差异小或者无差异，产品之间替代性就强，竞争就越激烈。

（三）市场进入和退出的自由度

一个市场进入门槛越高，限制越多，厂商就越难以进入，市场内的厂商垄断程度就越强，现有厂商也不愿意退出市场；反之，如果一个市场进入的难度低，限制少，厂商进入就容易，竞争也会因此更加激烈。

（四）单一厂商对市场价格的控制程度

假如一个市场上的价格由供需关系决定，厂商自身没有影响价格的能力，那么市场的竞争程度就强；反之，市场上存在能够靠自身力量对价格进行一定程度影响的厂商，那么这种市场的竞争程度就会减弱，垄断程度将加强。

三、市场的基本类型

西方经济学根据市场上厂商数目、厂商产品差异程度、市场进入和退出的自由度和单一厂商对市场价格的控制程度，将市场划分为四个类型，即完全竞争市场、完全垄断市场、垄断竞争市场和寡头垄断市场。

四种市场类型的特征见表6-1。

表 6-1　　四种市场类型的特征

市场类型	厂商数目	厂商产品差异程度	单一厂商对价格的控制程度	市场进入和退出的自由度	接近哪种市场情况
完全竞争市场	很多	完全无差别	没有	很容易	农产品市场等
垄断竞争市场	很多	有差别	有一些	比较容易	香烟、糖果、一般日用品等
寡头垄断市场	几个	有差别或无差别	相当程度	比较困难	钢铁、造船、航空、能源等
完全垄断市场	一个	无替代品	很大程度，但经常受到管制	很困难	公用事业等

任务二　为什么小麦不需要做广告
——完全竞争市场

学习目标

思政目标：通过分析完全竞争市场的特征，培养积极创新的市场意识。

知识目标：理解并能简要阐述完全竞争市场的概念、特征和市场均衡条件。

技能目标：会作图并找到完全竞争市场的短期和长期的市场均衡点，并能应用市场结构理论解释相关市场经济现象。

导入案例

根据《2021中国互联网广告数据报告》，2021年中国广告与营销市场规模合计约为11 608亿元，较上一年增长11.01%。中国已成为全球第三大广告市场，中国市场的广告支出增长速度甚至超过美国、日本、德国、英国等发达国家。社会的各行各业都认识到广告对业务的巨大推动力，纷纷在各种渠道加大对广告的投入，以求在激烈的市场竞争中取得优势。

在这种大背景下，也有一些行业对广告并不热衷，最典型的就是粮食行业，比如作为主粮的大米、小麦、玉米等，它们对于居民的生活举足轻重，但极少见到农民或企业在媒体上用广告进行推销。

资料来源：人民资讯.《2021中国互联网广告数据报告》正式发布［EB/OL］.［2022-01-14］. https://baijiahao.baidu.com/s?id=1721924275767656694&wfr=spider&for=pc.

任务思考

为什么农民不会给粮食打广告进行推销呢？通过学习市场结构理论，同学们也许就会找到这个问题的答案。

知识研学

一、完全竞争市场的含义

微课6-1

完全竞争市场

完全竞争市场又称纯粹竞争市场或自由竞争市场，是指只存在竞争，不存在垄断的市场。在这种市场上，所有的厂商都提供同质化的产品，彼此之间的经营不受阻碍和干扰。

形成完全竞争市场需要具备以下四个条件：

（一）厂商数量极多，难以计数

市场上有数量极多的买者和卖者，其中每一个买者和卖者的力量都很小，他们的购买量或销售量对于整个市场而言是微不足道的。市场上的价格是由供给和需求共同决定的，任何一个买者和卖者都只能被动接受市场价格，不能制定或干预价格。任何人的需求或供给变动，都不会对市场产生影响。

（二）产品是同质的

在完全竞争市场中，每家厂商提供的产品都是完全无差别的，因此对于消费者而言，只要价格确定，购买哪一家厂商的产品都能满足需求，也就不会偏爱任何一家厂商。在产品同质的情况下，任何厂商都不能凭借自己的产品影响市场，如果提高价格，消费者就会立刻选择具有完全替代性的其他产品。所以，在完全竞争市场上，提价不会让厂商获得额外利润，广告也不会产生促销作用。

（三）厂商进入或退出市场完全自由

在完全竞争市场上，厂商的进入或退出不存在任何法律的、社会的、资金的或技术等上的限制，资源可以在各个行业市场中自由流动。厂商会根据自身的利益，及时进入有利可图的行业，也可以及时退出无利可图的行业。在这种过程中，效率低下的厂商会被淘汰，高效的厂商会获得机会。市场总是处于一些厂商退出和另一些厂商进入的动态中。

（四）市场上的厂商获得完全信息

在完全竞争市场上，每一个买者和卖者都能掌握完全的市场信息，清楚商品的性能和真实价格，能够找到自己想要的商品。在这种情况下，所有参与者都能理性决策，选择合理的商品价格进行购买或销售，确定对自己最有利的消费数量或生产数量，从而实现利益最大化。

事实上，真正意义上的完全竞争市场和现实中的市场总是存在差异，几乎没有任何一个行业能够完全符合以上的条件。西方经济学之所以要研究这种理想状态下的市场模型，就是要用完全竞争市场和现实中市场进行对比，考察市场上资源配置的效率。在现实中，与完全竞争市场比较接近的是农产品市场和期货市场，一些低端零售业也接近完全竞争市场。

二、完全竞争市场上厂商的需求曲线和收益曲线

（一）完全竞争市场上厂商的需求曲线

在商品市场中，消费者对整个行业商品的需求量可以用需求曲线来表示，它被称为行业面临的需求曲线。一般而言，整个行业的需求曲线是一条从左上方向右下方倾斜的曲线，这是由需求定理所决定的。

消费者对于行业中某家厂商产品的需求量，被称为厂商所面临的需求量，对应的需求曲线就是厂商所面临的需求曲线。

在完全竞争市场上，整个行业的需求曲线与个别厂商的需求曲线是不一样的。由于产品的市场价格是由整个行业的供给和需求共同决定的，所以整个行业的需求曲线是一条从左上方向右下方倾斜的曲线。从图6-1（a）中可以看出，需求曲线D和供给曲线S相交之处就是整个市场的均衡价格E。

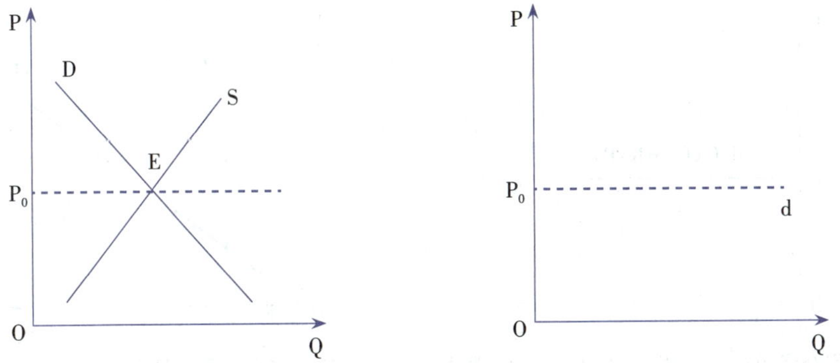

（a）完全竞争市场的需求曲线　　（b）完全竞争市场厂商的需求曲线

图6-1　完全竞争市场和完全竞争市场厂商的需求曲线

由于在完全竞争市场中，单家厂商的市场行为影响不了市场的价格变化，所以在市场供给和需求实现均衡时，市场价格就成了不变的常数P_0，所有厂商无论产量高低，都要以价格P_0销售产品。

在这种情况下，如果厂商涨价，掌握着完全信息的消费者就会抛弃厂商的产品，导致厂商销量归零；如果降价，厂商也不会因此获得更多的销量，反而会降低收益。所以，在完全竞争市场上，厂商家既不能提高价格，也不愿降低价格，所以从图6-1（b）中可以看出，厂商面临的需求曲线就是一条与X轴平行的水平线，其供应价格不随需求量的增长而变化。

（二）完全竞争市场厂商的收益曲线

在生产理论中，收益就是厂商的销售收入，分为总收益、平均收益和边际收益。

总收益（TR）指厂商以一定价格（P）销售一定数量（Q）产品所得的全部收

入，即：

$$TR = P \times Q$$

平均收益（AR）指厂商出售一定数量产品时，每单位产品所得的收入，等于总收益除以销售数量，当产品价格既定时，平均收益等于产品的销售价格，即：

$$AR = \frac{TR}{Q} = \frac{P \times Q}{Q} = P$$

边际收益（MR）指厂商每增加一单位产品销售时所增加的收入。当产品价格既定时，边际收益等于产品的销售价格，即：

$$MR = \frac{\Delta TR}{\Delta Q} = \frac{P \times \Delta Q}{\Delta Q} = P$$

从以上公式中可以发现，AR=P，MR=P，所以可以推断出P=AR=MR的结论。

在完全竞争市场上，由于厂商增加产品销售并不会影响市场价格，因此增加销售的边际收益（MR）不变，平均收益（AR）也不会变化，都等于市场价格（P_0）。所以，完全竞争市场厂商的AR曲线、MR曲线与需求曲线d是重合的，可以视为一条平行于X轴的平行线，具体如图6-2（a）所示。

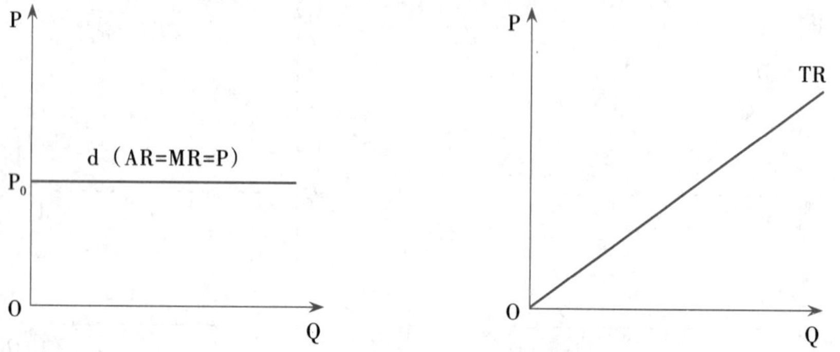

（a）完全竞争市场厂商的AR曲线、MR曲线　　（b）完全竞争市场厂商的TR曲线

图6-2　完全竞争市场厂商的收益曲线

在价格不变的情况下，销量（Q）增加，总收益（TR）也会增加。总收益曲线可以用一条从原点出发，向右上方倾斜的直线来表示，如图6-2（b）所示。

三、完全竞争市场的短期均衡

由于生产的成本存在短期与长期的区别，因此完全竞争市场上的厂商均衡也存在短期和长期之分。

在完全竞争市场的短期生产中，产品的市场价格是既定的，且厂商不能调整全部生产要素，只能改变可变生产要素的投入量来调整产量，以求实现利润最大化，即MR=MC的均衡条件。

在整个行业中，市场的供给与需求变动可能导致产品价格变化，产品价格可能存在高于、等于或小于厂商的短期平均成本，因而厂商的短期均衡也可以分为以下不同的情况：

（一）平均收益大于短期平均成本

当市场上的产品价格P高于厂商的短期平均成本SAC，即P=AR>SAC时，厂商就如图6-3所示，可以获得超额利润。

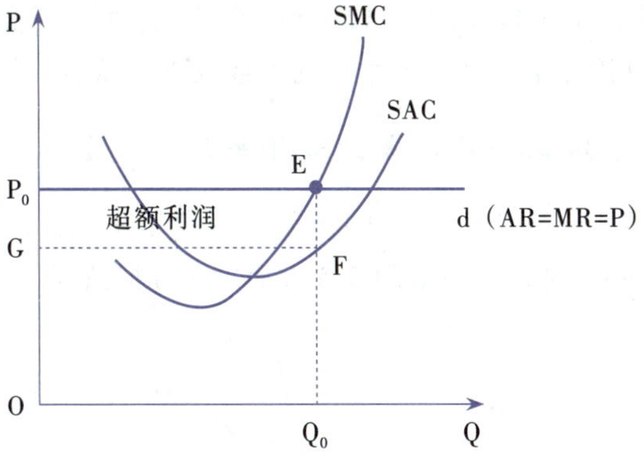

图6-3 平均收益大于短期平均成本时的短期均衡

当市场价格P_0处于高位时，厂商的需求曲线d位置也较高，根据MR=MC的利润最大化原则，当SMC曲线与MR曲线相交时，交点E就是厂商的短期均衡点，厂商生产对应E点的产量为Q_0。

此时，厂商的平均收益AR为EQ_0，短期平均成本SAC为FQ_0，因此可以计算出单位产品销售的利润为EQ_0与FQ_0之差EF，全部产品销售的总收益等于P_0、O、Q_0、E四点所组成的矩形面积，总成本等于O、Q_0、F、G四点所组成的矩形面积，所以总收益与总成本之差就是超额利润P_0GFE区域。

如果产量大于Q_0，则超额利润区域会减少；如果产量小于Q_0，则超额利润区域会增加；只有在产量等于Q_0时，MR=MC=P，超额利润才会最大化。

（二）平均收益等于短期平均成本

当市场上的产品价格P等于厂商的短期平均成本SAC，即P=AR=SAC时，厂商就如图6-4所示，超额利润为零，处于盈亏平衡的正常经营状态。

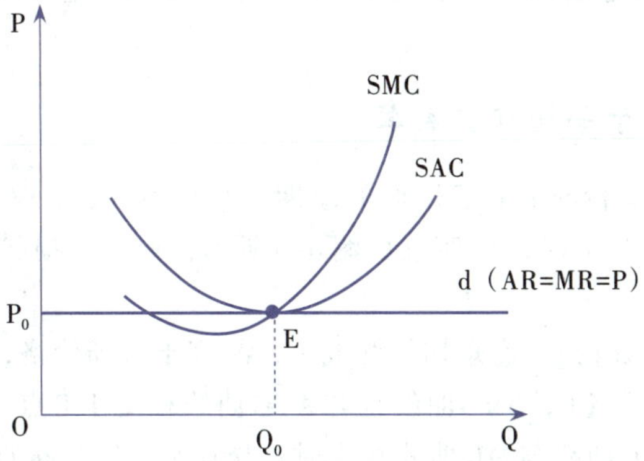

图6-4 平均收益等于短期平均成本时的短期均衡

当市场价格为P_0时，厂商的需求曲线为d，需求曲线d与SAC曲线的最低点E

相切，SMC曲线也与MR曲线相交于E点。根据MR=MC的利润最大化原则，当SMC曲线与MR曲线相交时，交点E就是厂商的短期均衡点，厂商生产对应E点的产量为Q_0。

此时，厂商的边际收益MR等于边际成本MC，总收益等于总成本，所以厂商的超额利润为0，获得了正常利润。当均衡点位于E点时，厂商既无超额利润，也不会因此亏本，所以该点也被称为盈亏平衡点或收支相抵点。

（三）平均收益小于短期平均成本，大于平均可变成本

当市场上的产品价格P低于厂商的短期平均成本SAC，但大于平均可变成本AVC时，即SAC>P>AVC时，厂商如图6-5所示，在亏损情况下继续生产。

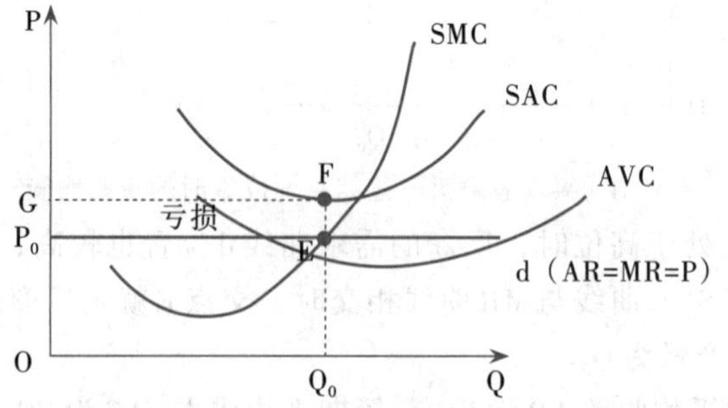

图6-5　平均收益小于短期平均成本，大于平均可变成本时的短期均衡

当市场价格为P_0时，厂商短期平均成本SAC明显高于市场价格，厂商会亏损。根据MR=MC的利润最大化原则，当SMC曲线与MR曲线相交时，交点E就是厂商的短期均衡点，厂商生产对应E点的产量为Q_0。

此时，厂商的平均收益为EQ_0，平均成本为FQ_0，因此可以计算出单位产品销售的亏损为EQ_0与FQ_0之差EF，全部产品销售的总亏损等于P_0、G、F、E四点所组成的矩形面积。厂商虽然亏损，但平均收益依然高于平均可变成本，厂商可能会在考虑沉没成本的情况下决定继续生产。如果厂商的固定成本就是沉没成本，这种情况下相当于亏损了部分日常可变成本，如员工工资和日常运营费用，但仍能回收固定成本，厂商继续生产所获得的收益仍高于生产所增加的成本。

（四）平均收益等于平均可变成本

当市场上的产品价格P低于厂商的短期平均成本SAC，又等于平均可变成本AVC时，即SAC>P=AVC时，厂商就如图6-6所示，处于亏损状态，位于生产与停产的临界点上。

当市场价格为P_0时，厂商短期平均成本SAC高于市场价格，同时需求曲线d与AVC曲线相切于最低点E，SMC曲线也与AVC曲线相交于E点。根据MR=MC利润最大化原则，当SMC曲线与MR曲线相交时，交点E就是厂商的短期均衡点，厂商生产对应E点的产量为Q_0。

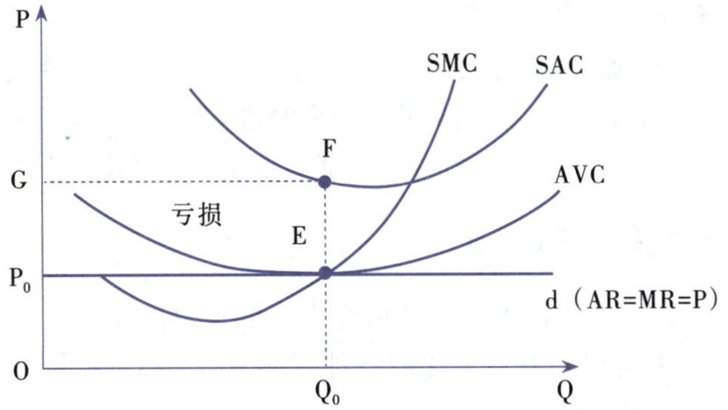

图6-6 平均收益等于平均可变成本时的短期均衡

此时，厂商处于亏损状态，平均收益为EQ_0，平均成本为FQ_0，因此可以计算出单位产品销售的亏损为EQ_0与FQ_0之差EF，全部产品销售的总亏损等于P_0、G、F、E四点所组成的矩形面积，从图6-6可以看出，亏损区域的面积比图6-5的亏损面积更大。

由于厂商此时的平均收益等于平均可变成本，说明厂商仅能靠收益弥补日常营收，不能回收固定成本，生产对于厂商来说难以维持。因此，SMC曲线与AVC曲线的交点是厂商生产与停产的临界点，也被称为停止营业点。

（五）平均收益小于平均可变成本

当市场上的产品价格P低于厂商的短期平均成本SAC和平均可变成本AVC时，即SAC>AVC> P时，厂商就如图6-7所示，处于严重亏损状态，应该停止生产。

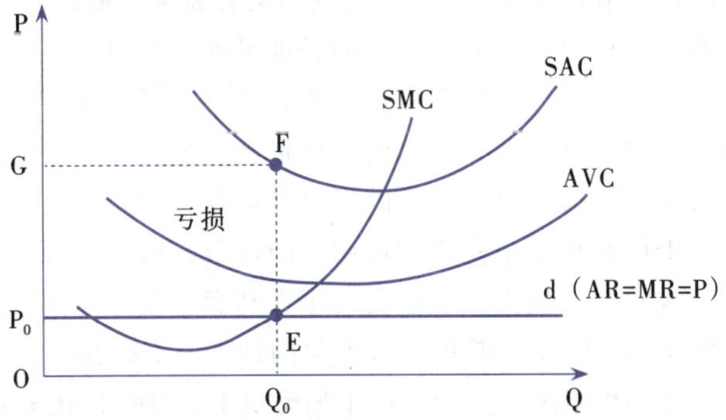

图6-7 平均收益小于平均可变成本时的短期均衡

当市场价格P_0继续下降，厂商的需求曲线d低于AVC曲线。根据MR=MC利润最大化原则，当SMC曲线与MR曲线相交时，交点E就是厂商的短期均衡点，厂商生产对应E点的产量为Q_0。

此时，厂商处于严重亏损状态，平均收益为EQ_0，平均成本FQ_0，因此可以计算出单位产品销售的亏损为EQ_0与FQ_0之差EF，全部产品销售的总亏损等于P_0、G、F、E四点所组成的矩形面积，亏损情况进一步扩大。

由于厂商此时的平均收益已经低于平均可变成本，这意味着厂商如果继续生产，连平均可变成本都无法收回，收益支付不了日常运营成本，更收不回固定成本，厂商会在这种情况下停止生产。

综上所述，完全竞争市场的短期均衡条件是MR=MC。在短期均衡中，在P=AR>SAC时，完全竞争市场厂商可以获得最大的超额利润；在盈亏平衡或承受一定亏损时，厂商仍可以维持生产；当市场价格过低时，厂商会选择停止生产来降低损失。

四、完全竞争市场的长期均衡

在长期生产中，由于厂商可以调整所有生产要素的投入量，所以厂商可以通过调整生产要素数量来实现利润最大化的条件，即MR=MC。完全竞争市场厂商可以对生产要素进行以下两方面的调整：

（一）厂商对生产规模进行调整

在市场价格不变的情况下，如果厂商在短期内能获得利润，那么厂商在长期内就会通过调整生产规模，从而使自己获得更多的利润。

（二）厂商进入或退出行业

在完全竞争市场上，由于生产要素可以自由流动，厂商进入和退出市场没有限制，所以当行业中的价格高于长期平均成本时，该行业中的厂商可以获得超额利润，而其他行业中的部分厂商为了追逐利润，就会进入该行业。

随着行业中厂商数目的不断增加，商品供给量也会增加，如果消费者的需求不变，必然会导致商品价格下降，当商品价格持续降低，直到低于长期平均成本的最低点时，行业中的厂商利润将等于0，于是就不会有新的厂商进入行业了。

当行业中的商品价格长时间低于厂商的长期平均成本时，厂商就会处于亏损状态，为了避免持续亏损，部分厂商会停止营业并退出市场，从而导致商品供给量渐渐减少，如果消费者的需求不变，那么商品价格会反弹，当价格上升到厂商的平均收益等于厂商的长期平均成本时，厂商的退出就会停止。

综上所述，由于厂商在完全竞争市场中不断竞争，所有厂商的收益和成本基本上都处于长期平均成本的最低点，从而获得正常利润，没有超额利润。所以，如图6-8所示，完全竞争市场厂商长期利润最大化的均衡点E就是厂商面临的需求曲线D与LAC曲线的最低点相切的切点，在这个均衡点上，MR=LMC=LAC=AR=P。

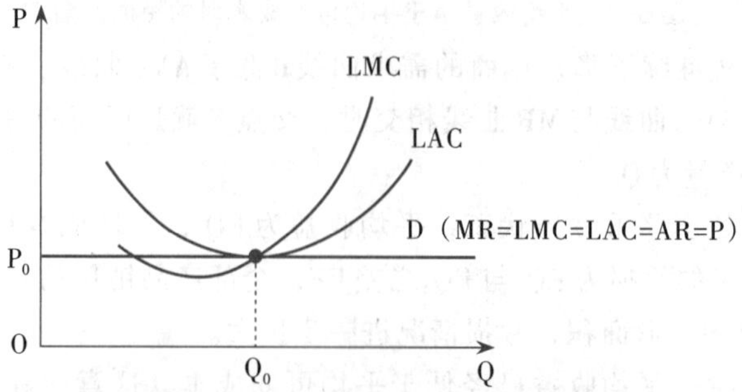

图6-8 完全竞争市场厂商的长期均衡

完全竞争市场厂商的长期均衡状态表明，完全竞争的市场机制运行，能够在厂商获得正常利润的情况下，以最低的成本提供更多的产品，从而以最有效率的方式配置经济资源，并使全体消费者得到最大满足，这就是经济学家将完全竞争市场作为资源配置效率最高市场的原因。

任务三　探究反垄断的原因——完全垄断市场

学习目标

思政目标：通过分析完全垄断市场的特征，倡导创新精神，培养守法意识。

知识目标：理解并能简要阐述完全垄断市场的概念、特征和市场均衡条件。

技能目标：会作图并找到完全垄断市场的短期和长期的市场均衡点，并能应用市场结构理论解释相关市场经济现象。

导入案例

在以倡导公平竞争著称的美国，曾经有一家私人企业，垄断了全国95%的炼油能力，拥有全国90%的输油管道以及全国25%的石油产量，在今天这完全是不可想象的事情。

然而，在19世纪90年代的美国，这一幕真实发生了。这家石油巨无霸名为标准石油公司，他的创始人就是约翰·戴文森·洛克菲勒，著名的“石油大王”，也是19世纪人类第一个真正意义上的“亿万富翁”。

洛克菲勒是个商业奇才，他年纪轻轻就看到了石油这种工业资源的前景，19岁就开始和人合伙经营炼油厂。经过不断扩大经营，到1870年，洛克菲勒将自己初具规模的炼油厂正式更名为标准石油公司（Standard Oil）。

从此，标准石油公司开始疯狂扩张。从1872年2月17日到3月28日，洛克菲勒一口气吞并了22个竞争对手，他还曾在48小时内，连续买下了6家炼油厂。1898年，洛克菲勒美孚石油公司控制了近90%的石油运输。为方便管理，洛克菲勒宣布成立行业托拉斯，将标准石油公司控股的上下游企业纳入托拉斯，控制了广大的石油市场。

就在标准石油公司一统石油江湖，在市场“独孤求败”的时候，美国政府做出了反应。1890年，著名的《谢尔曼反托拉斯法》出台，矛头直指标准石油公司。经过20余年的反复博弈，在总统西奥多·罗斯福任内，联邦最高法院进行了最终判决，将这家石油托拉斯肢解成34家小公司，其中不乏壳牌、美孚等当今知名油企。至此，曾经垄断了美国能源行业的标准石油公司成为历史。

资料来源：冷知识总局．曾垄断了美国石油出口的标准石油公司，是如何被拆解的？［EB/OL］．［2020-06-17］．https：//baijiahao.baidu.com/s?id=1668817317252352223&wfr=spider&for=pc.

任务思考

为什么美国政府要反对垄断企业呢？垄断对于市场有什么样的影响？

知识研学

一、完全垄断市场的含义

完全垄断市场简称垄断市场，是指整个行业中只有一家厂商的市场组织。这种市场组织和完全竞争市场的结构完全不同，厂商可以控制价格，并且排除了所有的竞争因素。

（一）形成完全垄断市场需要具备的三个条件

1.市场上只有一家厂商生产和销售

完全垄断市场的垄断厂商没有竞争对手，独自控制市场的供给，可以认为垄断厂商就是行业，行业就是垄断厂商。

2.垄断厂商的产品没有任何替代品

在完全垄断市场上，垄断厂商的产品没有任何相似或相同的替代品，所以这个市场的消费者没有任何选择，为了满足需要只能接受垄断厂商的产品。

3.其他厂商难以进入行业

完全垄断市场存在各种形式的进入障碍，导致其他厂商难以进入，垄断厂商也不可能轻易退出。

（二）垄断形成存在三个原因

1.自然垄断

由于某些行业要达到规模效益，必须保持较大的资本投入和较高的产量水平。规模大、技术强、资金多的企业更容易实现规模经济，从而在市场上获得难以动摇的竞争优势，用价格优势打垮竞争对手，最终形成垄断，一般的企业在生产成本上无法与之竞争，只能退出市场。

2.资源垄断

厂商控制了某种资源的来源和供给，用独占资源的方式排斥其他企业进入市场。

3.政府垄断

为了公共利益，政府授权给指定厂商，由它对某些不适合市场运营的行业进行垄断，如能源、交通、水务、电信等行业。

完全垄断市场和完全竞争市场是两个极端。在现实中，完全意义上的垄断市场是罕见的。尽管如此，完全垄断市场的经济学模型也可以用于研究现实中的垄断现象，并用于制定有针对性的经济政策。

二、完全垄断市场厂商的需求曲线和收益曲线

（一）完全垄断市场厂商的需求曲线

在完全垄断市场中，整个行业只有一家厂商，厂商是价格的制定者，而不是被动接受者。在这种情况下，垄断厂商面临的需求曲线就是市场的需求曲线。

垄断厂商在控制市场价格的时候，可以通过调整供给数量来改变价格，即人为制造稀缺性，用销售量的减少来提高产品价格。如图6-9（a）所示，需求曲线是一条表示需求量与价格呈反方向变动的倾斜曲线。

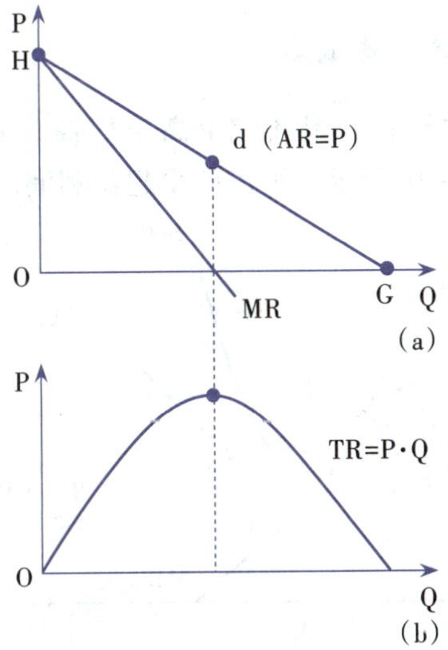

图6-9　完全垄断市场厂商的需求曲线和收益曲线

（二）完全垄断市场厂商的总收益、平均收益和边际收益

从图6-9（a）和6-9（b）的对比中可以观察到，产品的价格P在销量增加时会下降，由于平均收益AR等于价格P，所以AR也是随着销量增加而下降的。同时，边际收益MR也呈现出不断下降的趋势，且比平均收益AR下降的速度更快，由此可以得出MR<AR=P。在平均收益AR和边际收益MR不断下降时，总收益TR是先增加后减少的。

垄断厂商的AR曲线、MR曲线和TR曲线具有以下特征：

第一，厂商的AR曲线与需求曲线d完全重合，都是一条从左上方向右下方倾斜的曲线，所以垄断厂商销售的每件产品的平均收益都等于价格，即AR=P。

第二，厂商的MR曲线也是一条从左上方向右下方倾斜的曲线，由于斜率更大，所以位于AR曲线的下方，代表着垄断厂商的边际收益小MR于平均收益AR。

第三，厂商的TR曲线是一条先增加后减少的曲线，只要边际收入MR为正数，总收益TR就增加；边际收益MR等于0，总收益TR最大；边际收益MR为负数时，总收益TR就减少。

三、完全垄断市场的短期均衡

由于生产成本存在短期与长期的区别，因此完全垄断市场上的厂商均衡也存在短期和长期之分。

在完全垄断市场的短期生产中，垄断厂商和其他市场结构的厂商一样，也不能调整全部的生产要素，只能在既定的生产规模下通过改变可变生产要素的投入量来调整产量，以求实现MR=MC的利润最大化条件。

在短期生产中，厂商的盈亏情况取决于市场上的产品价格与平均成本之间的关系。

（一）平均收益大于短期平均成本

当市场上需求大于供给，产品价格P高于厂商的短期平均成本SAC，即P=AR>SAC时，厂商就如图6-10所示，可以获得超额利润。

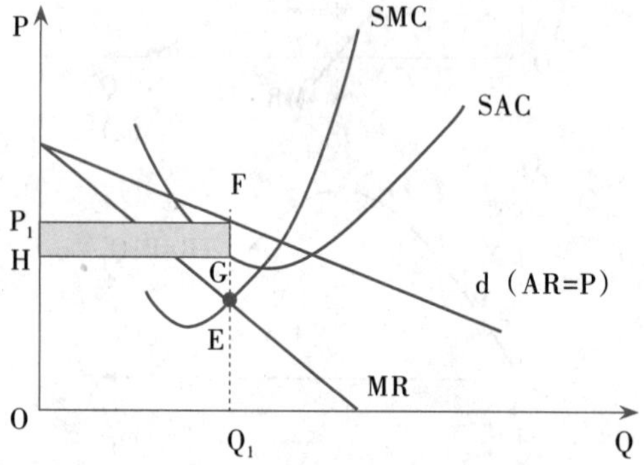

图6-10 完全垄断市场厂商短期内盈利

当市场价格P_1处于高位时，厂商的需求曲线d位置也较高，根据MR=MC的利润最大化原则，当SMC曲线与MR曲线相交时，交点E就是厂商的短期均衡点，厂商生产对应E点的产量为Q_1。

此时，厂商的平均收益AR为FQ_1，短期平均成本SAC为GQ_1，因此可以计算出单位产品销售的利润为FQ_1与GQ_1之差FG，全部产品销售的总收益等于P_1、O、Q_1、F四点所组成的矩形面积，总成本等于O、Q_1、G、H四点所组成的矩形面积，所以总收益与总成本之差就是超额利润P_1HGF区域。

（二）平均收益等于短期平均成本

当市场供需平衡，产品价格P等于厂商的短期平均成本SAC，即P=AR=SAC时，厂商就如图6-11所示，超额利润为零，收支相抵。

当市场价格为P_1时，厂商的需求曲线为d，需求曲线d与SAC曲线的最低点F相切，SMC曲线与MR曲线相交于E点。根据MR=MC的利润最大化原则，当SMC曲线与MR曲线相交时，交点E就是厂商的短期均衡点，厂商生产对应E点的产量为Q_1。

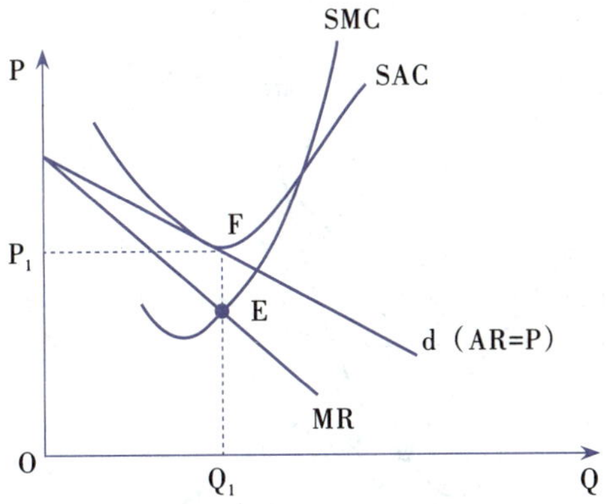

图6-11　完全垄断市场厂商短期内盈亏平衡

此时，供给等于需求，厂商的边际收益MR等于边际成本MC，总收益等于总成本，所以厂商的超额利润为0，厂商处于盈亏平衡状态。

（三）平均收益小于短期平均成本，高于平均可变成本

当市场上供给大于需求，产品价格P低于厂商的短期平均成本SAC，但高于平均可变成本AVC时，即SAC>P>AVC时，厂商就如图6-12所示在亏损情况下继续生产。

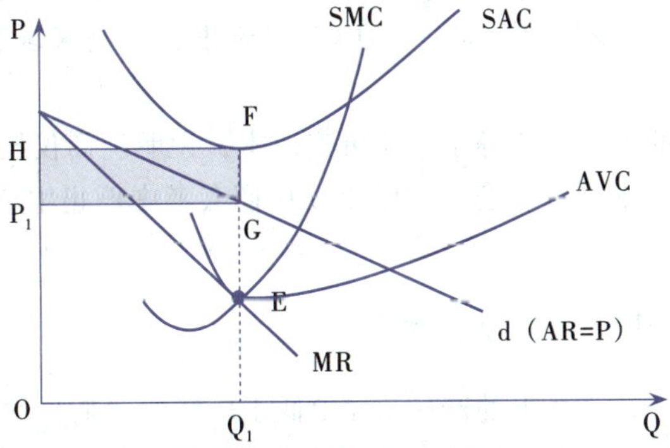

图6-12　完全垄断市场厂商短期内亏损（继续生产）

当市场价格为P_1时，厂商短期平均成本SAC明显高于市场价格，厂商会亏损。根据MR=MC的利润最大化原则，当SMC曲线与MR曲线相交时，交点E就是厂商的短期均衡点，厂商生产对应E点的产量为Q_1。

此时，厂商的平均收益为GQ_1，平均成本为FQ_1，因此可以计算出单位产品销售的亏损为GQ_1与FQ_1之差FG，全部产品销售的总亏损等于P_1、G、F、H四点所组成的矩形面积。厂商虽然亏损，但平均收益依然高于平均可变成本，短期生产比停止生产的损失小，所以厂商会继续生产。

（四）平均收益等于平均可变成本

当市场需求进一步下降时，产品价格P低于厂商的短期平均成本SAC，又等于平均可变成本AVC时，即SAC>P=AVC时，厂商就如图6-13所示，处于亏损状态，

位于生产与停产的临界点上。

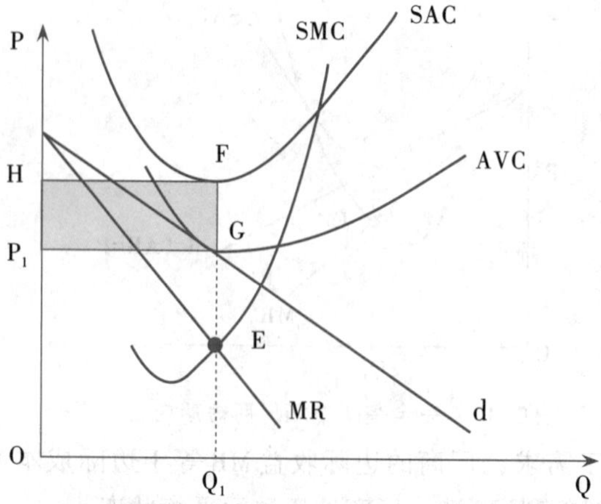

图6-13　完全垄断市场厂商短期内亏损（生产与停产的临界点）

当市场价格为P_1时，厂商短期平均成本SAC高于市场价格，同时需求曲线d与AVC曲线相切于点G。根据MR=MC的利润最大化原则，SMC曲线与MR曲线相交时，交点E就是厂商的短期均衡点，厂商生产对应E点的产量为Q_1。

此时，厂商处于亏损状态，平均收益为GQ_1，平均成本为FQ_1，因此可以计算出单位产品销售的亏损为GQ_1与FQ_1之差FG，全部产品销售的总亏损等于P_1、G、F、H四点所组成的矩形面积。从图6-13可以看出，亏损区域的面积比图6-12的亏损面积更大。

由于厂商此时的平均收益等于平均可变成本，说明厂商仅能靠收益弥补日常营收，不能回收固定成本，所以完全垄断市场厂商会考虑停止生产，G点就是停止营业点。

（五）平均收益小于平均可变成本

当需求继续下降，市场上的产品价格P低于厂商的短期平均成本SAC和平均可变成本AVC时，即SAC>AVC> P时，厂商处于严重亏损状态，必须停止生产。

综上所述，完全垄断市场的短期均衡条件是MR=MC。在短期均衡点上，完全垄断市场厂商可能会获得最大利润，也可能盈亏相抵，还可能在亏损达到一定程度时停止生产。

四、完全垄断市场的长期均衡

在长期生产中，厂商可以调整生产规模，改变所有生产要素的投入量来实现利润最大化的条件，即MR=MC。

完全垄断市场厂商在长期内对生产的调整，可以产生出以下三种可能性：

第一，完全垄断市场厂商在短期内是亏损的，在长期中又不存在一个可以使其获得利润的生产规模，理论上厂商可以退出市场，但是厂商由于某些原因（如政府垄断）无法退出市场，可能会以拿补贴等方式继续维持生产。

第二，完全垄断市场厂商在短期内是亏损的，在长期内，厂商可以通过对最优生产规模的选择，摆脱亏损状况，甚至开始获得利润。

第三，完全垄断市场厂商在短期内已经利用既定的生产规模获得了利润，在长期中，继续通过对生产规模的调整获得更大的利润。

完全垄断市场厂商的长期均衡条件为MR=LMC=SMC。

由于市场上只有唯一的厂商，厂商可以制定对自己最有利的价格，所以完全垄断市场厂商的长期均衡通常都拥有超额利润，垄断市场中的消费者也将面对市场价格长期高于产品边际成本和平均成本的情况，而且厂商为了维持高价格，会减少产品的销售量，导致产品供应不足。

西方经济学家认为，完全垄断市场厂商可以达到规模经济，有利于集中资源推进关键技术进步，有利于快速提升国家的经济实力。但是，完全垄断市场会造成供给不足和价格控制，从而导致生产资源的浪费和社会福利的损失。所以，针对完全垄断市场的弊端，各国都在实践中探索反垄断的具体措施，用反垄断法来限制垄断，平衡垄断带来的经济和社会问题。

五、完全垄断市场厂商的定价策略

案例6-1

近年来，某品牌轿车的消费者反映，该品牌的汽车销售政策发生了变化，针对不同身份的人，企业给予的优惠力度不同。比如，公务员可以多享受1%～2%的折扣，一般职业却不可以；对大学老师有优惠，中小学的教师没有……

为了查明情况，有媒体记者对该品牌的两家4s店进行暗访，发现确实存在针对不同职业等目标人群进行差异化销售的情况。店内的销售人员还告诉记者，之所以采用这种特殊的营销方式，目的在于维系品牌的高大上形象。

在两家4S店，记者就同一款轿车进行咨询，该车官方的定价为47.65万元。

第一家4S店的销售人员接待了记者。

“不贷款我们不卖车，办理1年贷款8折，3年贷款7.9折。”

“除此之外，还有特殊优惠政策吗?”

“有啊，公务员、医生、精英企业员工，你只要符合其中一项就还能优惠2个百分点。”

“公务员有级别之分吗?”

“没有，只要你能提供公务员的身份证明就能优惠。”

“手续怎么办?”

“先按照正常销售的价格付款，然后提供材料我们去总部审批，批下来了就把优惠部分的款退给你。”

在另一家4S店，接待记者的销售人员如此说：

“贷不贷款，我们这里都是一样的优惠政策。”

当问及公务员是否另有优惠时，销售主管告诉记者，此前针对公务员、医生和其他社会精英人群的确有特殊优惠政策，但两天前刚刚接到上面通知，现在仅局限于军警、士官可以享受该特殊政策。

“你想要享受这个优惠就再等一等，如果有优惠，我们就通知你。”

资料来源：法制日报．公务员可享2%折扣 奥迪官民不等价被指“价格歧视”[EB/OL].[2017-03-16]．http：//www.xinhuanet.com/politics/2017-03/16/c_1120635582.htm.

小思考6-1

为什么这家车企会对消费者进行区别对待呢？

微课6-2

价格歧视

价格歧视是一种价格差异，是指厂商在向不同的消费者提供相同等级、相同质量的产品或服务时，在消费者之间实行不同售价的行为。价格歧视的前提是垄断，垄断厂商可以通过价格歧视来获取超额利润。

在完全竞争市场上，所有的消费者对同质产品都会支付相同的价格。由于市场上的消费者都具有充分的知识和信息，厂商对产品进行区别定价并不会显著增加销量和利润，因为比市场价格定价更高的产品会很快失去销路。然而，在垄断厂商或寡头厂商的市场中，价格歧视则是很常见的。

实施价格歧视需要具备三个条件：

第一，市场必须是垄断的市场，没有竞争。

第二，垄断厂商必须能够将不同市场或市场的各部分消费群体划分开来。

第三，各个市场必须具有不同的需求价格弹性。

根据价格歧视的不同程度，可以分为以下三级：

（1）一级价格歧视

如果垄断厂商具有优势市场地位，又掌握了更多的市场信息，厂商就可以对消费者购买的每一单位产品都收取其愿意支付的最高价格，从而将消费者剩余全部收归已有。例如某些国家的私人牙医，因为清楚每一个患者愿意付的最高价格，所以针对每一个患者收取不同的价格，使其刚好能够承受，这样就获得了更多的利润。

（2）二级价格歧视

二级价格歧视是指垄断厂商可以根据消费者购买量的不同，收取不同的价格，这种价格歧视在公共行业中存在较多。比如，电信公司可以根据客户每月上网时间的不同，收取不同的价格——对于使用流量小的客户收取较高的价格；对于使用流量大的客户，收取较低的价格。通过二级价格歧视，垄断厂商可以获得部分消费者剩余。

（3）三级价格歧视

三级价格歧视是指垄断厂商对同一种产品针对不同类型的消费者制定不同的价格，在这种情况下，消费者的需求价格弹性越大，厂商收取的价格就越低；消费者的需求价格弹性越小，厂商收取的价格就越高。这种定价方法可以让垄断厂商从需求价格弹性小的消费者那里获得更多消费者剩余。比如，有些旅游景点会对外地游客和本地游客实行价格歧视，对外地游客收取较高的价格，对本地游客收取较低的价格。

任务四　花样百出的竞争
——垄断竞争市场

学习目标

思政目标：通过分析垄断竞争市场的特征，培养创新意识，倡导守法精神。

知识目标：理解并能简要阐述垄断竞争市场的概念、特征和市场均衡条件。

技能目标：会作图并找到垄断竞争市场的短期和长期的市场均衡点，并能应用市场结构理论解释相关市场经济现象。

导入案例

美国被称为“车轮上的国家”，曾是世界上最大的汽车生产国。在20世纪的大部分时间，没有哪一个国家能与美国汽车工业竞争。同时，美国是世界上最大的汽车销售市场，美国汽车牢牢占领本国市场，让外国汽车无机可乘。

然而，在1979年，这种一成不变的局面终于被打破了，异军突起的日本汽车在美国销售了240万辆，占美国进口汽车总数的80%以上，占美国汽车销售总量的20%，美国车企在本国市场上节节败退。美国人称这是“第二次珍珠港事件”。

日本汽车在美畅销，让美国汽车业遭受沉重打击。1979年，美国汽车产量由上年的1 100多万辆降到800多万辆，20多万工人被解雇，1 600家销售美国汽车的商店关门。通用、福特和克莱斯勒美国三大汽车公司，在这一年也处境艰难。龙头老大通用当年就出现了7亿多美元的亏损；名列第二位的福特，更是一口气赔了15亿多美元；排老三的克莱斯勒，亏损高达17亿多美元，濒临倒闭，不得不接受政府救济。

那么，美国汽车业的衰落和日本汽车业的兴起，究竟是什么原因呢？

表面上看，日本汽车具有小巧、省油、价格低的特点，美国汽车则宽敞、豪华、费油、价格高，面对的消费群体并不相同，不存在太激烈的竞争。但是究其根源，美国汽车的衰落，主要在于美国汽车制造业缺乏革新精神。

美国不缺能源，道路基础设施发达，汽车业的发展得天独厚。“石油危机”的冲击让美国汽车的优势荡然无存，汽车使用成本的上升，让1973至1975年的美国汽车销售量下降了200多万辆。可是，美国汽车工业并未从中吸取教训，仍然墨守成规，逆时代而动，继续研发代表美国精神的豪华车和肌肉车。从60年代到80年代，油价上涨了10倍左右，汽车耗油量成为消费者购车考虑的重要因素。加上美国在越战后陷入经济滞胀，美元购买力下降，许多美国人买不起美国车，日本的小型省油轿车可谓是生逢其时。

另外，日本车即使出口到美国，也比美国车的平均售价低1/4～1/3。就质量而言，美国车的做工也普遍不如日本车精细。

日本车在美国攻城略地，但美国车无法反攻日本市场，因为日本政府执行贸易保护，限制外商在日本市场上出售汽车或投资汽车，美国汽车在日本市场水土不服，无人问津。

资料来源：工业广度．工业往事——七八十年代日美汽车市场大战浅析［EB/OL］．［2020-07-06］．https：//baijiahao.baidu.com/s?id=1671451149271507064&wfr=spider&for=pc.

任务思考

为什么美国汽车会在竞争中败给日本汽车呢？美国的汽车市场是一个什么样的市场？

知识研学

一、垄断竞争市场的含义

垄断竞争市场是指既存在垄断，又存在竞争的市场。这种市场组织不同于完全竞争市场和完全垄断市场，在现实生活中比较常见。

形成垄断竞争市场需要具备以下三个条件：

（一）市场上的企业数目很多，竞争激烈

市场上厂商数目众多，但不及完全竞争市场。每家厂商都要在一定程度上接受市场价格，但厂商可对市场施加一定程度的影响。另外，厂商之间的竞争会引起竞争对手的关注和反应，但谁都不能完全控制市场。

（二）同行业中不同厂商的产品存在差异

垄断竞争市场上的产品互有差别，可以是实质性的质量差别、功能差别、外观差别，也可以是无形的非实质性差别，如广告、商标、文化印象等。产品的差别是造成厂商垄断的根源，但垄断竞争市场厂商的产品之间的差别没有达到产品完全替代，一定程度的可替代性导致厂商之间存在持续性的竞争。每家厂商都拥有一定数量的消费者，也会从其他厂商处去争取更多消费者购买自己的产品。

（三）厂商可以进入或退出市场

垄断竞争市场在进入和退出方面，同完全竞争市场类似，因为垄断竞争市场厂商的规模仍不算特别大，资本也不是太多，所以厂商进入和退出一个行业障碍不大，相对而言比较容易。因此，消费者也可以根据自己的偏好，在不同市场上选择适合自己的产品。

垄断竞争市场是一种竞争多于垄断的市场，在现实经济生活中，大多数的轻工业、零售业、服务业市场都属于这种市场。

二、垄断竞争市场厂商的需求曲线和收益曲线

（一）垄断竞争市场厂商的需求曲线

在垄断竞争市场中，每家厂商的产品既有差异性又有相似性，不完全是市场价格的接受者。垄断竞争市场厂商可以利用产品差异性影响市场价格，通过产量的增加来降低市场价格。所以，如图6-14所示，垄断竞争市场厂商面临的需求曲线和完全垄断市场厂商类似，也是一条表示需求量与价格呈反方向变动的倾斜曲线。

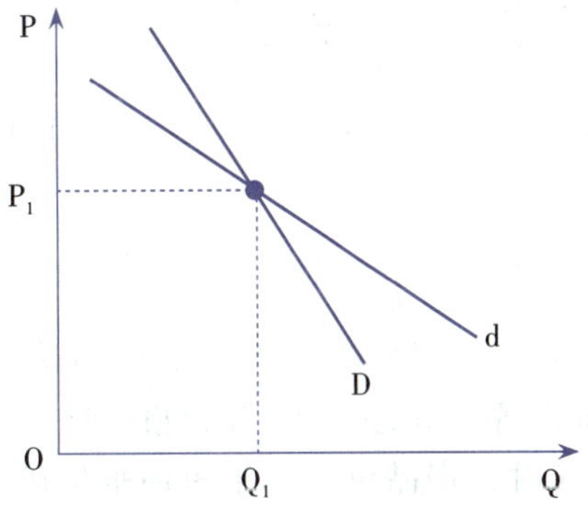

图6-14　垄断竞争市场厂商的需求曲线

与完全垄断市场厂商不同的是，垄断竞争市场厂商面临的需求曲线其实有两条，分为D、d曲线。其中，d曲线表示主观需求曲线，这是市场内某一厂商变动其产品的价格，而其他厂商产品的价格保持不变时，该厂商所面对的需求曲线。在这条需求曲线上，当某一厂商降低其产品的价格时，如果其他厂商不做反应，就可以明显地增加产品销量。

D曲线表示客观需求曲线，又叫市场份额需求曲线，指的是市场内某一厂商变动其产品的价格，而其他厂商也根据该价格变动做出相应价格调整时，该厂商所面对的需求曲线。相比之下，客观需求曲线D更不具有价格弹性，所以显得更为陡峭。在这种情况下，即使某一厂商降低其产品价格，也不可能从其他厂商处获得更多的市场份额，因为在降价的同时，不同厂商的产品弹性不会增加，是不容易被替代的。

（二）垄断竞争市场厂商的收益曲线

与完全竞争市场和完全垄断市场一样，垄断竞争市场的平均收益曲线也是和价格曲线重合的。垄断竞争市场厂商的需求曲线向右下方倾斜，平均收益曲线也向右下方倾斜，这代表着平均收益随着产量的递增而减少，从而导致边际收益低于平均收益。垄断竞争市场厂商的边际收益曲线也是向右下方倾斜的，斜率比平均收益曲线更陡峭。

三、垄断竞争市场的短期均衡

在垄断竞争市场的短期生产中，厂商不能调整全部的生产要素，新厂商也不可能及时进入市场，所以厂商还是会根据MR=MC的利润最大化条件进行生产，均衡状况如图6-15所示，最优产量在MR曲线与SMC曲线相交的交点上，从该点向上做出垂直线，与需求曲线相交即可获得均衡价格。

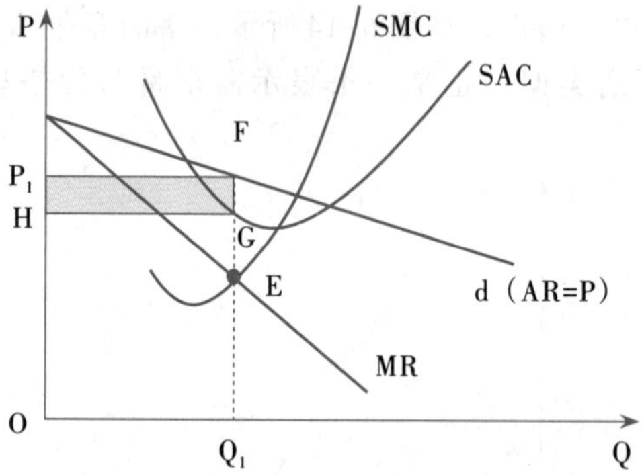

图6-15　垄断竞争市场厂商短期内盈利

在短期生产中，厂商的盈亏情况受到市场价格影响，存在三种盈亏情况：

第一，市场供不应求时，产品价格高于短期平均成本SAC，即P=AR> SAC，厂商可以获得超额利润。

第二，市场供求平衡时，产品价格等于短期平均成本SAC，即P=AR=SAC，厂商可以获得正常利润。

第三，市场供大于求时，产品价格低于短期平均成本SAC，即P=AR< SAC，厂商出现亏损。当价格继续下降，产品价格低于平均可变成本AVC时，厂商为了避免亏损过大，就会停止生产。

综上所述，从短期来看，垄断竞争市场厂商与完全竞争市场厂商的均衡情况是类似的。

四、垄断竞争市场的长期均衡

在长期生产中，垄断竞争市场厂商可以调整生产规模，还可以进入或退出行业。如果市场中存在超额利润，新的厂商就会进入市场；如果市场中存在亏损，就会有厂商退出市场。

当短期市场中存在超额利润时，其他厂商就会闻风而至，用模仿、创新和广告营销等方法来争夺市场份额。于是，随着厂商数目的不断增加，产品供给也在不断增加，但需求数量保持稳定，所以厂商的市场份额必然会随着竞争缩小，部分厂商的需求曲线会向左下方移动，而生产成本曲线会向上抬升，最终导致垄断竞争市场厂商的利润下降。

反之，如果垄断竞争市场厂商在短期内存在亏损，就会有一些厂商退出，释放出部分市场份额，让余下厂商的需求曲线向右上方移动，生产成本曲线下移。

所以，在这种由获益和亏损造成的长期调整中，由于厂商周期性进入和退出，垄断竞争市场从长期看难以存在超额利润，最终会在需求曲线和平均成本曲线相切时，实现市场均衡，如图6-16所示，厂商既没有超额利润，也没有亏损，也就不会再进出市场。

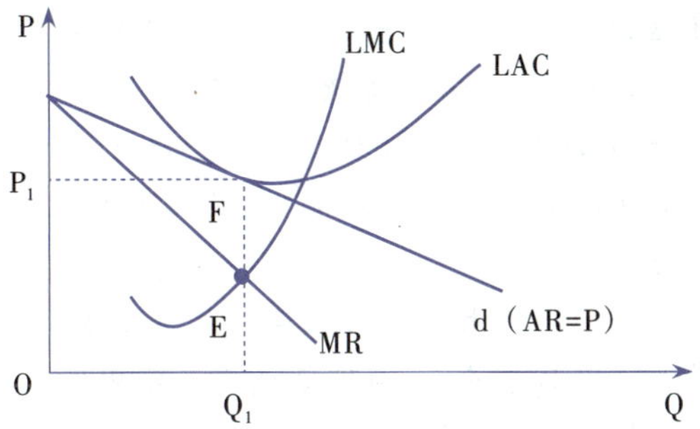

图6-16　垄断竞争市场厂商的长期均衡

垄断竞争企业的长期均衡条件为MR=LMC，AR=LAC。

西方经济学家认为，垄断竞争市场相对于完全竞争市场是缺乏效率的，因为会以较少的产量和较高的价格进行市场供给，厂商不愿意在平均成本最低点的产量水平上进行生产，这意味着生产资源达不到最有效率的配置。

同时，与完全垄断市场相比，垄断竞争市场的资源配置效率仍然是比较高的，为了竞争，厂商会配置企业内部生产要素，让生产要素达到最优配置，生产资源的利用效率较高，产品的平均成本低于完全垄断市场的平均成本，供给量也高于完全垄断市场。垄断竞争市场厂商为了获取市场份额，会致力于提升产品品质，打造多样化产品以满足消费者多方面、多层次的需求，持续性的竞争推动了技术创新，对技术进步具有推动作用。

不可忽视的是，垄断竞争市场中的竞争也并不完全是价格和品质的竞争，由于产品同质化程度较高，厂商会选择将大量的资源花费在广告等营销宣传上，从而引起市场的连锁反应，这样做的结果往往不是使销量增加，而是导致其销售成本的上升，反而不利于福利的最大化。

任务五　高效竞争与合作
——寡头垄断市场

学习目标

思政目标：通过分析寡头垄断市场的特征，培养创新意识，倡导守法精神。

知识目标：理解并能简要阐述寡头垄断市场的概念和特征，理解博弈论的基本概念和应用。

技能目标：应用市场结构理论解释相关市场经济现象，会使用简单的博弈论方法进行决策分析。

导入案例

在当今的民航航空制造领域，欧洲的空中客车公司与美国的波音公司是无可撼动的两大巨头。其中，美国波音公司已经是一个百年品牌，而欧洲空中客车公司已经过了半百之年。在这50多年中，空中客车公司从小到大，一步步成长为能够与波音公司分庭抗礼的巨型企业，一路走来充满了艰辛。

20世纪60年代，世界的民航运输制造行业几乎被美国的洛克希德·马丁公司、麦克唐纳·道格拉斯公司和波音公司所垄断，其他国家的飞机制造公司所占的市场份额完全不能相提并论。

欧洲的工业国家不甘于在技术上屈居人后，更不愿意将巨大的市场拱手让人，于是由法国和德国带头，两国联合于1970年成立了空中客车公司，企业的总部设在巴黎。空中客车公司成立后没几年，英国与西班牙也加入了这个航空集团，欧洲大国的联合让空中客车公司获得了资金和市场。空中客车公司成立的初衷，其实就是为了打破波音公司的垄断地位，传说在空中客车公司内部还流传着这样一句话：A本来就应该排在B的前面。

这个A指的就是空中客车公司（Airbus），而B则指的是波音公司（Boeing）。空中客车公司的飞机型号命名都是以字母A开头，比如A300，A320，A350等，而波音公司的飞机型号命名则是以B开头的序列。还有一个说法是空中客车公司的首字母是A，波音公司的首字母是B，无论是在英文的26个字母排序中还是在法语里，A都是在B的前面。

在波音公司这棵参天大树之下，空中客车公司在起步时只能从波音公司覆盖不到的市场空间里去寻找机会，幸运的是，空中客车公司的开山之作A300不负众望，到1975年的时候，空中客车公司的飞机已经占据了世界10%的市场，获得了数十架订单。到80年代初的时候，空中客车公司已经不声不响地蚕食了世界30%的市场，引起了波音公司的注意。

真正为空中客车公司打开局面的是主打支线航空的A320，这种对标波音公司经典机型B737的客机在20世纪末兴起的廉价航空热潮中获得了成功，成为空中客车公司飞机家族中的常青树，多次在市场上击败B737夺得订单。

2003年，历史性的时刻到了，后起之秀空中客车公司首次在销量上超过了波音公司。随后，空中客车公司更是推出了世界上最大的客机A380，一举打破了B747客机在干线航空上的垄断地位。

反观波音公司，由于长期的垄断地位，一直在创新上乏善可陈，难以适应市场变化。最致命的是2018年和2019年两场震惊世界的空难让波音737MAX成了航空公司避之不及的梦魇，在全世界范围内遭到禁飞，而波音公司消极的处理方式更是造成了巨大的负面效应，企业形象一落千丈。

2021年，美国与欧盟终于就针对空中客车公司和波音公司的惩罚性关税达成协议，并宣布停止对企业进行补贴，缓解了双方持续了近20年的斗争。两大巨头握手言和，并非因为利益冲突已经消失，而是因为一个搅局者的出现——中国商飞公司的C919客机即将批量生产交付客户，原本AB争霸的航空市场即将进入ABC三足鼎立的新时代。

资料来源：新浪财经．谁主天空？3万英尺上演豪门恩怨，空客与波音搏杀53年［EB/OL］．［2022-05-17］．https：//baijiahao.baidu.com/s?id=1733057171309135067&wfr=spider&for=pc.

任务思考

为什么空中客车公司和波音公司会在长年争斗后握手言和呢？这两家公司所处的客运飞机市场是个什么样的市场？

知识研学

一、寡头垄断市场的含义

寡头垄断市场是指几家厂商共同控制市场产品生产和销售的一种市场结构。这种市场形态介于完全垄断和垄断竞争之间，虽然买家很多，但市场上占有统治性地位的厂商极少。寡头垄断市场是一种常见的市场结构，比如世界的民用航空制造业、美国的汽车行业、中国的电信行业等，都属于寡头垄断行业。

微课6-3 厂商博弈

寡头垄断市场具有以下4个特点：

（一）市场上的厂商数目极少

市场上的寡头厂商数目为大于一的少数几家，这导致每家厂商在市场中都占据着大量份额，在市场上具有举足轻重的地位，厂商可以对市场的产品价格产生相当的影响力。

（二）寡头之间互相依存

由于厂商数量少且影响力巨大，所以其中任何一家厂商的行为，都会对其他厂商产生影响。厂商的收益和利润不只取决于自己的产量，还取决于其他厂商的产量。所以，厂商在进行决策时，必须把竞争者的反应考虑在内，然后制定出能让自身利润最大化的产量。每家厂商虽然不是价格的制定者，但也不是价格的接受者，寡头们之间可以竞争也可以合作，它们一般会通过协议或默契的方式决定共同市场价格，在避免冲突的前提下维持自身利益，这就是价格的操纵行为。

（三）厂商难以进入或退出

在寡头垄断市场上，厂商的进入受到规模、资金、信誉、技术、原料、专利、法律等因素的限制，导致进入相当困难。市场上的寡头实力强大，而且与其他寡头相互依存，也难以从市场上退出。

（四）产品同质或异质

寡头垄断市场上厂商的产品既可以是同质的，也可以是异质的。根据产品差异程度，寡头垄断市场上的厂商可以分为两种：一种是厂商的产品没有差别，彼此之间联系紧密，依存度极高，这类寡头被称为纯粹寡头，一般存在于钢铁、化工、水泥、能源或原材料开发等产业；另一种是厂商的产品本质相同，但在外观、设计、功能和服务等方面存在差别，厂商彼此之间竞争关系较强，依存度较低，此类寡头称为差别寡头，一般存在于汽车、手机、电器、香烟等产业中。

二、寡头垄断市场模型

案例6-2

1960年，石油输出国组织（OPEC）建立，这个组织最初由沙特阿拉伯、伊朗、伊拉克、科威特和委内瑞拉这5个主要的石油出口国组成。

该组织之所以建立，是因为石油生产国和国际石油公司之间的利益冲突。由于历史和经济原因，拥有丰富石油资源的国家无法从日益增长的石油贸易中获益，反而是跨国石油公司利用特许开发权和经营权大发其财，牢牢控制着国际石油市场的定价权，从贸易中拿走了大部分收益。

为了团结产油国，协调并统一各成员国的石油政策，并采取措施确保石油价格稳定，避免竞争导致的价格波动，石油输出国组织在成立后，不断扩大内部成员，终于在20世纪70年代将石油生产的控制权从跨国石油公司手中夺回，OPEC开始决定石油的产量并以此决定其石油收入。此时，OPEC已拥有13个成员国。

1973年，第四次中东战争爆发，由于不满欧美国家对以色列偏袒，以中东国家为主的OPEC发起了石油涨价和石油禁运，石油价格从每桶3美元左右提高到每桶12美元以上，导致欧美国家经济遭到了重创，而OPEC的涨价行为并未导致石油贸易量下降，高价石油也未下降，OPEC成为世界石油市场上举足轻重的控制者，至今一直在世界石油市场上通过调节产量影响着石油价格。

OPEC的成员并非一成不变，世界经济形势和成员国的自身情况也会导致内部成员的变化，比如卡塔尔于2019年退出OPEC，2020年厄瓜多尔也退出OPEC。最早在1975年加入的加蓬，在1995年退出了OPEC，但2016年再次加入。

资料来源：修城牧人．欧佩克的前世今生［EB/OL］．［2021-05-28］．https：//zhuanlan.zhihu.com/p/376151608.

（一）卡特尔——寡头的勾结

卡特尔（cartel）是垄断组织的一种形式，是厂商以垄断市场获取高额利润为目的，联合生产或销售同类产品的其他厂商，通过在产品价格、产量和市场份额分配等方面达成协定而形成的垄断性组织和勾结关系。由于各寡头厂商在市场上影响力大，降价竞争会导致各方损失惨重，因此寡头垄断市场上的厂商会选择勾结。

卡特尔建立的目的就是避免寡头厂商之间的激烈竞争，参加卡特尔的成员在生产、商业和法律上仍然保持独立性，但当市场上的卡特尔组织根据市场的需求和自身成员的盈利目标，按照利润最大化原则确定价格和产量时，将在市场上获得巨大的竞争力，甚至形成与完全垄断市场厂商类似的市场优势。

卡特尔是一种公开和正式的勾结行为，它的出现，可以将一个竞争性市场转化为一个垄断市场，属于寡头垄断市场的特例。卡特尔以扩大组织的整体利益作为主要目标，为了达成目标，在卡特尔内部的厂商将订立一系列的协议，分配整个卡特尔的产量和销售份额，制定共同维持的产品价格，在市场上划分各厂商的销售区域。

在形式上，卡特尔可以通过书面协议和口头协议将厂商整合为垄断组织。参加卡特尔的厂商成员，虽然各自都可以在法律上保持其法人资格，独立进行生产经营，但必须遵守协议所规定的内容。

从长期看，由于成员之间的实力不均等，发展机会也不完全相同，所以成员之间的经济实力对比经常会发生变化，导致卡特尔的垄断联合缺乏稳定性和持久性，经常需要重新签订协议，甚至会因为内部成员在无节制的竞争中违反协议而瓦解。

（二）寡头的竞争博弈

在寡头垄断市场上，厂商在改变供给价格或调整产量前，必须考虑其他厂商的反应，预测对方可能采用的策略。由于厂商之间既勾结又竞争，所以每一方都想用最小代价获得最大收益，而己方的收益又往往取决于对方的应对策略。所以，经济学用博弈论对寡头竞争的策略进行分析。

博弈论是一种研究对等局面下，如何在考虑对方策略的同时使用有利于己方的策略获得优势的理论，最早诞生于1928年，起初并不是经典经济学的分支。从1994年起，不断有经济学家因博弈论研究而获得了诺贝尔经济学奖，这些研究也不断推动着经济学理论的创新发展。

此处将借用“囚徒困境”的经典例子来解释博弈论的基本思路。假如嫌疑犯A和嫌疑犯B在持枪抢劫银行未果后被警察抓住，分别关在不同的屋子里接受审讯。警察知道两人要抢银行，但缺乏足够的证据。于是，警察单独告诉两个人同样的信息：如果两人都不认罪，那么各判刑1年；如果两人都坦白，各判8年；如果两人中一个认罪，另一个不认罪，那认罪坦白的放出去，不认罪的判20年。

这时候A和B不能串供，每个人都面临两种选择：认罪或不认罪，他们的刑期不只取决于自己的决定，也取决于同伙的决定。

假如两个囚犯都是冷酷无情的罪犯，只关心自己的安危，不考虑同伙的下场，那么他们的策略选择可以用表6-2的矩阵表来表示。

表6-2　　囚徒困境的决策结果

		A的决策			
		认罪		不认罪	
B的决策	认罪		A关8年		A关20年
		B关8年		B获释	
	不认罪		A获释		A关1年
		B关20年		B关1年	

不管同伙选择什么，每个囚徒经过推理分析后，最优选择是认罪，因为如果同伙抵赖，自己坦白的话就会获得自由，不认罪的话最坏也就是判1年，此时认罪明显比不认罪好；如果同伙认罪，自己也认罪的话判8年，比起自己在这种情况下不认罪被判20年，认罪总是比不认罪的下场好。

最后，两个自认为理性的囚犯不约而同做出了认罪的选择，结果两个嫌疑犯都被各判刑8年。显然，如果两人都不认罪，也只会被各判1年，显然这个结果更有利。

在两个人都选择了自以为有优势的策略后，两个人实际都没有得到最有利的结果。

显然，在寡头垄断市场上，寡头在互相博弈时也会遇到“囚徒困境”类似的问题，尤其是在双寡头博弈的情况下。假设两家电信公司都考虑采用降价促销的方式来占领市场，在实际操作中就会遇到相同的困境。

表6-3列出了两家公司的决策与利润情况，从中可以看出，降价促销是公司的占优策略。虽然从结果上看，两家企业都不降价促销就能获得更多的利润，但两家企业为了让自己占优势，都选择了降价促销。

表6-3 两家寡头公司的博弈结果

		A企业决策			
		降价		不降价	
B企业决策	降价		A收入不变		A损失1亿元
		B收入不变		B收入5亿元	
	不降价		A收入5亿元		A收入1亿元
		B损失1亿元		B收入1亿元	

从博弈论中可知，在寡头垄断市场上，由于寡头之间的竞争未必能让厂商受益，合作反而可以让厂商达成共赢，哪怕双方的合作是出于自私的理性目的。所以，厂商为了避免两败俱伤的恶性竞争，更有可能采用共谋和勾结来控制市场，从而降低了资源配置效率和消费者福利。

思考与训练

一、主要概念

完全竞争市场　完全垄断市场　垄断竞争市场　寡头垄断市场　厂商均衡

二、单项选择题

1.关于经济学中的市场，论述错误的一项是（　　）。

A.市场是商品与劳务进行交易的场所

B.市场可以是有形的，也可以是无形的

C.只有企业可以在市场上进行交易

D.市场是劳动分工和商品经济发展的产物

2.以下（　　）不是竞争和垄断程度的影响因素。

A.厂商的数目　　B.商品的价格

C.进入与退出市场的难易度　　D.厂商对市场价格的控制程度

3.不属于完全竞争市场的特征是（　　）。

A.厂商数量极多　　B. 产品同质化

C.厂商进入或退出市场自由度极高　　D. 厂商无法获得市场上的完全信息

4.当垄断竞争市场厂商处于短期均衡时，（　　）。

A.厂商一定能获得超额利润　　B.厂商一定不能获得超额利润

C.只能得到正常利润　　D.以上三种情况都有可能

5.完全竞争市场的短期均衡条件为（　　）。

A.P=AC　　B.P=AR　　C.MR=AC　　D.P=MC

三、简答题

1.请从不同的角度，对比分析主要市场类型的特点。

2.完全竞争市场被西方经济学家称为“最完美的市场”，请问完全竞争市场的优势是什么？

3.垄断竞争市场的特征是什么？在这种市场中，如果某家厂商推出一种新产品，该产品对市场的均衡价格和产量会产生什么影响？

4.完全垄断市场为什么可以进行价格歧视？价格歧视的类型有哪些？

5.请从正反两方面评价完全垄断市场。

项目七

优化收入分配，推动共同富裕
——收入分配理论

导　读

自京赴奉先县咏怀五百字

［唐］杜甫

杜陵有布衣，老大意转拙。许身一何愚，窃比稷与契。
居然成濩落，白首甘契阔。盖棺事则已，此志常觊豁。
穷年忧黎元，叹息肠内热。取笑同学翁，浩歌弥激烈。
非无江海志，萧洒送日月。生逢尧舜君，不忍便永诀。
当今廊庙具，构厦岂云缺。葵藿倾太阳，物性固莫夺。
顾惟蝼蚁辈，但自求其穴。胡为慕大鲸，辄拟偃溟渤。
以兹误生理，独耻事干谒。兀兀遂至今，忍为尘埃没。
终愧巢与由，未能易其节。沉饮聊自遣，放歌破愁绝。
岁暮百草零，疾风高冈裂。天衢阴峥嵘，客子中夜发。
霜严衣带断，指直不得结。凌晨过骊山，御榻在嵽嵲。
蚩尤塞寒空，蹴蹋崖谷滑。瑶池气郁律，羽林相摩戛。
君臣留欢娱，乐动殷樛嶱。赐浴皆长缨，与宴非短褐。
彤庭所分帛，本自寒女出。鞭挞其夫家，聚敛贡城阙。
圣人筐篚恩，实欲邦国活。臣如忽至理，君岂弃此物。
多士盈朝廷，仁者宜战栗。况闻内金盘，尽在卫霍室。
中堂舞神仙，烟雾散玉质。煖客貂鼠裘，悲管逐清瑟。
劝客驼蹄羹，霜橙压香橘。朱门酒肉臭，路有冻死骨。
荣枯咫尺异，惆怅难再述。北辕就泾渭，官渡又改辙。
群冰从西下，极目高崒兀。疑是崆峒来，恐触天柱折。
河梁幸未坼，枝撑声窸窣。行旅相攀援，川广不可越。
老妻寄异县，十口隔风雪。谁能久不顾，庶往共饥渴。
入门闻号咷，幼子饥已卒。吾宁舍一哀，里巷亦呜咽。
所愧为人父，无食致夭折。岂知秋禾登，贫窭有仓卒。
生常免租税，名不隶征伐。抚迹犹酸辛，平人固骚屑。
默思失业徒，因念远戍卒。忧端齐终南，澒洞不可掇。

思考：“朱门酒肉臭，路有冻死骨”——贵族人家的红漆大门里飘出酒肉的香味，穷人们却在街头因冻饿而死。这句古诗蕴含着经济学的原理，同学们要认真学习收入分配理论，探究贫富差距的衡量与收入分配的调节方法。

如何实现收入分配中的平等，消灭贫困，同时保持经济的高效率，是经济学研究的重大课题。美国著名经济学家阿瑟·奥肯认为，平等与效率是政治家决策中最基本也是最难的问题，平等与效率之间的矛盾，好比鱼与熊掌难以兼得。那么，如何寻求解决方案呢？

任务一　如何衡量贫富差距——洛伦兹曲线与基尼系数

学习目标

思政目标：引导学生坚定我国的制度自信，学会透过现象，发掘本质，应用实践。

知识目标：理解并能阐述洛伦兹曲线和基尼系数的概念、解释其图形含义。

技能目标：会计算基尼系数，衡量收入分配差距，并能应用洛伦兹曲线解释相关经济现象。

导入案例　全面小康 减贫奇迹

2021年2月25日，习近平总书记在全国脱贫攻坚总结表彰大会上庄严宣告："经过全党全国各族人民共同努力，在迎来中国共产党成立一百周年的重要时刻，我国脱贫攻坚战取得了全面胜利，现行标准下9 899万农村贫困人口全部脱贫，832个贫困县全部摘帽，12.8万个贫困村全部出列，区域性整体贫困得到解决，完成了消除绝对贫困的艰巨任务，创造了又一个彪炳史册的人间奇迹！"

贫穷不是命中注定，贫困并非不可战胜！中国的实践表明，与贫困作斗争，最重要的是勇气、远见、责任和担当。党的十八大以来，我国平均每年1 000多万人脱贫，相当于一个中等国家的人口脱贫。贫困人口收入水平显著提高，全部实现"两不愁三保障"。28个人口较少民族全部整族脱贫，一些中华人民共和国成立后"一步跨千年"进入社会主义社会的"直过民族"，实现了从贫穷落后到全面小康的第二次历史性跨越。脱贫攻坚的阳光照耀到了每一个角落，无数人的命运因此而改变！

治国之道，富民为始；民之贫富，国之责任。改革开放以来，我国7.7亿农村贫困人口摆脱贫困，减贫人口占同期全球减贫人口70%以上。特别是在全球贫困状况依然严峻、一些国家贫富分化加剧的背景下，我国提前10年实现《联合国2030年可持续发展议程》减贫目标，创造了减贫治理的中国样本，为全球减贫事业做出了重大贡献。

资料来源：熊丽．全面小康 减贫奇迹［N］．经济日报，2022-02-25（7）．

任务思考

当我们在为我国实现脱贫攻坚战全面胜利而欢欣鼓舞时，同学们是否思考过，贫困与否该如何去衡量呢？

知识研学

一、洛伦兹曲线

微课7-1

洛伦兹曲线与基尼系数

人们生活在一个贫富差距很大的世界上，国与国之间的收入差距很大，同一个国家不同的人之间的收入差距也很大。

收入分配上的贫富差距如何进行测度呢？美国著名统计学家洛伦兹（Max Otto Lorenz，1876—1959）提出了著名的洛伦兹曲线。

洛伦兹曲线（Lorenz curve）也译为“劳伦兹曲线”，就是指在一个总体（国家、地区）内，以“最贫穷的人口计算起一直到最富有人口”的人口百分比对应各个人口百分比的收入百分比的点组成的曲线。

洛伦兹曲线主要用以比较和分析一个国家在不同时代或者不同国家在同一时代的财富平等程度，该曲线作为一个总结收入和财富分配信息的便利图形方法得到广泛应用。通过洛伦兹曲线，可以直观地看到一个国家收入分配平等或不平等的状况。

在得到一国总人口按照收入由低到高的累计百分比的相关数据以后，用横轴代表人口百分比，纵轴代表收入百分比。将人口累计百分比和收入累计百分比在坐标轴中标注位置，连接而成的一条曲线就是该国收入分配差距的洛伦兹曲线。

假设某国上一年度的收入分配资料见表7-1，就会形成对应的洛伦兹曲线，如图7-1所示。

表7-1　某国上年收入分配资料

人口累计%	收入累计%
20	4.5
40	15
60	32
80	55
100	100

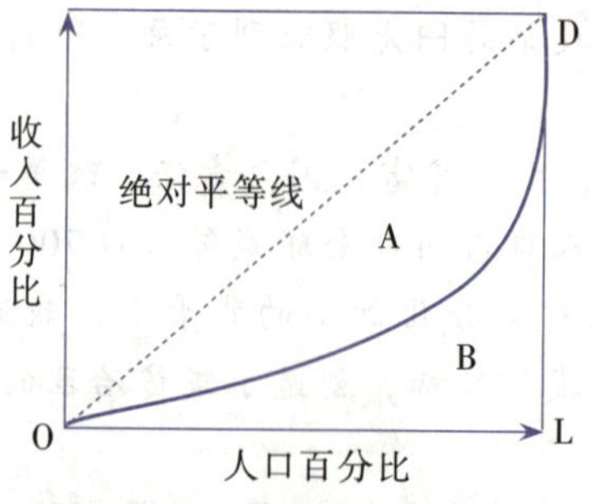

图7-1　洛伦兹曲线

从表7-1中可以看出，收入最低的20%的人口所得的收入仅占总收入的4.5%，80%的人口只得到55%的收入，而最富有的20%的人口得到了45%的收入。

假设收入最低的前1%的人其收入占比为1%，前2%的人收入占比为2%……前99%的人收入占比为99%，那么洛伦兹曲线就与收入分配绝对平等线OD重合，此时全社会所有人的收入都是一样的。假设收入最低的前99%的人其收入占比为0，那就意味着剩下1%的人拿走了全社会100%的收入，此时洛伦兹曲线严重偏离收入分配绝对平等线，形成了收入分配绝对不平等曲线——折线OLD。显然，社会收入分配越平均，洛伦兹曲线越接近收入分配绝对平等线OD。社会收入分配越不平均，贫富差距越大，洛伦兹曲线越接近收入分配绝对不平等的OLD折线。

注意：

从坐标原点到正方形相应另一个顶点的对角线OD为收入分配绝对平等线，折线OLD为收入分配绝对不平等曲线，这两条线在实际当中是不存在的。实际收入分配曲线即洛伦兹曲线都在绝对平等线与绝对不平等曲线的中间。

二、基尼系数

根据洛伦兹曲线，设实际收入分配曲线和收入分配绝对平等线之间的面积为A，实际收入分配曲线与收入分配绝对不平等曲线的面积为B，以A除以A+B的商表示不平等程度，这个商的数值被称为基尼系数。

基尼系数用公式表示为：

$$\text{基尼系数}\ G=\frac{A}{A+B}$$

如果A为零，基尼系数为零，表示收入分配绝对平等；如果B为零，则系数为1，收入分配绝对不平等。收入分配越是趋向平等，洛伦兹曲线的弧度越小，基尼系数也越小；反之，收入分配越是趋向不平等，洛伦兹曲线的弧度越大，那么基尼系数也越大。

基尼系数由于给出了反映居民之间贫富差异程度的数量界线，可以较客观、直观地反映和监测居民之间的贫富差距，预报、预警和防止居民之间出现贫富两极分化，因此得到世界各国的广泛认同和普遍采用。

| 例题7-1 | 某地区上年度实际收入分配曲线与收入分配绝对平等线之间的面积为0.4，实际收入分配曲线与收入分配绝对不平等曲线的面积为0.6，则该地区上年度的基尼系数是多少？

| 解析 |

$$G=\frac{0.4}{0.4+0.6}=0.4$$

此例中，该地区上年度的基尼系数是0.4。

小思考7-1

基尼系数一般介于0到1之间，那么多大的基尼系数比较合理呢？

在国际上，联合国开发计划署等组织规定：基尼系数若低于0.2表示居民之间的收入分配“高度平均”；0.2~0.29表示“比较平均”；0.3~0.39表示“相对合理”；0.4~0.59表示“差距较大”；0.6以上表示“差距悬殊”。国际上通常把基尼指数等于0.4作为收入分配差距的“警戒线”。

任务二　如何兼顾平等和效率——收入分配的调节

学习目标

思政目标：引导学生正确看待效率与平等。

知识目标：理解并能阐述收入差距的原因、平等与效率的关系，以及收入分配调节的基础、标准与手段。

技能目标：会辨别相关收入分配调节手段的类型并能应用收入分配调节理论解释相关经济现象。

导入案例　　让一部分人先富起来

邓小平同志于1985年10月23日在会见美国时代公司组织的美国高级企业家代表团时说：“一部分地区、一部分人可以先富起来，带动和帮助其他地区、其他的人，逐步达到共同富裕。”邓小平同志于1986年3月28日在会见新西兰总理朗伊时说：“我们的政策是让一部分人、一部分地区先富起来，以带动和帮助落后的地区，先进地区帮助落后地区是一个义务。”邓小平同志于1986年8月19—21日在天津听取汇报和进行视察的过程中强调：“我的一贯主张是，让一部分人、一部分地区先富起来，大原则是共同富裕。一部分地区发展快一点，带动大部分地区，这是加速发展、达到共同富裕的捷径。”

资料来源：作者根据360百科资料“让一部分人先富起来”整理而成。

任务思考

为什么要“让一部分人先富起来”?

知识研学

一、收入差距产生的原因

收入存在差距是客观存在的，这种差距的形成既有合理的因素，也有不合理的因素。

合理的因素主要有：劳动者能力上的差别，即劳动者质量上的不同；劳动者所受教育或训练程度的不同；由于人们所从事职业的不同，在非货币收益上有很大差别；人们所面临的机遇不同或所处的环境不同等。

不合理因素主要有：来自非劳动的财产收入是造成收入差别的主要根源；劳动

力市场的非竞争性，比如缺乏劳动供求信息、劳动力市场的分割造成的劳动力非流动、劳动力市场的买方垄断等；劳动力市场上的种族或性别歧视；特权阶层的掠夺和官员的腐败也是造成收入差距的原因。

二、平等与效率

收入分配的差距如何加以调节呢？主要是要平衡好平等和效率的关系。

所谓平等，就是实现收入差距上的较小化，主要是指收入分配上的平等，也包括起点的平等和机会的平等。所谓效率，就是按生产要素效率（或边际生产力）进行收入分配，保证经济活动能够高效率运行。平等和效率是一对矛盾，按效率原则进行的收入分配往往会使得劳动收入和非劳动收入的差距非常明显，造成收入差距过大；如果强调平等，又会降低某些阶层的积极性和创造性，损害效率。

生活中的经济学 7-1

王强是一家生产家装木地板公司的人力资源经理，最近公司总经理让他修订公司的《工资奖金分配方案》。王强深入到生产一线进行调研，认真倾听员工的心声。可调研还没结束，王强就犯了愁。

有的员工和他说：“都是流水线上的生产工人，同工要同酬，要不然不公平。”

还有的员工和他讲：“不同的人干活也会分出快、慢、好、坏，多劳要多得，要不然没干劲。”

两方各执一词，各抒己见。如果你是王强经理，你该怎么办呢？

资料来源：作者根据相关资料整理而成。

一些经济学家认为，应当保持人们的收入差距，因为收入差距是由市场机制本身决定的，是一个社会保持效率的必然要求。在市场经济中，收入分配是依据要素的供给进行的，人们拥有要素的状况不同，收入报酬也就不同。有的人劳动能力强，有的人劳动能力差；有的人拥有资本，有的人拥有少甚至不拥有。为了使人们努力学习和工作，不断提高自己的能力，社会鼓励人们积极进行财富的积累，必须给要素所有者或供给者以相应的回报。如果取消或过分缩小这种差别而追求收入的均等化，客观上会挫伤人们钻研科学、努力工作、节俭储蓄、冒险投资、不断创新等的积极性，结果是鼓励懒惰、鼓励奢侈浪费，社会经济就难以发展，平等只能成为普遍的贫穷。总之，承认差别是竞争的基础，而竞争是社会发展进步的动力所在。

另一些经济学家认为，应当控制和缩小人们的收入差距，保持收入的基本均等。其理由是：平等是天赋人权，竞争引起的收入差距是对这种权利的侵犯。他们认为，首先，市场经济中人们参与竞争的前提条件并不公平，比如出生在不同家庭背景的人，接受教育、继承财产的机会不均等。一个从小在闭塞乡村普通农民家庭长大的孩子与一个在大城市知识分子家庭成长起来的孩子相比，其接受教育的机会毫无疑问要少得多；一个普通工人的后代不可能拥有一个百万富翁的后代那样的财富和社会关系积累。既然竞争不是在同一条起跑线上开始，就谈不上竞争的公平。此外，就现实的市场而言，市场垄断的存在、性别、年龄等非经济因素影响人们就业的情况，使得按照要素供给分配收入的市场规则大打折扣，人们收入的差别并不一定是勤奋和懒惰造成的。既然如此，保持收入差距并不一定能起到促进效率的作用。相反，倘若收入差距过大，引起人们对收入分配不公的普遍不满，可能会造成社会动荡，危及正常的经济秩序，对整个社会经济效率的提高也会产生不良的影响。

经济学家的不同观点，是平等与效率之间矛盾关系的反映。理论与实践告诉我们，平等与效率之间存在相互矛盾、相互对立的关系。如上所述，在市场经济中，效率的发挥就是建立在收入不平等的基础上，有经济利益的差别，才会产生竞争，有竞争才会有进步。但是，这种差别和竞争未必公平合理，收入差距过大，会对社会效率产生不利的影响。平等与效率之间的这种对立关系，是否可以在一定条件下统一起来呢？不少经济学家给予了肯定的回答。他们提出，平等和效率虽然难以兼得，但可以兼顾，兼顾不仅是必要的，而且是可能的。

小思考7-2

你如何理解效率和平等二者之间的关系？

三、收入分配调节的基础

（一）在效率优先的原则下兼顾平等

从长期来看，经济社会应把保持和提高效率放在首位。这是因为，效率是提高社会生产力、增加社会产品的条件，是推进平等的物质基础。在一个经济落后、产品匮乏的经济社会里，平等是一句空话，没有意义。从人类历史的发展来看，在生产力十分低下的原始社会，虽然产品在社会成员之间的分配是完全平等的，但显然这不是人类社会追求的目标。随着生产力的发展，出现了剩余产品，社会才出现收入分配的差距。差距带来效率的提高。在效率提高的过程中，收入差距有一个逐步扩大的过程，而后开始逐步缩小，平等逐步得到推进。

20世纪中叶西方国家开始普遍实行福利制度，从某个角度说，这是生产力迅速发展与社会分配制度发生矛盾的产物。当然，效率优先不等于说可以让收入差距越来越大，而是应该在效率优先的原则下尽可能考虑平等的要求，把差距控制在一个适当的限度之内。

（二）平等和效率的重点地位可以转换

在经济社会发展的某一个阶段，应当根据平等与效率关系存在矛盾的主要方面来确定解决问题的重点，协调两者的关系。当效率受到影响时，应适当拉开收入差距；当公平问题严重时，要注意缩小收入差距。每一时期，应该有重点，没有重点就没有对策。不同时期的重点应根据具体情况，效率和平等可以相互转化。社会正是在不断追求平等与效率目标的交替过程中实现发展的。

西方国家在20世纪50年代前后由于经济和社会矛盾尖锐，突出强调了平等要求，大力推行福利制度。20世纪70年代以后，各国普遍感到福利计划影响了积极效率，纷纷开始抨击福利制度的弊端，提出了福利制度改革计划。

我国在20世纪50年代至70年代末，一直搞平均主义的收入分配。企业和经济组织之间“无偿平调”，劳动者之间干好干坏一个样，“吃大锅饭”，结果极大地伤害了人们的积极性，严重阻碍了生产力的发展，把经济推到了崩溃的边缘。针对平均主义这一主要倾向，20世纪80年代初，我国收入分配领域改革的重点是反对平均主义。邓小平同志提出要“让一部分人、一部分地区先富起来”，同时指出到20世纪末21世纪初，要考虑让已经富起来的地区和人们，帮助落后的地区和人们，实现共同富裕。进入21世纪后，尤其是近阶段，我国政府明确提出建设和谐社会、全面实现小康的目标，把进一步解决贫困人口和社会弱势群体的问题放到重要的位置。应该说，我国收入分配政策在不同发展阶段的这种转化是必要的，是兼顾公平与效率的成功案例。

（三）以较小的替代成本寻求平等与效率的结合点

平等与效率之间的替代需要付出代价，当我们拉开收入差距时，实际上牺牲了平等；当缩小收入差距、大力推行公共福利时，势必会影响效率。兼顾两者要求我们以尽可能小的不平等来换取尽可能高的效率，或者以尽可能低的效率损失换取尽可能大的平等。

四、收入分配调节的标准

收入分配调节的标准主要有贡献标准、需要标准和平等标准三个标准。

（一）贡献标准

贡献标准即按照社会成员所贡献的国民收入进行分配。这一标准强调的是个人的“效率”和个人的“能力”。但每个社会成员的能力、机遇不同，在实际运用这个标准的过程中会引起分配的不平等。

（二）需要标准

需要标准即按照社会成员的生活需要进行国民收入分配。这一标准强调的是“平等”，忽略了“效率”问题。

（三）平等标准

平等标准即按照公平原则对社会成员进行国民收入分配。这一标准强调的是“平等”，同样忽略了“效率”问题。

需要注意的是，一般来说，市场经济注重的是效率优先，在一定范围和程度内兼顾公平。在重视效率的前提下，尽可能考虑公平的要求。有时也要根据效率与公平的矛盾表现，而有所侧重。总之，既要反对平均主义，也要反对过分悬殊，保持合理的收入差距。

五、收入分配调节的手段

为防止收入差距悬殊和贫富两极对立，保证社会的稳定，通常对收入分配进行调节，其手段主要有以下几种：

（一）税收调节

税收调节主要是运用征收个人所得税来进行调节，还附有征收遗产税、消费税、赠与税、财产税等。

（二）社会福利政策

社会福利政策主要有以下几种形式：实行各种形式的社会保障和社会保险；实行最低生活保障；对贫困者进行培训和提供就业机会；医疗保险与医疗援助；教育资助；改善住房条件；鼓励发展社会慈善事业等。

（三）劳动立法保护

劳动立法保护是指通过立法来规定最低工资水平，改善工作条件和环境等。

思考与训练

一、主要概念

洛伦兹曲线　基尼系数　平等与效率　收入分配的调节

二、单项选择题

1.洛伦兹曲线的横轴代表（　　）。

A.收入百分比　B.支出百分比　C.分配百分比　D.人口百分比

2.基尼系数越小表明（　　）。

A.收入不平均程度越大　B.收入平均程度越大

C.洛伦兹曲线与横轴重合　D.洛伦兹曲线与纵轴重合

3.收入分配绝对平等时，基尼系数为（　　）。

A.1　B.0　C.大于0小于1　D.大于1

4.洛伦兹曲线代表（　　）。

A.税收体制的效率　B.贫困程度

C.收入分配不平均的程度　D.税收体制的透明度

5.收入分配绝对不平等时，基尼系数为（　　）。

A.1　B.0　C.大于0小于1　D.大于1

三、简答题

1.什么是洛伦兹曲线？什么是基尼系数？

2.收入分配调节的手段主要有哪些？

3.如何处理平等和效率的关系？

4.政府可以使用哪些税收政策手段调节收入分配？

四、计算题

1. 表7-2是X地区2022年的收入分配情况，请根据表7-2中数据进行计算并画出该地区的洛伦兹曲线。

表7-2　　X地区2022年的收入分配情况

人口区间累计（%）	0～20	20～40（不含20）	40～60（不含40）	60～80（不含60）	80～100（不含80）
收入区间累计（%）	5	11	17	22	45

2. 某地区上年度实际收入分配曲线与收入分配绝对平等线之间的面积为0.4，实际收入分配曲线与收入分配绝对不平等曲线的面积为0.71，则该地区上年度的基尼系数是多少？（答案保留两位小数）

项目八

市场不是万能的
——市场失灵

导　读　　伦敦雾霾事件

英国是第一次工业革命的发源地，而其首都伦敦素有雾都之称。在从1952年12月5日到12月8日的4天里，伦敦寂静无风，笼罩在浓雾之中，由于冬季使用燃煤采暖，市区内还分布着许多以煤为主要能源的火力发电站，煤炭燃烧产生的二氧化碳、一氧化碳、二氧化硫等气体及粉尘弥漫在空气中，超过10万人感染呼吸道疾病，死亡4 000多人。此后的2个月内，有近8 000人相继死于呼吸系统疾病。这就是20世纪影响严重的环境公害事件——英国历史上著名的“毒雾事件”。

1956年，英国政府颁布了世界上第一部现代意义的《清洁空气法案》，大规模改造城市居民的传统炉灶，逐步实现居民生活天然气化，减少煤炭用量，冬季采取集中供暖；发电厂和重工业作为排烟大户，被强制搬迁到郊区。1974年出台了《空气污染控制法案》，规定工业燃料里的含硫上限等硬性标准。在这些刚性政策面前，烧煤产生的烟尘和二氧化硫排放等减少，空气污染明显好转。到1975年，伦敦的“雾日”已经减少到每年只有15天，1980年降到5天。从1993年1月开始，英国强制所有在英国境内出售的新车都必须加装催化器以减少氮氧化物污染的排放。1995年，英国通过了《环境法》，保护环境已成为社会共识。

当前，伴随着工业化进程，全球多地雾霾频现。发展经济，当以伦敦雾霾事件为鉴。

资料来源：邓先娥，汪芳．经济学基础［M］．3版．北京：人民邮电出版社，2019.

思考：实践表明，市场是配置资源的一种有效方式，但市场机制不是万能的，并不能解决所有的经济问题。正如上述导读中所述环境污染问题，需要政府给予适当的干预，以维持正常的市场秩序。

任务一　植树造林为了谁？
——外部性

学习目标

思政目标：增强大局意识，不断提升看问题的高度、拓展想问题的广度、强化解决问题的能力。

知识目标：了解外部性以及外部性的影响和治理。

技能目标：运用外部性解释生活中的相关现象，提高学生运用知识和方法思考具体问题的能力。

导入案例

林业作为国民经济发展的重要部门，其生态效益有涵养水源、保持水土、防风固沙、调节气候等。林业为人类提供了各种各样的产品，如建房的原材料、教室里的桌椅、铅笔的笔杆等都来源于林业。林业提供的燃料是人类历史发展的主要推动力之一。森林曾经被认为为人类提供各种需要的基础，被看成人类社会生存和持续发展的“金库”。

但自20世纪中叶以来，木材用量成倍增长，纸的用量翻了6番。由于发展中国家人口增长，薪柴用量剧增等，造成了市场对木材用量的强大需求，加之政府不能有效禁止由于市场需求所导致的乱砍滥伐，导致全球变暖速度加快，生物进化过程延缓，同时引起农业生产率下降、水土流失，最终将会导致森林资源遭受破坏的承载能力丧失直至消亡。

资料来源：王军，高志文．基于林业生态环境保护下的林业经济发展浅析［J］．农村实用技术，2020（10）：145-146．

任务思考

林业的外部性问题主要表现在两个方面：一是森林生态系统服务功能方面存在的正外部性问题；二是人类对森林的过度采伐或乱砍滥伐、破坏森林生态系统的服务功能所产生的负外部性问题。如何激励具有正外部性的林业活动以及如何限制负外部性问题的产生呢？

知识研学

一、外部性的含义

微课8-1 外部性

外部性又称外部影响、外在性、外部效应和毗邻影响，是指人们的经济活动对他人造成的非市场化影响。所谓非市场化影响，是指影响结果不能通过市场价格反映出来，受损害者未能得到补偿，而受益者不用付出成本。

从经济活动的结果来看，外部性可以分为正外部性和负外部性。

正外部性。正外部性亦称外部经济，是指人们的经济活动给他人带来的利益，而提供利益者未得到补偿，受益者未支付成本。比如，当养蜂人通过养蜂生产蜂蜜追求自己的利益时，附近农民种植的果树会因蜜蜂传授花粉而节省人工授粉的成本，并增加产量；林场周边的居民因林场植树，空气质量得到改善而增加了福利。

负外部性。负外部性亦称外部不经济，是指人们的经济活动给他人带来的损失，而施加损害者未付出成本，受损害者未得到补偿。比如，造纸厂向河流排放大量废水，污染河流，造成鱼类品质下降及死亡，提高了渔民的养殖成本；大排档的油烟和喧闹危害了周边居民的健康。

从经济活动的主体来看，外部性可分为生产外部性和消费外部性。

生产外部性。生产外部性是指厂商的生产活动对他人所造成的非市场化影响。比如上述养蜂人、林场的生产活动产生正的生产外部性，而造纸厂、大排档的生产活动产生负的生产外部性。

消费外部性。消费外部性是指消费者的消费活动对他人所造成的非市场化影响。比如，一个人接种乙肝疫苗，在预防自己患乙肝的同时，降低了他人感染乙肝的概率，产生正的消费外部性；一个人在公共场所吸烟会危害其他人的健康，产生负的消费外部性。

小思考8-1

现实生活中还有哪些外部性实例？请列举。

二、外部性的影响

无论是外部经济，还是外部不经济，即使在完全竞争的条件下，最终都将造成资源配置失当，不能实现帕累托最优状态。

（一）外部经济对资源配置的影响

外部经济对外带来的好处是无法得到回报的，因此外部经济下物品的消费或生产的收益小于它应当得到的收益（社会收益），也就是说，物品的消费或生产的成本高于它应当支付的成本（社会成本）。外部经济导致具有外部经济的物品供应不足，如图8-1所示。

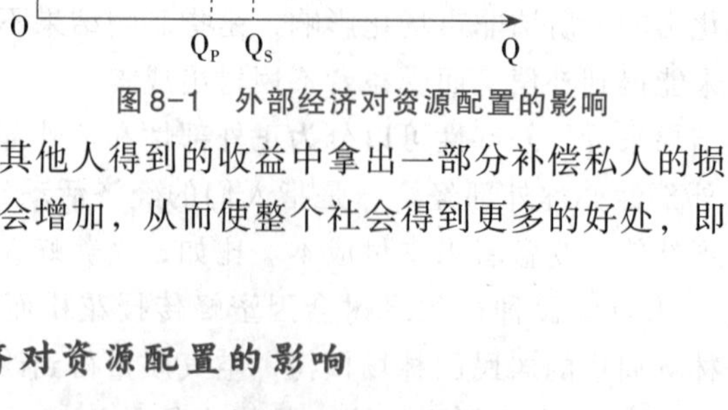

图8-1　外部经济对资源配置的影响

如果从社会中其他人得到的收益中拿出一部分补偿私人的损失，这种具有外部经济的物品供应就会增加，从而使整个社会得到更多的好处，即帕累托改进，例如对教育的补贴。

（二）外部不经济对资源配置的影响

外部不经济对外带来的危害是无法进行补偿的，因此外部不经济下物品的消费或生产的收益大于它应当得到的收益（社会收益），也就是说，物品的消费或生产的成本低于它应当支付的成本（社会成本）。外部不经济导致具有外部不经济的物品供应过多，如图 8-2 所示。

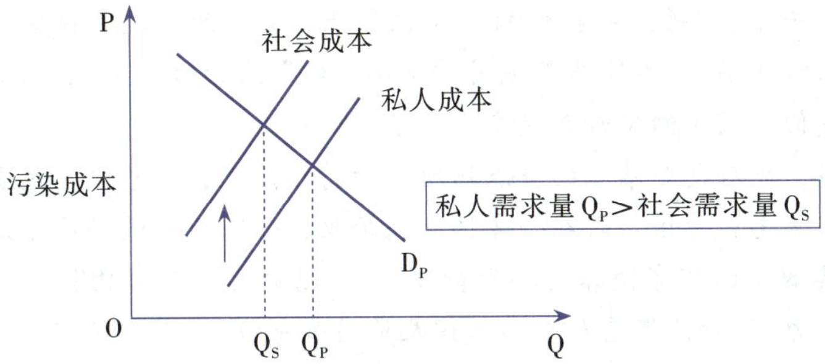

图 8-2　外部不经济对资源配置的影响

如果从私人得到的收益中拿出一部分补偿其他人的损失，这种具有外部不经济的物品供应就会减少，从而使整个社会得到的好处增加，即帕累托改进，例如对乱扔垃圾者的罚款。

三、外部性的治理

外部性导致资源配置失当，造成经济效益损失。当存在正外部性时，经济活动主体未获得自身经济活动的全部收益，私人收益小于社会收益，因而私人活动的水平常常要低于社会所要求的最优水平，出现供给不足；当存在负外部性时，经济活动主体未承担自身经济活动的全部成本，私人成本小于社会成本，因而私人活动的水平常常要高于社会所要求的最优水平，出现供给过度。

治理外部性的基本原则，是使经济主体的私人收益等于社会收益或私人成本等于社会成本。政府治理外部性的主要措施有政府管制、补贴和征税、合并企业与界定产权等。

（一）政府管制

政府往往采取行政手段控制负外部性。如严格限制高污染工厂选址及污染排放量，对违规者做出限期治理、罚款、停产整顿甚至关闭的处理；在机场、车站等公共场所实施禁烟令等。

案例 8-1　　“控烟令”新升级 杭州室内公共场所全面禁止吸烟

2022 年 1 月 1 日起，杭州市开始实施新版控烟条例。升级后的“控烟令”结束了持续两年的缓冲期，此前按规定设置吸烟区（室）的娱乐、经营性住宿和餐饮等室内公共场所全面禁止吸烟。

位于临安主城区的钱王财富中心自 2019 年开业以来，一直倡导无烟环境。在商场两侧的广场路和江桥路入口处，各放置着一个细长的灭烟筒，这是商场设置的临时灭烟点。“如果顾客在进入商场之前有抽烟的情况，我们会提醒他把烟头扔到临时灭烟点，确保商场内无烟。”临安钱王财富中心项目总监黄建伟介绍。在商场的公共区域、超市、电影院等60多家室内公共场所随处可见张贴着的禁止吸烟标志，总量达130多张。公共区域内还有几位禁烟劝导员在随时巡查，对吸烟顾客发现一个、劝阻一个。“近几年控烟的效果也是非常显著的，现在商场、饭店、宾馆里都很少有人吸烟了。”市民马王铖对“无烟环境”表示满意，欣慰地说：“没有二手烟，对于我们有孩子的父母来说安心多了。”

除了商超，饭店也是禁烟的重点场所。青荷酒店里，电子屏、过道、电梯、洗手间都有禁烟标志和标语。而在会客区和包厢里，一套有趣的动画禁烟宣传片正循环播放，让禁烟意识贯穿顾客就餐的全过程。“动画片的形式比较生动形象，能吸引大家的注意力。”青荷酒店人事部工作人员周盈介绍，“影片循环播放，陪伴顾客的整个就餐过程，能对大家起到很好的引导作用。”

据悉，按照禁烟新规，对个人违反条例，在室内公共场所、室内工作场所、公共交通工具内吸烟的情况，可处以50至200元不等的罚款；而场所违规，则可处以2 000至20 000元不等的罚款。

资料来源：佚名．“控烟令”缓冲期结束 杭州室内公共场所全面禁止吸烟［N］．今日临安，2022-01-07（2）．

（二）补贴和征税

对产生正外部性的经济主体，政府给予财政补贴，补贴额度相当于社会收益与私人收益之差，使其私人收益与社会收益一致，以鼓励此类行为；对造成负外部性的经济主体，政府对其征税，征税额度相当于社会成本与私人成本之差，使其私人成本与社会成本一致，以制约此类行为。如在生产污染的情况下，政府对污染者征税，税额为对受污染者的损失补偿及治理污染所需要的费用。这样，企业在进行生产决策时就会把污染的成本纳入考虑范围。总之，只要政府采取措施使得私人成本与社会成本相等或私人收益与社会收益相等，就可使资源配置达到最优状态。

案例8-2　　国家设立森林生态效益补偿基金

《中华人民共和国森林法》第七条规定：“国家建立森林生态效益补偿制度，加大公益林保护支持力度，完善重点生态功能区转移支付政策，指导受益地区和森林生态保护地区人民政府通过协商等方式进行生态效益补偿。”

培育森林能显著改善生态环境，对人类的生产、生活条件和环境条件产生有益影响与有利效果，即产生正外部性。森林生态效益补偿基金正是政府对此行为经济主体给予的财政补贴，其资金来源于中央财政和省级财政。

资料来源：国家林业和草原局办公室．政策解读：完善监督保障制度　促进林业可持续发展（新修订森林法系列解读⑦）［N］．中国绿色时报，2020-01-16（1）．

（三）合并企业

合并企业是指将施加和接受外部影响的经济单位重组为一个经济单位。当一个企业的生产影响到另一个企业时，如果这种影响是正外部性，则施加影响的企业生产水平低于社会最优水平；如果这种影响是负外部性，则施加影响的企业生产水平高于社会最优水平。当这两个企业合并为一个企业时，外部影响消失，即被“内部化”，其产量等于社会最优产量。在企业合并后不产生负外部性的情况下，政府可以出台相应的规章制度允许和鼓励其合并。当然这种合并是有局限性的，适用于外部影响是小范围的情况。此外，合并后企业规模变大，业务内容复杂化，组织管理成本相应提高，故只有在因合并所带来的收益高于因合并而增加的组织管理成本时，人们才会选择这种方式。

（四）界定产权

产权是通过法律界定和维护人们对财产的权利。产权不明确是导致外部性的根本原因。科斯认为，政府只需界定并保护产权就可以了，并非一定要用干预的方法来试图消除私人收益与社会收益或私人成本与社会成本之间的差异。只要产权是明确的，并可以自由交易或协商，且交易成本为零，那么无论初始产权怎样界定，市场机制都能使资源实现合理配置。这就是著名的科斯定理。

任务二 公海的灯塔谁来管？——公共物品

学习目标

思政目标：增强社会责任意识，帮助学生树立正确的价值导向。

知识目标：了解公共物品的特点、分类以及公共物品的供给。

技能目标：能够理论联系实际，正确理解公共物品与私人物品的区别，逐步养成独立思考、创新思维的习惯。

导入案例

灯塔是船只安全航行的一种必要设施。一般航海发达的国家，其灯塔制度也发展得比较早。作为早期的海上强国之一，英国的灯塔制度是开展最早、最完善的。早期的英国，灯塔设施的建造与别的产品一样，是由私人提供的。为了满足航海者对灯塔的需要，一些临海人家出钱建设了灯塔，然后根据过往船只的大小和次数向船只收费，以此作为维护灯塔设施的日常开支（维护灯塔的费用和人员费用），并获取投资收益。

建造灯塔的人后来发现，有些船只总是想方设法逃避缴纳灯塔使用费。这些船只或者绕过收费站逃避付费，或者干脆就宣称没有享用灯塔的服务，拒绝交费。这种现象扩散开来，自觉交费的船只越来越少，以至于灯塔经营者入不敷出。

于是，灯塔经营者专门建立了一支队伍，配备了专门的装备来监督和核查过往船只的交费情况。这样一来，虽然灯塔的收入有所增加，但支出增加了，灯塔经营者还是入不敷出。经营者被迫再次提高收费，然而收费的提高促使更多船只试图逃避付费，而雇用更多人员监督收费又会使成本进一步上升。如此这般，私人灯塔制度终于维持不下去了，没人愿意再出钱建立灯塔。

但是灯塔对于船只平安航行的必要性并未改变，航海者还是需要灯塔。最后，只能由英国临海的各地方政府出资兴建和维护灯塔的运营。政府经营的灯塔起初一切如常，但时间一长，人们发现，作为公共物品的灯塔总是维护不善，管理不良，风吹日晒也没人及时维护，设备损坏的频率比私人经营时高得多。有些灯塔常年失修，有些只能勉强使用（无独有偶，公共的街灯也比私人灯具损坏快得多，不是被风刮断，就是被人损坏，坏了也没人及时修理）。虽然过往船只不用再额外交费，不用再专门雇人来维持收费，似乎是节约了社会资源，但是由于经常损坏，实际上政府花在灯塔上的钱比私人经营时的本钱（包括雇人的费用）还要多。

资料来源：张建伟．经济学基础［M］．2版．北京：人民邮电出版社，2015.

任务思考

为什么灯塔这种产品最后必须由政府来提供，而大多数一般的产品譬如汽车都可以由私人企业提供呢？

知识研学

微课8-2

公共物品

社会经济中的产品可分为私人物品与公共物品。私人物品是指在市场上自由流通的普通商品和劳务，如人们日常生活中的各种个人用品等。私人物品具有竞争性和排他性两个特点。所谓竞争性，是指如果某人已经消费了某物品，则其他人就不能再消费该物品；所谓排他性，是指对某物品支付费用的人才能消费该物品，不付费就不能消费，从而把不能够或不愿意支付相应费用的人排除在对该物品的消费之外。竞争性和排他性是市场机制正常运行的必备条件，公共物品因其非竞争性和非排他性而导致市场失灵。

一、什么是公共物品

公共物品是指在消费和使用上不具有竞争性和排他性的物品，如国防、司法、道路、环境保护、气象预报等。

（一）公共物品的特点

公共物品具有非竞争性和非排他性两个特点。

1.非竞争性

非竞争性是指某人对某一物品的消费并不影响其他人对该物品的消费。如国防，一个居民享受国防的服务并不影响其他居民同时享受国防服务的权利。

当公共物品向人们提供服务时，在不拥挤的条件下，多一人享用，不会因此而增加生产成本，少一人享用，也不会因此而节省生产成本，其边际成本为零。这意味着如果公共物品按边际成本定价，公共物品的价格为零。私人提供公共物品无利可图，因而私人不愿意提供公共物品，公共物品只能由政府提供。

2.非排他性

非排他性是指任何个人不论是否支付费用，都能享受某物品。付费者不能把不能够或不愿意支付相应费用的人排除在对该物品的消费之外。如国防服务，一国所有民众，人人都能平等享受该国的国防服务，不能把未付费者排除在外。如果把公民所承担的税负算作国防服务的价格，实际上就意味着有些人支付了高价，有些人支付了低价甚至不支付，因为不同人的税负是有差别的。但不管是否纳税、纳税多少，每个人都可以享受平等的国防服务。

公共物品的非排他性意味着公共物品一旦被生产出来，每个消费者不必支付任何费用就可获得消费权利。私人因收益不能弥补生产成本而不会提供公共物品。

案例8-3　基础理论知识是公共物品

在评价有关知识创造的适当政策时，需要区分一般性知识与特殊的技术知识。基础理论知识是一般性知识，是公共物品，没有排他性，可供任何人免费使用。如数学家证明了一个新定理，该定理便成为人类知识宝库的一部分，数学家不能为定理申请专利。而特殊的技术知识，如一种高效电池的发明则可以申请专利，专利制度使特殊的技术知识具有排他性，发明者因此得到了收益。

公共物品的非竞争性和非排他性，使得任何购买公共物品的人都不可能因付费购买而独占该物品所带来的全部效用或益处，决定了人们不用付费购买仍可以进行消费，导致市场机制失灵。这种不付费购买就可以消费的现象，称为搭便车，或免费乘车。

资料来源：邓先娥，汪芳．经济学基础［M］．3版．北京：人民邮电出版社，2019.

小思考8-2

在现实生活中遇到过哪些“搭便车”现象？请列举。

（二）公共物品的分类

根据非竞争性和非排他性的程度，可将公共物品划分为纯公共物品和准公共物品。

纯公共物品是指同时具有非竞争性和非排他性的物品。其主要特点是具有广泛的外部性，无拥挤性和选择性，通过纳税间接购买与被动消费，用金钱买不到，只能由政府提供等，如国防、外交、法律等。

准公共物品是介于私人物品和纯公共物品之间的物品，包括自然垄断物品和共有物品。自然垄断物品是指具有非竞争性和排他性的物品。自然垄断物品通过收费实现排他性使用，如高速公路、电话通信、供电等。共有物品是指具有非排他性和竞争性的物品。共有物品无法通过收费的方式禁止他人使用，因为收费的成本过于高昂，但免费导致的过度使用会使资源趋于枯竭，从而增加社会成本，如地下水资源、森林、灌溉渠道、免费公路和桥梁等。准公共物品具有一定的外部性和拥挤性，部分准公共物品可以用金钱买到，可以由政府和私人提供。

在现实中，纯公共物品并不多见，大量存在的是准公共物品，并且两者在一定条件下可以相互转化。如电视节目具有非竞争性和非排他性，是纯公共物品，但是通过有线频道可以做到排他性使用，由此转化为可收费的准公共物品。

二、公共物品的供给

由于公共物品具有非排他性和非竞争性的特点，因而无法通过竞争性市场来确定其适当的供给量。通常情况下，公共物品只能由政府提供。

（一）公共物品的公共选择

在发达国家，政府通过投票方式来确定公共物品的供给量。就像在市场上人们通过支付价格来表示自己对某种私人物品的偏好一样，人们通过投票来表示自己对公共物品的偏好，这种根据人们的投票结果来做出决策的行为，称为公共选择。选民通过投票对某一公共物品进行选择时，首先要确立投票的规则，现代公共选择理论所提出的主要投票规则有以下几种：

1.一致同意规则

一致同意规则是指一个集体行动方案只有在全体投票人赞成的情况下才能通过的规则。在此规则下，每个参与者都对集体行动方案具有否决权。按此规则通过的方案不会使任何一个人的福利受损失，也不会使社会福利受损失，能满足全体投票人的偏好，因此是最优方案。但是，这一规则具有两个缺点：第一，决策成本过高。提案要一致同意，必然要消耗大量的人力、财力和时间。第二，为使方案一致通过，一些投票人有可能遭到威胁恐吓，被迫投赞成票，不能真实表达偏好与愿望。

2.多数规则

多数规则是指一个集体行动方案只需经过半数以上投票人赞成就能通过的规则。多数规则分为简单多数规则和比例多数规则。简单多数规则规定，赞成票过半数，提案就算通过。多数规则的缺点是：第一，忽略少数派的利益，把由多数派赞成通过的协议强加给少数派；第二，可能出现“收买选票”现象，使投票结果被利益集团所操纵；第三，多数规则下，最终的集体选择结果可能不是唯一的。

3.加权规则

一个集体行动方案对不同参与者的重要性不同，可以按重要性给不同的参与者分配选举的票数。重要的，拥有的票数较多，反之则较少。加权规则是指按实际得到的赞成票数（而非人数）的多少来决定集体行动方案，得到赞成票数最多的方案获得通过的规则。

4.否决规则

否决规则是指让每个参加对集体行动方案投票的成员提出自己认可的行动方案，汇总之后，再让每个成员从中否决自己所反对的那些方案，最后剩下的未被否决的方案即为集体选择结果。如果剩下的方案不止一个，则可用前述其他投票规则进行最终抉择。

（二）公共物品的提供方式

公共物品由政府提供并不等于全部的公共物品都由政府来直接生产。一些公共物品可以由政府直接生产；一些公共物品则可引入竞争机制，让私人部门参与公共物品生产，此为政府间接生产。

纯公共物品和自然垄断性很高的准公共物品通常采取政府直接生产的方式来提供，如造币厂和中央银行由中央政府直接经营，电力、自来水、铁路、邮政服务等在一些国家也由中央政府直接经营，地方政府直接经营的公共物品主要有司法、消防、医院、自然资源保护等。

政府的各个部门都是某些特殊服务的垄断供给者，由于缺乏竞争，政府部门的效率一般都比较低下。引入竞争机制，让私人部门参与公共物品的提供，无疑是提高政府部门效率的主要途径。政府间接生产公共物品主要有以下几种方式：

1.签订合同

政府与私人企业签订公共物品的生产合同是发达国家普遍采用的方式，适用于具有规模经济效益的自然垄断性行业，如各类基础设施和公共服务行业。政府通常采取公开招标的方式选择私人企业，并借助投标者的竞争把价格控制在合理水平。在许多国家，政府允许私人投资建设基础设施，并通过若干年特许经营收回投资后，将基础设施转让给政府。

2.授权经营

授权经营是指政府将公共物品的经营权授予私人企业。这种方式使私人企业获得了一定的垄断地位，适用于外部性显著的公共物品，如自来水供应、电话、供电、电视广播等。

3.经济资助

经济资助是指政府给予民营公共物品补贴、优惠贷款、无偿赠予、减免税收等。这种方式适用于那些营利性不高或只有在未来才能盈利且风险大的公共物品，如高精尖技术的基础研究、应用技术的超前研究、教育等。

4.政府参股

政府参股分为政府控股和政府入股。政府控股主要针对那些具有举足轻重地位的项目。政府入股主要是指政府向私人企业提供资本和分散私人投资风险。这种方式适用于初始投入大的基础设施项目，如发电站、机场、港口、高速公路、桥梁等。

5.法律保护

政府运用法律手段鼓励并保护私人企业参与公共物品生产。只要遵守宪法和有关法律法规，发达国家的许多公共领域均允许私人企业进入，如医院、教育、慈善事业等。

任务三　探究骗保问题的原因
——非对称信息

学习目标

思政目标：强化诚信意识，培养守信精神，做到言行合一。

知识目标：信息不对称会导致市场失灵，了解常见的失灵情形。

技能目标：能初步运用所需理论分析现实经济中的市场失灵现象并提出应对策略。

导入案例

工伤保险是我国社会保险制度体系的重要组成部分，是一种特殊的人身赔偿。我国工伤保险制度虽起步较晚，但近年来蓬勃发展，参保人数逐年递增，工伤保险基金累积也不断扩大。截至2021年年底，全国工伤保险参保人数达到28 287万人；全年工伤保险基金收入952亿元，基金支出990亿元。随着我国工伤保险制度的推进，工伤保险基金的不断增加也让部分人看到了“机会”，工伤保险骗保行为层出不穷，其中劳动者群体的骗保行为更是屡见不鲜。

骗保行为一般指劳动者在工伤保险的实施过程中出于自利性而采取故意隐瞒、弄虚作假等不法行为获取非法利益，进而有可能让其他工伤保险参与主体的合法权益受到损害的行为。工伤保险骗保分为“事前”骗保和“事后”骗保两类。“事前”为工伤认定之前，“事前”骗保指劳动者可能采取“假工伤”的方法来进行工伤保险骗保，骗取工伤保险基金以及用人单位的相应补偿。“事后”为工伤认定之后，“事后”骗保指劳动者在工伤后已经康复，即丧失享受待遇的条件，却仍然带薪留职，不回到工作岗位来进行工伤保险骗保。

这些骗保行为都造成了工伤保险基金的浪费，损害了参保者的利益，严重阻碍了工伤保险社会保障职能的发挥，已成为工伤保险领域亟待解决的问题。

资料来源：骆国红．虚构事实骗取工伤保险属社保欺诈行为［N］．惠州日报，2022-10-14（A4）．

任务思考

劳动者工伤保险骗保行为产生的原因是什么？

知识研学

市场交易双方对交易产品具有充分的信息即完全信息是完全竞争市场的一个重要假定，然而在现实经济活动中，人们对信息的掌握是不完全的，而这种不完全往往表现为信息不对称。

一、信息不对称与市场失灵

信息不对称是指市场上买卖双方所掌握的信息是不对称的，即一方掌握的信息多些，另一方掌握的信息少些。比如，通常所说的“买的不如卖的精”，说的就是卖方知道的情况比买方知道的情况多。

信息不对称包括两种情况：有些市场卖方所掌握的信息多于买方，商品市场和要素市场上都存在这种情况；有些市场买方所掌握的信息多于卖方，保险与信用市场上存在这种情况。

在信息不对称条件下，如果卖方知道的信息多于买方知道的信息，降低商品和生产要素价格不一定能刺激消费者对该商品的需求；如果卖方知道的信息少于买方知道的信息，提高商品和生产要素价格不一定能刺激生产者的供给，这就是市场失灵（即价格无法有效地调节供给和需求）。

需要说明的是，信息的不对称不仅是因为人们常常限于认识能力，不可能知道在任何时候、任何地方发生的或将要发生的任何情况，更重要的是因为行为主体为充分了解信息所花费的成本实在太大，不允许其去掌握完全的信息。

案例8-4 诚信经营“擦亮”百年老字号

“人以食为天”，一座城市的文化离不开其生活的食俗文化，而餐饮“老字号”是一个不容缺失的环节。“老字号”不仅能够见证一座城市生活演绎发展的历史，也能折射出这座城市食俗文化的内涵和价值。

回望北京“老字号”发展历史，近百年来诞生在北京这片土地上的餐饮店铺数以万计，为何有的昙花一现付之东流，而六必居、全聚德、东来顺、稻香村等百年老店至今还呈现出生机与活力呢？其实，餐饮老店的兴与亡，除了一些特殊原因外，其传承下来的根本不是食用价值，而是它凸显出来的文化价值，这种价值其实是一种精神的传承。

分析这些老店会发现一个共同点，就是它们延续着儒家思想的“诚信”血脉。孔子的《论语》里讲，“言必信，行必果”“人而无信，不知其可也”。而《孟子·离娄章句上：第十二节》也讲过，“诚者，天之道也；思诚者，人之道也”。

由山西临汾人赵存仁、赵存义、赵存礼兄弟始建于明朝嘉靖九年（即公元1530年）的六必居，在490多年历史进程中，尽管历经沧桑，始终恪守建店伊始的“忠义信业为本”的源文化，遵循“黍稻必齐、曲蘖必实、湛之必洁、陶瓷必良、火候必得、水泉必香”的“六必”古训，厚德务实、薪火相传，一步步不断发展壮大，而今已成长为全国调味品领域响当当的知名品牌企业。六必居酱菜制作技艺成功入围国家级非物质文化遗产保护名录。

如果走进全聚德展馆里，则会发现有面镌刻100个“德”字的背景墙。那100个“德”皆选自历代书法家名帖，有甲骨文、金文、行草隶篆等。“德立天下”，也正是百“德”墙上这些形态各异的“德”字承载着全聚德，从一个不起眼儿的小炉铺发展成为如今的中国全聚德集团。

公元1864年，当河北冀州人杨全仁创建了“全聚德”字号时，就确立要“聚拢德行”经商原则。“进好鸭、烤好鸭、卖好鸭”，老店货真价实、诚实交易、童叟无欺。老店选人、用人、育人，均以“进德修业、称德度功”为标准，从而技艺传承永续。老店堂、柜、厨乃至杂役等，均要以礼修德，待人待客笑脸迎送、好言应诺，尽心服务，授人以德，回报顾客光顾。建店初始，尽管京城经营焖炉烤鸭的店铺已有十几家，但经过精湛的技艺和修德兴业的经营理念，很快赢得了顾客青睐，享誉京城。

而今全聚德，已经成为北京食俗文化的重要组成部分，不仅发展成为拥有近万名员工闻名世界的餐饮集团，而且响当当的“不到长城非好汉，不吃全聚德烤鸭真遗憾”的俗语使其家喻户晓。

公元1903年，河北沧州人丁德山来到东安市场北门，摆起一个“东来顺粥摊”，专卖清真小吃豆汁、扒糕等。随着生意越来越红火，结识了太监魏延。1912年，东安市场失火，东来顺粥棚被焚，魏太监出银帮丁德山盖起有3间瓦房的“东来顺羊肉馆”。因丁德山出身贫寒，开业后不失勤俭本色，坚持诚信为本，讲求货真价实。开始只做些羊汤、杂碎，后来把“涮羊肉”引进店堂，没几年，东来顺的涮羊肉便与当时闻名京城的“正阳楼”齐名。到20世纪20年代，东来顺进行菜品改良，一跃而成为京城涮羊肉之冠，形成了集爆、烤、炒、涮于一体的清真系列菜肴，在川、鲁、湘、粤菜系林立的京城，独树一帜，成为北京著名的“老字号”。而今“百年诚信东来顺，清真一品冠京城”，为东来顺赢得了光荣与商誉。

其实，在今日幸存的百年餐饮“老字号”里，无不传承着“以德立店、诚信兴商”价值理念。

公元1895年，金陵人郭玉生落户前门观音寺，创立北京稻香村，坚守“诚信做人，认真做事”。在京城薪火相传悠悠百年，他们知道诚信是一种责任，更是北京稻香村人百年发展中积累起来的品牌美誉度。正是凭借这种精神，北京稻香村在传统和现代两本巨卷中不断吸取精华，创新发展，承担责任。

北京“老字号”延续诚信血脉，让食俗文化的价值能够继续远扬。公元1887年，徽州商人吴裕泰千里迢迢进京，创立京城吴裕泰茶行，秉守“孝悌忠信，礼义廉耻”信诺，店规清明、家风端正、童叟无欺，“采之惟恐不尽，制之惟恐不精”，成为茶行流传下来的经商之道。而今吴裕泰这块金字招牌越擦越亮。

“自古徽商名天下。”安徽举人王致和始创于清康熙八年（公元1669年）的“王致和南酱园”，以臭豆腐为主，兼营酱菜。传承“诚信经营”的理念，历经350多年，王致和臭豆腐美名远扬，赢得盆满钵满。而今作为北京二商集团具有独立法人资格的国有企业，“王致和腐乳酿造技艺”被正式列入国家级非物质文化遗产保护名录。

无论历史或今天，诚信是最为可贵的品质。唯有追求诚信，才能够赢得顾客青睐，从而实现从历史到现代文化价值的传承。从这些传承下来的北京“老字号”餐饮店，我们可以看到，人为万物之灵，以德立世，厚德方能载物的活生生的例子。

资料来源：京彩台湾（北京市人民政府台湾事务办公室）. 那些以诚信经商传承下来的北京“老字号”［EB/OL］.［2021-08-19］. https：//baijiahao.baidu.com/s?id=1708532089254295105&wfr=spider&for=pc.

信息不对称会导致市场失灵，而常见的失灵情形有逆向选择和道德风险问题。

二、逆向选择及防止

逆向选择是指在买卖双方信息不对称的情况下，差的商品总是将好的商品驱逐出市场。

当交易中的一方对交易可能出现的风险状态比另一方知道得更多时，便会产生逆向选择问题。由于市场上好坏商品均存在，消费者又无法得知到底哪个是好产品，哪个是坏产品，于是消费者对高价产品产生普遍不信任，不愿意出高价买好产品，而好产品又不愿意降价出售，此时坏产品很容易卖出，于是出现次品充斥市场。

小思考 8-3

为什么现实生活中存在假冒伪劣产品并且屡禁不止？

如何克服逆向选择？非对称信息在许多领域存在，但并不一定都产生逆向选择问题，产生逆向选择也不一定都需要进行行政干预，可以通过有效的制度安排和有力措施加以排除。

三、委托代理制

经济不断发展引起所有权和经营权的分离，使厂商内部各经济行为主体之间产生目标差异，不把追求利润最大化作为目标，于是产生委托代理问题。委托代理关系涉及代理人道德风险。

信息不对称，使经营者拥有所有者不掌握的信息，并用损害所有者利益的方式来追求经营者利益。由于信息不确定，所有者无法全面通过企业绩效考核经营者行为。

由于信息不完全，所有者委托代理者的契约也往往是不全面的，会产生一些纠纷，于是产生所有者和经营者的委托代理问题。

由于信息不对称，企业经营者无法选择合适的劳动者和解决合理激励问题。

解决委托代理问题不能通过政府干预，因为政府和企业所有者一样无法对经营者与工人进行观察和监督。可从企业外部规范竞争和内部增强约束角度采取一些措施加以解决，如经理市场的建立、企业间的收购和并购以及董事会的监督、股东抛出股票的威胁等。要想从根本上解决委托代理问题应该在支付代理人报酬上做文章，如企业所有者对经理可采取根据企业盈利情况发奖金或者让经理参加固定的利润分享等。

四、信息不对称的应对思路

信息不对称直接影响人们做出正确的决策，导致市场机制失灵。政府在信息不对称问题方面的作为主要表现为提高市场透明度，使消费者和生产者能够得到充分与正确的市场信息，以便其能做出正确的选择。

（一）加强管理

建立健全有关信息披露方面的法规，如药品成分、主治功能与不良反应信息披露，服装布料成分披露，上市公司财务报告披露等；加强产品和服务质量的标准化建设，颁布相关的质量标准；培育公正、规范的中介机构；倡导诚信和社会责任感等。

（二）加强宣传和信息基础化建设

加强相关法规的宣传工作，加强信息基础建设和网络建设，建设以数据共享为目的的集成数据环境，如建立个人征信系统，提供并及时更新合法企业基本信息，及时公布违规企业及产品等。目前中国人民银行征信中心已开通互联网个人信用信息服务平台、动产融资统一登记平台、应收账款融资服务平台等，提供以企业和个人信用报告为核心的征信产品体系，有效地降低了因信息不对称而导致的金融风险问题。

案例 8-5　　透明车间

2003 年前，许多汽车修理厂不允许车主入内参观检测维修。随着车主在这方面的投诉越来越多及汽车市场竞争加剧，车商们意识到问题的重要性，于是透明车间应运而生。透明车间很好地满足了车主“我想看见和了解我的车维修全过程”的需求。如今，在汽车服务行业，透明车间大行其道。

以奥迪服务透明车间为例。奥迪服务透明车间系统提供可视化输出，借助透明车间系统，服务顾问能通过计算机实时查看到车辆的维修状态信息以及工位使用情况，从而大大提高了处理客户需求的效率。在整个维修过程中，客户可以通过休息区的电子看板了解自己车辆的维修状态，还可以通过遥控器直接查看车间工位的视频，关注车辆的维修进程。维修完成时，电子看板还将弹出提示取车的字幕以及语音提示，实现维修的透明化。

透明车间在餐饮业也很流行，被人们称为阳光厨房。根据餐饮单位业态的不同，分别采取玻璃幕墙或视频直播的方式，让消费者实时直观地看到切配间、烹饪间、凉菜间、餐具清洗间等重点区域硬件条件和现场操作，从而吃得安全、吃得放心。

资料来源：邓先娥，汪芳．经济学基础［M］．3 版．北京：人民邮电出版社，2019.

思考与训练

一、主要概念

外部经济 外部不经济 科斯定理 公共物品的特点 公共物品的分类 信息不对称 逆向选择 委托代理制

二、单项选择题

1.某一经济活动存在负外部性是指该活动的（ ）。

A.私人成本小于社会成本　　B.私人成本大于社会成本

C.私人利益小于社会利益　　D.私人利益等于社会利益

2.为了使负外部性内在化，适当的公共政策的反应将是（ ）。

A.禁止所有引起负外部性的物品的生产

B.政府控制引起负外部性的物品的生产

C.补贴这种物品

D.对这种物品征税

3.如果一个人消费一种物品减少了其他人对该物品的使用，可以说这种物品是（ ）。

A.公有资源　　B.自然垄断物品

C.竞争性的　　D.排他性的

4.下列物品中，（ ）是公共物品。

A.食品　　B.小轿车　　C.义务教育　　D.护肤品

5.如果卖方知道更多关于商品的信息，这种情况属于（ ）问题。

A.正外部性　　B.负外部性　　C.信息不对称　　D.垄断

6.某一经济活动存在外部不经济是指该活动的（ ）。

A.私人成本大于社会成本　　B.私人成本小于社会成本

C.私人利益等于社会利益　　D.私人利益小于社会利益

7.科斯定理指的是（ ）。

A.若交易成本为零，则只要财产权明确，市场交易的结果都是有效率的

B.若交易成本为零，财产权明确与否并不影响市场交易的效率

C.只有当交易成本为零时，市场交易才是有效率的

D.以上各项都对

8.具有有限的非竞争性和非排他性的物品是（ ）。

A.私人物品　　B.纯公共物品　　C.准公共物品　　D.公共物品

9.以下属于纯公共物品的是（ ）。

A.国防　　B.红绿灯　　C.海洋鱼类　　D.有线电视

10.公共物品的特点决定了其主要提供者为（ ）。

A.企业　　B.私人部门　　C.政府　　D.个人

11.私人市场难以提供公共物品是由于（ ）。

A.公共物品不具有排他性　　B.公共物品不具有竞争性

C.消费者可以“免费搭车”　　　　　D.以上三种情况都是

12.由于公共物品存在消费上的非排他性，理性的个人倾向于他人付费，而自己坐享其成，这就是（　　）。

A.外部不经济　　B.外部经济　　C.免费搭车　　D.逆向选择

三、简答题

1.市场制度为什么无法有效地保证公共物品的供给？政府能够有效地供给公共物品吗？

2.什么是公共物品？公共物品有哪些特性？

3.什么是信息不对称？政府如何消除信息不对称的危害？

4.什么是负外部效应？以环境污染为例说明政府对负外部效应的治理措施。

项目九

GDP是衡量经济福利的好指标吗？——开启宏观之门

导　读

一对夫妻留在家中打扫卫生、做饭，无偿的家务劳动不被列入GDP的统计之内。假如这对夫妻外出工作，另外雇人做清洁和烹饪工作，那么这对夫妻和佣人的经济活动都会被计入GDP。如果一名男士雇用一名保姆，保姆的工资计入GDP。如果两情相悦，后来这名男士和保姆结婚，原来的保姆以家庭主妇的身份做家务劳动，不再需要发工资，GDP就会减少。天灾人祸和灾后重建可以让GDP增长；在国家城镇化的过程中，大中小型城市不断修路建桥盖大厦，会带动GDP的增长；由于工程质量的问题、城市统筹规划的问题，好多建筑要拆除或翻修，马路管道重新挖坑填坑，也会带动GDP的增长。

资料来源：魏茨察克，洛文斯 B，洛文斯 L．四倍跃进［M］．北京大学环境工程研究所，北大绿色科技公司，译．北京：中华工商联合出版社，2001.

思考：通过阅读上面的资料，为大家打开了一扇了解GDP的大门。如何核算GDP？什么情况下增加，什么情况下减少？GDP可以真实反映一个国家的经济增长吗？带着疑问，我们进入项目九的学习。

任务一　理性看待GDP——国内生产总值

学习目标

思政目标：运用全面发展的思维来思考问题，遇事不可急功近利，必须具备踏实认真的做事态度，学会盯住大目标，统筹多方面因素，局部利益必须服从整体利益。

知识目标：理解并掌握国内生产总值、国内生产总值与国民总收入的关系。

技能目标：掌握国内生产总值的计算方法、国内生产总值核算的局限性。

导入案例

美国著名的经济学家保罗·萨缪尔森说：“GDP是20世纪最伟大的发明之一。

仿佛卫星能探知整个大陆的天气一般，GDP也可以显示一国的经济全貌。”没有GDP的发现，我们无法进行国与国之间经济实力的比较，贫穷与富裕的比较；无法知道一个国家GDP总量在全世界的排名；无法知道一个国家人均GDP的数量；也无法知道一个国家经济增长速度是快还是慢，是需要刺激还是需要控制。GDP就像一把尺子、一面镜子，是衡量一国经济发展和人民生活富裕程度的重要指标。表9-1是2021年世界前十经济体的GDP排名。

表9-1　2021年世界前十经济体的GDP排名　单位：万亿美元

排名	国家	2021年全年GDP	排名	国家	2021年全年GDP
1	美国	23.04	6	印度	3.08
2	中国	17.73	7	法国	2.94
3	日本	4.93	8	意大利	2.11
4	德国	4.22	9	加拿大	1.99
5	英国	3.19	10	韩国	1.80

资料来源：佚名．2021年国家GDP排名［EB/OL］．［2023-09-11］．https：//www.cadforex.com/gdp/95496.html.

任务思考

从GDP的数值看，我国已经成为世界第二大经济体，取得的成绩是举世瞩目的。请大家认真思考，GDP的总量指标能否真实反映一个国家的经济发展水平？带着这个问题，进入任务一的学习。

知识研学

一、国内生产总值的概念

国内生产总值（GDP）是指经济社会（某一国家或某一地区）在一定时期内（通常为一年）生产的全部最终产品（产品和劳务）的市场价值总和。最终产品是在一定时期内生产的并由其最后使用者购买的产品和劳务。中间产品则指用于生产其他产品的产品。

案例9-1

一件上衣从开始生产到消费者最终使用一般经过5个阶段，即棉花种植、纺纱、织布、制衣、销售衣服。各阶段的中间产品成本、产品价值及价值增值情况见表9-2。

表 9-2　各阶段的中间产品成本、产品价值与增值表　单位：元

阶段	中间产品成本	产品价值	价值增值
棉花种植	—	20	20
纺纱	20	30	10
织布	30	40	10
制衣	40	80	40
销售衣服	80	100	20
合计	170	270	100

在本案例中，只有最终销售出去的衣服才是最终产品，衣服的产值100元应计入国内生产总值。而其他产品形态，包括棉花、棉纱、棉布和制衣厂的成衣都属于中间产品，都不可以计入国内生产总值，否则会导致大量的重复计算。

二、国内生产总值的核算方法

根据GDP的定义，只要将某一经济社会在一定时期内生产的全部最终产品的市场价值加总就可以得到GDP总值。但是现实中这种计算方法无法实现，一方面无法确定最终产品，另一方面面对为数繁多的最终产品将其数量乘以各自价格并且加总，缺乏实际操作性。为此，我们可以通过核算整个经济社会在一定时期内购买的最终产品的总和，即支出法计算；也可以通过核算整个经济社会在一定时期内获得的收入，即收入法计算。

（一）支出法

支出法也叫最终产品法，是指从产品使用的角度出发，把一定时期内购买各项最终产品的支出加总，计算出该时期生产出的最终产品的市场价值总和的核算方法，具体包括消费支出、投资支出、政府购买支出、净出口4方面内容。

消费支出（C）指家庭部门用于产品与劳务的支出，包括购买非耐用消费品、耐用消费品及劳务的支出，如食品、衣物、医疗、旅游、电视机、汽车等。

投资支出（I）是指企业增加或变更资本资产（包括建造和购买厂房、住宅、机械设备及存货）的支出。

需要注意的是：

第一，厂房和机械设备在生产过程中逐步消耗，这种消耗通过计提折旧的形式在最终产品中体现出来，需要计入GDP。

第二，住宅支出不计入消费支出而计入投资支出是因为住宅被长期使用，并以折旧的形式慢慢消耗。

第三，存货投资是企业年终存货价值与年初存货价值的差额，可以是正值也可以是负值。

政府购买支出（G）是指各级政府购买产品和劳务的支出总和，比如政府修建道路、开办学校、提供国防、设立法院等方面的支出。

政府购买支出并不是政府支出的全部，政府支出还包括转移支付、公债利息支出等，这些不计入GDP。因为转移支付仅仅是收入从一些人或组织转移到另外一些人或组织，并没有相应的产品和劳务的交换发生。

净出口是出口（X）与进口（M）的差额（X-M）。用支出法计算国内生产总值时，进口应从本国总支出中减去，因为这部分支出购买的不是本国生产的产品，它表示收入流到了国外；出口则应当加入到本国总支出中，因为出口产品是国际市场对本国产品的购买，表示收入从国外流入。净出口计入国内生产总值，净出口可以是正值也可以是负值。

支出法核算GDP的公式可以表述为：

GDP=C+I+G+（X-M）

（二）收入法

收入法也称要素支付法，是指把生产过程中各种要素所得到的收入加起来计算国民收入的核算方法。用收入法核算的GDP涵盖以下内容：

1.工资、利息和租金等生产要素的报酬

工资指所有工作的酬金、津贴和福利费，也包含工资收入者必须缴纳的所得税及社会保险税。利息指人们提供给企业的货币资金获得的利息收入，不包括政府公债利息及消费信贷利息。租金包括出租土地、房屋等所获得的收入，专利、版权等获得的收入。

2.非公司业主收入

非公司业主收入是农民、律师、医生及店铺所有者利用自有资产、专业技能获得的工资、利息、利润、租金等收入总和。

3.公司税前利润

公司税前利润包括公司所得税、社会保险税、股东红利及公司未分配利润等。

4.企业转移支付及企业间接税

企业转移支付通常是指企业对非营利组织的赠款或捐款，以及非企业雇员的人身伤害赔偿等。企业间接税是由企业缴纳，附加在产品成本包含在产品价格之中，最终由消费者承担的税费。

5.资本折旧

资本折旧是指固定资产使用寿命内，在使用过程中，因损耗逐渐转移到新产品中去的那部分价值补偿。

收入法核算GDP的公式可以表述为：

GDP=工资+利息+租金+非公司业主收入+公司税前利润+企业间接税+企业转移支付+资本折旧

三、国内生产总值与国民总收入

国内生产总值（GDP）与国民总收入（GNI）是两个既有联系又有区别的指标。

这两个指标都是核算社会生产成果和反映宏观经济的总量指标。

国内生产总值是反映一个国家（或地区）范围内所有常住单位在一定时期内生产活动最终成果的指标。常住单位是指在一国经济领土上具有经济利益中心的经济单位，需要满足以下三个条件：一是在一国的经济领土范围内具有一定的场所（住房、厂房或其他建筑物）；二是从事一定规模的经济活动（如生产、消费）；三是超过一定时期（一般以一年为标准）。它具体包括个人、住户、企业、政府及事业单位等社会实体。国内生产总值在价值形态上等于国民经济各部门生产的增加值之和。

国民总收入，原称国民生产总值，是指一个国家（或地区）范围内的所有常住单位，在一定时期内实际收到的原始收入（指劳动者报酬、生产税净额、固定资产折旧和营业盈余等）价值总和。本国常住者通过在国外投资或到国外工作所获得的收入（称之为从国外得到的要素收入），应计入本国的国民总收入；而非本国国民在本国领土范围内的投资或工作所获得的收入（称之为支付给国外的要素收入），则不应计入本国的国民总收入。因此，国民总收入可用国内生产总值加上本国常住单位从国外得到的净要素收入（从国外得到的要素收入-支付给国外的要素收入）表示。更直观地讲，国民总收入等于国内生产总值加上从国外获得的劳动报酬、投资收益（包括红利、股息和利息等）的净额。国民总收入可以用公式表示为：

国民总收入=国内生产总值+国外净要素收入

需要注意：

第一，国内生产总值与国民总收入之间的主要区别，前者强调的是创造的增加值，是“生产”的概念，后者强调的是获得的原始收入，强调的是“收入”的概念。

第二，国民总收入与国内生产总值二者数额相差不大。如果某国在国外有大量投资和大批劳工的话，则该国的国民总收入往往会大于国内生产总值。

四、GDP核算的局限性

微课9-1

GDP核算的局限性

GDP的高低成为反映一个国家（或地区）经济实力、财富和福利的标志。各国GDP在世界上的排名位置是大家非常关注的事情。我们从GDP的核算方法中能够看出，GDP作为一个国家（或地区）宏观经济总体规模、经济发展水平的重要指标，存在一定的局限性。

案例9-2

在高速公路上，两辆汽车静静驶过，一切平安无事，对GDP的贡献为零。但是，前面一辆车的司机由于疏忽，突然将车开向路的另一侧，此车道后面的车连同后面到达的第三辆车，三车追尾相撞造成了一起恶性交通事故。随之而来的救护车、医生、护士，意外事故服务中心的服务、汽车修理、买新车、法律诉讼、亲属探视、损失赔偿、保险代理、修理道路树木等，所有这些都是有偿服务，大多数参与方没有因此而很好提高生活水平，甚至有的人还蒙受了巨大损失，但是不得不承认GDP依然在增加。

资料来源：魏茨察克，洛文斯 B，洛文斯 L. 四倍跃进［M］. 北京大学环境工程研究所，北大绿色科技公司，译. 北京：中华工商联合出版社，2001.

小思考9-1

请大家举几个GDP的增加不仅不能带来生活水平的提高反而会给生活带来不利影响的例子。

（一）GDP核算方式的局限性

比如，某年的特大洪涝灾害破坏了某一地区的堤坝、房屋、道路，但是这并不会使这一地区的GDP下降，因为被损坏的资产财富不计入GDP，而重建这一地区的投资要计入GDP，所以GDP不降反而上升了。这样的核算方式并不能准确地反映一个国家（或地区）真实财富的变化。

（二）GDP不能全面反映人们的福利和公平状况

一般而言，人们的福利状况会由于收入的增加而得到改善。伴随GDP的增长，人均GDP也随之增长，这个国家（或地区）的人均生活水平及福利状况将得到提高与改善。但是，由于现实中收入分配的不平等等，GDP的大幅度增长并没有使很多人的收入因此而增加，或者增加得较少，经济社会中所增加的大部分财富转移到了少部分人的手中，GDP的增长没有惠及全体国民。

（三）片面过度追求GDP

在某些地方，GDP成为考核领导干部政绩的主要指标，片面地、过度地追求GDP成为必然现象。由于GDP根据国土原则计算，外资带来的增加值同样计入当地GDP，于是个别地方利用优惠的政策吸引外资，出现“外资留下GDP，带走利润”的尴尬境况。

（四）GDP不能反映经济发展对资源及环境所造成的负面影响

更多关注GDP数值的变化，忽略为了换取“发展”而在自然资源、生态环境方面付出的代价，是不可取的。很多国家（或地区）的GDP是通过自然资源的过度损耗和生态环境的破坏来取得的，如果为了GDP，不顾当地民生、不顾环境承载力，这样获得的GDP是得不偿失的。

考核一个地方的政绩，GDP是一个不可或缺的指标，但是如果地方政府建房、卖地、修路，在固定资产上做文章，忽略了经济的转型、可持续发展和内涵发展，就会付出沉重的代价，历史上有的国家也有过惨痛的教训。“十年树木百年树人”，内涵发展耗费时间比较长、投入比较大、见效还比较慢，可是一个国家、一个地方的文化积淀、人文素质的提高，是可持续发展的基础，厚积而薄发。立德树人是学校教育的根本，又何尝不是一个国家发展的根本。

任务二　增进经济绿色协调可持续发展——绿色GDP

学习目标

思政目标：勤俭节约是我们中华民族的美德，绿色GDP强调了资源和环境的消耗与GDP的关系，节约资源、保护环境必须从我们的日常生活做起，充分理解“绿色”是一个国家可持续发展的基础。

知识目标：掌握绿色GDP的概念、计算方法。

技能目标：理解GDP与绿色GDP的关系，把绿色GDP的理念贯穿于学习生活的方方面面。

导入案例

GDP不能完全反映自然与环境之间的平衡，也不能完全反映经济增长的质量。对于经济的增长我们目前有各种统计数字，也有好多人性化的评价指标。比如：第一，道路更拥挤了，车辆急剧增加；第二，餐饮业、旅游业乃至整个服务业发展极为迅速；第三，城市更漂亮了，也更现代化；第四，女性更年轻、更漂亮，也更时尚；第五，我国举办了好多项国际赛事，特别是2008年奥运会，2022年冬奥会、冬残奥会……没有强大的经济基础这些是无法实现的。从这些指标中我们每个人都可以深切感受我国经济实力的增长，比GDP更有说服力。基于GDP核算的局限性，绿色GDP备受关注。

资料来源：缪代文．微观经济学与宏观经济学［M］．北京：高等教育出版社，2007.

思考：绿色GDP在一定程度上体现了经济增长与自然保护和谐统一的程度。那么，绿色GDP如何更好地表达和反映可持续发展的理念要求？带着这样的问题，进入任务二的学习。

任务思考

你怎么理解绿色GDP？

知识研学

一、绿色GDP的概念

绿色GDP是指一个国家（或地区）在一定时期内考虑了自然资源（主要包括

土地、森林、矿产、水和海洋）与环境因素（包括生态环境、自然环境、人文环境等）影响之后经济活动的最终成果，即将经济活动中所付出的资源耗减成本和环境降级成本从GDP中予以扣除。绿色GDP指标实质上代表了国民经济增长的净的正效应。绿色GDP占GDP的比重越高，表明国民经济增长的正面效应越高，负面效应越低，反之亦然。

案例9-3

我国和发达国家的水平差在哪里？在于GDP低效率、高增长模式。2021年我国万元GDP能耗（也就是每生产1万元的产值消耗能源量）接近0.5吨标准煤，日本和美国等发达国家每生产1万元的产值大概需要消耗不到0.2吨标准煤。目前我国每生产1万元GDP和发达国家相比消耗的能源量太多。我国和发达国家在能耗上存在的很大差距。

效率低下的经济增长模式会给经济带来什么样的危害？

资料来源：郑挺颖，于宝源，陈北斗，等."碳中和"是中国转型的巨大驱动力——专访中国工程院院士、清华大学化学工程系金涌教授［J］. 环境与生活，2021（6）：62-75.

二、绿色GDP的核算方法

微课9-2

绿色GDP的核算方法

人类的经济活动包括两方面：一方面在为社会创造财富，即所谓正面效应；另一方面在以种种形式和手段对社会生产力的发展起着阻碍作用，即所谓负面效应。这种负面效应集中表现在两个方面：其一是无休止地向生态环境索取资源，使资源从绝对量上逐年减少；其二是通过各种生产活动向生态环境排泄废弃物或砍伐森林资源等使生态环境从质量上日益恶化。现行的国民经济核算体系只反映了经济活动的正面效应，没有反映负面效应的影响，是不完整的、有局限性的，不符合可持续发展的战略。

改革现行的国民经济核算体系，对环境资源进行核算，从现行GDP中扣除环境资源成本和对环境资源的保护服务费用，计算结果可称为绿色GDP，计算公式可表述为：

绿色GDP=GDP总量-（环境资源成本+对环境资源的保护服务费用）

小思考9-2

列举几个在经济发展过程中对经济产生负面效应的例子。

三、GDP与绿色GDP的关系

（一）GDP与绿色GDP都是反映国民经济状况的重要指标

GDP是基础，绿色GDP是补充。绿色GDP在GDP的基础上考虑了经济、环境和社会三大系统的协调关系，是一种全面反映可持续发展的重要指标，是对GDP指标的一个必要补充。GDP是一项重要的宏观经济指标，在判断宏观经济运行状况、制定宏观经济政策、检验宏观经济政策的合理性方面具有非常重要的作用。绿色GDP则能清楚地看出资源耗减和环境损失的代价。

（二）GDP与绿色GDP两者之间互相促进、互相依存

GDP从生产角度看是各产业部门增加值的组成，从使用角度看最终由消费、资本形成、货物和服务净出口等组成。绿色GDP与可支配收入、国民储蓄、国民财富等宏观经济指标之间存在密切的联系。绿色GDP更能综合反映国民经济的真实发展状况。

（三）将绿色GDP纳入科学发展观的统一框架

通过全面落实科学发展观，既能解决资源与环境保护问题，也能解决其他亟待解决的重大问题，以实现经济的全面、协调、可持续发展，进而构建和谐社会。

推进绿色GDP核算，保护和发展生态生产力，尽快使绿色发展观念深入人心，形成人与自然和谐共处的文化氛围；探索一种新机制，实现生态资源的合理占有，生态产品的合理分配，形成生态生产全过程中合理的责权利关系；加强理论研究，确立绿色GDP的战略地位，及时出台有关的法律、法规和政策，实现我国真正的经济正增长，造福社会。

案例9-4

“绿色冬奥”彰显大国风范

2022年2月，中国成功举办了冬奥会。绿色办奥是这届冬奥会的宗旨。本次冬奥会最大限度使用了2008年奥运场馆的遗产，既免去了建设新场馆带来的污染，也直接降低了筹办冬奥会的经济成本，是生态性和经济性的双赢。国家游泳中心由“水立方”变身“冰立方”，将来国际级别的游泳赛事、大型冰上赛事、大众冰水娱乐活动等都可在该场馆进行。全部场馆常规能源100%使用绿电。

北京申办冬奥会的三大理念是“以运动员为中心、可持续发展、节俭办赛”，冬奥会场馆在赛后将全面向社会公众开放，北京赛区新建的国家速滑馆赛后可同时容纳2 000人上冰。可持续发展的理念在冬奥会赛前准备中被充分体现，在赛中、赛后我国也将继续坚持绿色发展的初心。这种大国担当，为冬奥会注入中国动力，也为其他城市举办冬奥会提供了可借鉴的中国方案！

资料来源：严瑜．绿色冬奥彰显低碳理念和减排承诺［N］．人民日报（海外版），2022-02-14.

小思考9-3

大家认真思考一下，如何把“绿色”理念贯穿在我们日常生活（衣食住行）中？

改革开放初期，我国经济增速惊人，可是当初粗放式的经济发展以环境污染、资源浪费为代价。近几年，我国在尽力恢复过去的绿水青山。“往者不可谏，来者犹可追”，作为新时代的大学生，我们重任在肩，保护环境、节约资源，从我做起，从现在做起。

任务三　推进构建全球命运共同体
——认识开放经济

学习目标

思政目标：要学会把握处理各种关系，人与人之间、企业与企业之间、国家与国家之间等，只要涉及利益的关系都需要提高自己的站位，把这种通常意义上理解的利益关系放到一个整体去考虑，用合作双赢的方法去解决。

知识目标：理解人类命运共同体的内涵与必然性。

技能目标：如何构建一个积极向上的团体。

导入案例

2017年，在中新互联互通项目框架下，我国西部相关省区市与新加坡等东盟国家合作打造全新的国际贸易物流通道，即陆海新通道。该通道以重庆为运营中心，合作范围覆盖西部地区，利用铁路运输、海运、公路运输等方式，由重庆向南经贵州等省份，通过广西北部湾等沿海沿边口岸，通达新加坡及东盟主要物流节点，进而通达世界各地，物流时间比传统东向出海通道大幅缩短。

陆海新通道铁海联运班列、国际铁路班列、跨境公路班车3种物流形态均已常态化运行，截至2021年11月，目的地已拓展至106个国家和地区的311个港口。

陆海新通道为东盟国家架起抗击新冠肺炎疫情的“生命通道”。2021年6月，满载口罩、隔离衣、防护服等抗疫物资的跨境公路班车，从重庆出发经云南磨憨口岸抵达老挝万象，为老挝抗击新冠肺炎疫情提供物资支持。此前，陆海新通道也为新加坡等东盟国家送去防疫和生活物资。

陆海新通道于新冠肺炎疫情期间在维护全球供应链安全方面发挥了重要作用。

当韩国三星、法国迪卡侬等外企在东南亚生产的电子产品、服装出口欧洲遭遇海运难题时，国际铁路班列将货物从越南先运至我国重庆，再搭乘中欧班列前往欧洲。

资料来源：刘恩黎，伍鲲鹏，吴燕霞，等.“一带一路”高质量发展的成功案例［EB/OL］.［2021-11-26］. http: //cq.people.com.cn/n2/2021/1126/c367668-35023059.html.

思考：“一带一路”为世界经济的发展提供了便利的交通条件。随着世界各国商品和服务的互通有无，全球形成了一个任何国家都很难独善其身、休戚与共的命运共同体。那么，如何构建好这样的命运共同体呢？带着这样的问题，进入任务三的学习。

任务思考

怎样认识对外开放是推进我国经济社会发展的必然选择和动力？

知识研学

一、人类命运共同体概念

人类命运共同体旨在追求本国利益时兼顾他国合理关切，在谋求本国发展中促进各国共同发展。人类只有一个地球，各国共处一个世界，要倡导“人类命运共同体”意识。人类命运共同体这一全球价值观包含相互依存的国际权力观、共同利益观、可持续发展观和全球治理观。

国际权力观是指国家之间的权力分配未必要像过去那样通过战争等极端手段来实现，国家之间在经济上的相互依存有助于国际形势的缓和，各国可以通过国际体系和机制来维持、规范相互依存的关系，从而维护共同利益。

共同利益观是指人类处在“地球村”中，各国公民也就是地球公民，全球的利益也就是自己的利益，一个国家采取有利于全球利益的举措，就同时服务了自身利益。

可持续发展观是指既能满足当代人需要，又不对后代人满足其需要的能力构成危害的发展观念。

全球治理观的核心是，由于全球化导致国际行为主体多元化，全球性问题的解决成为一个由政府、政府间组织、非政府组织、跨国公司等共同参与和互动的过程，这一过程的重要途径是强化国际规范和国际机制，以形成一个具有约束力和道德规范力的、能够解决全球问题的“全球机制”。

案例9-5

国际社会发生的如1997年亚洲金融危机、2008年和2018年国际金融危机等事件，使国家之间相互依存现象具有了更加深刻的内涵。在经济全球化背景下，一国发生的危机通过全球化机制的传导，可以迅速波及全球，危及国际社会整体。面对这些危机，国际社会只能“同舟共济”“共克时艰”。2008年国际金融危机后二十国集团领导人峰会的出现，都是国家之间在相互依存中通过国际机制建设应对国际危机的例证。可以设想，如果国家之间互不合作、以邻为壑、危机外嫁，这些危机完全可能像20世纪20—30年代的危机一样，引发冲突甚至战争，给人类社会带来严重灾难。

资料来源：佚名．阐述你对构建人类命运共同体的认识［EB/OL］．［2020-02-12］．http：//www.docin.com/p-2307487203.html.

二、推动构建人类命运共同体是时代要求

（一）推动构建人类命运共同体顺应世界发展大势

当前，国际形势深刻复杂演变。同时，和平与发展仍然是当今时代主题，世界多极化趋势没有根本改变，经济全球化展现出新的韧性。各国开放合作的共识进一

步加深，对维护多边主义、加强文明交流互鉴的呼声愈发强烈。人类是一个整体，地球是一个家园，面对共同挑战，任何人任何国家都无法独善其身。推动构建人类命运共同体，维护世界和平，促进共同发展，是各国人民的共同期待，也是世界发展的潮流。

（二）推动构建人类命运共同体是实现和平发展、合作共赢的正确方案

我们所处的是一个充满挑战的时代，也是一个充满希望的时代。当前，世界的和平、发展、合作正面临严重挑战，多边主义同单边主义激烈博弈，全球治理体系经历前所未有的调整。推动构建人类命运共同体，以睦邻友好超越以邻为壑，以互利合作取代零和博弈，以多边主义战胜单边主义，以交流互鉴避免文明冲突，以绿色发展呵护地球家园，不仅为人类应对挑战提供了可行方案，也为人类走向美好未来擘画了宏伟蓝图。

（三）推动构建人类命运共同体符合世界各国人民根本利益

无论世界怎样改变，各国人民对美好生活的向往不会改变。让和平的薪火代代相传，让发展的动力源源不断，让文明的光芒熠熠生辉，是世界各国人民的共同期待。推动构建人类命运共同体，既维护中国人民利益，也维护世界各国人民利益，回应了各国人民求和平、谋发展、促合作的普遍诉求，为实现各国人民对美好生活的向往指明了正确方向。

三、携手共建人类命运共同体

“大道之行也，天下为公。”人类是荣辱与共的命运共同体。当前，国际社会唯有加强合作、共克时艰，才能推动经济复苏，走上稳定发展的轨道。各国要从人类共同利益出发，把本国人民利益同世界各国人民利益统一起来，携手加强全球治理，共建人类命运共同体，建设持久和平、普遍安全、共同繁荣、开放包容、清洁美丽的世界。

（一）坚持相互尊重

随着世界多极化、经济全球化、社会信息化、文化多样化深入发展，各国之间的相互联系和相互依存日益加深。与此同时，经济全球化遭遇逆流，地区冲突频繁发生，非传统安全威胁持续蔓延。针对人类社会面临的各种挑战，国际社会必须在相互尊重的基础上通过协商探讨解决之道。各国人民都有自主选择政治制度的权利，都有自主选择自身发展道路的权利。全球没有放之四海而皆准的制度，任何国家都不应也无权把自身的政治制度强加给别国。每个国家既是国际社会大家庭中的一员，又有各自文化传统和现实国情。走什么样的发展道路，只能由各国人民自己决定。

（二）遵循公平正义

没有公平正义，强权政治就会横行霸道。现行国际体系和国际秩序的核心理念是多边主义。中国坚决维护联合国宪章宗旨和原则，倡导国际上的事大家商量着办。中国一贯坚持多边主义，反对以多边主义之名行单边主义之实，坚持国际关系民主化，反对霸权主义和强权政治，反对干涉他国内政，反对把自己的意志强加于人。必须着力改变不公正不合理的国际政治经济秩序，秉持共商共建共享的全球治理观，按照公平公正原则解决纷争问题。坚持国家不分大小、强弱、贫富一律平等，按照事情本身的是非曲直处理问题，推动国际秩序和全球治理体系朝着更加公正合理的方向发展。

（三）促进交流互鉴

人类文明多样性是世界的基本特征，也是人类进步的源泉。文明因多样而交流，因交流而互鉴，因互鉴而发展。每一种文明都扎根于自己的生存土壤，凝聚着一个国家、一个民族的智慧和追求，都有自己存在的价值，文明并无高低优劣之分。要秉持平等和尊重，摒弃傲慢和偏见，加深对自身文明和其他文明差异性的认知，以宽广胸怀理解不同文明对价值内涵的认识，尊重不同国家人民对价值实现路径的探索，推动不同文明交流对话、和谐共生，既让本国文明充满勃勃生机，又为他国文明发展创造条件，让世界文明百花园群芳竞艳。

（四）推动合作共赢

世界和平、发展、稳定和繁荣，既是国际社会广大民众的共同愿望，也是构建人类命运共同体主题中应有之义。要实现构建人类命运共同体目标，必须在合作的过程中坚持共商共建共享的理念。支持多边贸易体制，推动开放型世界经济建设，促进贸易和投资自由化便利化，推动经济全球化朝着更加开放、包容、普惠、平衡、共赢的方向发展。打造国际合作新平台，努力实现政策沟通、设施联通、贸易畅通、资金融通、民心相通。

四、为推动构建人类命运共同体贡献中国力量

（一）拓展全球伙伴关系网，推动建设新型国际关系

中国坚定奉行独立自主的和平外交政策，不扩张、不称霸、不谋求势力范围，同一切单边主义和霸凌行径做坚决斗争，坚定维护国际公平正义，为世界和平与发展注入强大正能量。积极维护与大国关系的总体稳定、均衡发展，按照亲诚惠容理念和与邻为善、以邻为伴周边外交方针深化同周边国家关系，秉持正确义利观和真实亲诚理念加强同发展中国家团结合作，不断扩大我国的“朋友圈”。

案例9-6

中国不断拓展对外开放与合作共赢新局面，到2021年我国已经成为120多个国家和地区的最大贸易伙伴，同26个国家和地区签署了19个自贸协定，以中国的新发展为世界提供新机遇。

（二）奏响互利共赢合奏曲，推动共建“一带一路”高质量发展

中国秉持和平合作、开放包容、互学互鉴、互利共赢的丝路精神，坚持走团结合作、互联互通、共同发展之路，同各方一道建设更加紧密的“一带一路”伙伴关系。

案例9-7

到2021年6月，我国已同140个国家和32个国际组织签署了共建“一带一路”合作文件，与“一带一路”合作伙伴贸易额累计超过9.2万亿美元，中国企业在共建国家直接投资累计超过1 300亿美元。“一带一路”已成为当今世界范围最广、规模最大的国际合作平台，开创了同世界各国共同繁荣发展的新前景。

资料来源：佚名．又创历史新高！中国与“一带一路”伙伴去年货物贸易额1.35万亿美元 疫苗和绿色发展将成合作新亮点［EB/OL］．［2021-06-25］．https：//finance.eastmoney.com/a/202106251973529622.html.

（三）谱写多边主义新篇章，推动全球治理体系变革

中国坚定维护以联合国为核心的国际体系、以国际法为基础的国际秩序，已加入了几乎所有普遍性政府间国际组织。中国秉持共商共建共享的全球治理观，高举多边主义旗帜，是派出国际维和人员最多的安理会常任理事国。

案例9-8

中国向多个国家提供新冠肺炎抗疫物资援助，到2021年8月，我国已对外提供超过18亿剂新冠肺炎疫苗，成为对外提供新冠肺炎疫苗最多的国家。2021年，中国将努力向全球提供20亿剂新冠肺炎疫苗。中国决定向“新冠肺炎疫苗实施计划”捐赠1亿美元，用于向发展中国家分配新冠肺炎疫苗，展现出负责任的大国担当。

资料来源：张歆，黄玮．中国已向国际社会提供超18亿剂新冠疫苗［EB/OL］．［2021-11-25］．https：//news.cctv.com/2021/11/25/ARTITUnyf6o3WZqeEWRBWKN0211125.shtml.

（四）开创共同发展新境界，引领全球可持续发展合作

中国在历史性解决自身绝对贫困问题的同时，成立中国国际扶贫中心，对多个国家和组织的扶贫工作者进行培训，为加速全球减贫进程贡献中国智慧和中国力量。积极开展南南合作，向160多个发展中国家提供各类援助，开展了大量技术合作和人力资源开发合作项目。秉持绿水青山就是金山银山理念，宣布碳达峰、碳中

和具体目标，展现了建设清洁美丽世界的坚定决心。

路虽远，行则将至。构建人类命运共同体顺应时代潮流、顺应各国人民心声，指明了人类社会的美好未来。中国将始终站在历史正确的一边，站在人类进步的一边，携手世界上一切进步力量，推动历史车轮向着光明目标前进。习近平总书记指出："中国共产党关注人类前途命运，同世界上一切进步力量携手前进，中国始终是世界和平的建设者、全球发展的贡献者、国际秩序的维护者！"推动构建人类命运共同体，是中国共产党顺应时代潮流、担当时代使命，为开创人类美好未来而提出的中国方案。

思考与训练

一、主要概念

国内生产总值及其特性　GDP与GNP的关系　GDP的核算方法　GDP的局限性　绿色GDP　人类命运共同体

二、单项选择题

1.一国的国民总收入小于国内生产总值，说明该国公民从外国取得的收入比外国公民从该国取得的收入（　　）。

A.大　　B.小

C.相等　　D.没有结果，无可比性

2.在国民收入核算体系中，计入政府支出的是（　　）。

A.政府购买产品的支出

B.政府购买产品和劳务的支出加上政府的转移支付之和

C.政府购买产品和劳务的支出

D.政府工作人员的薪金加上政府的转移支付

3.以下项目能够计入GDP的是（　　）。

A.家务经济　　B.外出旅游　　C.物物交换　　D.地下经济

4.支出法核算GDP的公式表述为：（　　）。

A.　GDP=C+I+G+（X−M）　　B.　GDP=C+I+G−（X−M）

C.　GDP=C+I+G+（X+M）　　D.　GDP=C+I+G−（X+M）

5.收入法核算GDP的公式表述为：（　　）。

A. GDP＝工资+利息+租金+非公司业主收入+公司税前利润+企业间接税+企业转移支付+资本折旧

B. GDP＝工资+利息+租金+公司税前利润+企业间接税+企业转移支付

C. GDP＝工资+利息+公司税前利润+企业间接税+企业转移支付+资本折旧

D. GDP＝工资+利息+租金+公司税前利润+资本折旧

6.GDP一般包括（　　）。

A.当年生产的物质产品和劳务　　B.上年的存货

C.本国公民创造的全部价值　　D.当年销售掉的全部最终产品和劳务

7.下列计入GDP的为（　　）。

A.购买一辆二手车　　B.购买普通股票

C.汽车制造厂买进10张钢板　　D.银行向某企业收取一笔贷款利息

三、简述题

1.结合实际阐述GDP核算的局限性。

2.比较GDP与绿色GDP两者的关系。

3.为什么说推动构建人类命运共同体是时代要求？

4.试论GDP并不能完全衡量一国生活水平或者福利水平好坏的原因。

四、计算题

假设有A、B、C共3家厂商。A年产5 000万元，卖给B、C和消费者，B买200万元，C买2 000万元，其余卖给消费者。B年产500万元，直接卖给消费者。C年产6 000万元，其中3 000万元由A购买，其余由消费者购买。请计算：

（1）假定投放在生产上的全部用完，价值增加多少。

（2）GDP是多少。

项目十

痛苦指数与居民生活快乐
——失业与通货膨胀

导　读　美国“痛苦指数”刷新纪录，通货膨胀持续爆表！

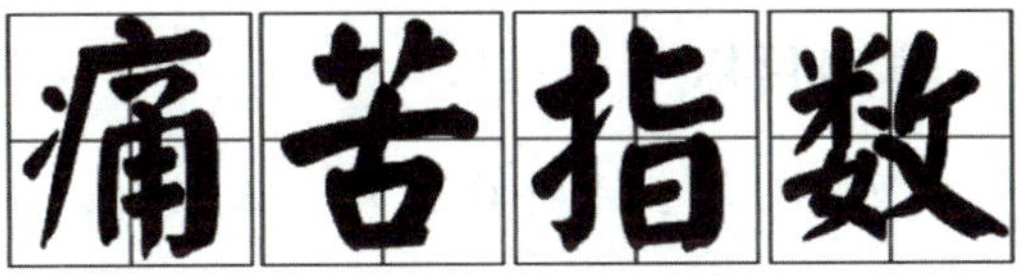

据媒体周三（11月10日）最新的报道，当地时间2021年11月9日，纽约联储公布的报告显示，今年第三季度，美国家庭债务与上一季度相比上涨了2 860亿美元，涨幅为1.9%，高达15.24万亿美元，这也是该国这项债务首次突破15万亿美元。市场分析，其中大量债务源头就是美国各类商品和原料的价格不断上涨。

尽管美国经济未来有非常强劲的发展前景，但该国当前面临着近几十年来最严峻的高通胀。近日，美国官方公布的数据显示，2021年10月份，该国生产者价格指数（PPI）同比上涨8.6%，增幅刷新近11年（自2010年起）以来最高水平，这个数据进一步加大了该国民众对通胀的担忧。

市场分析，预测美国2021年10月份的通胀指数（CPI）同比将从9月份的5.4%上涨至5.9%，延续爆表之势。这样一来，该国通胀率增长速度将高于该国失业率下降的速度，进而将美国经济的“痛苦指数”推高至10.5%，为该国近几十年来（除次贷危机、1990年经济衰退）最高水平。

所谓痛苦指数，就是通过统计失业率和通胀指数来预测一个国家经济未来的发展前景。如今美国经济“越来越痛苦”似乎进一步削弱了该国官方一直坚持的通胀“暂时论”的可信度。

美国通胀率之所以长期处于“高温”状态，有很多方面原因。首先，就是该国无节制的放水措施，给通胀带来一个“滋长温床”。其次，就是大规模经济刺激政策下，多数美国民众养成“好吃懒做”的坏习惯，劳动参与率无法快速提升。最后，就是美国供应链短缺的问题，由于缺少劳动力，货物运输一度陷入停滞，长期下来就促成了美国物价高涨的情况。

值得一提的是，面对“高位出道”的通胀率，市场产生担忧，美国财务部部长耶伦赶紧出面“安慰”市场表示，美联储绝对不会让两位数通胀率重现，该机构会在通胀进入紧急状态前及时采取相应的“灭火”措施。

资料来源：张建琳. 美国“痛苦指数”刷新纪录，通货膨胀持续爆表！［EB/OL］.［2021-11-10］. https：//www.163.com/dy/article/GOF659TP0519EO06.html.

思考：通胀和失业似乎是一对孪生兄弟一样相伴而生！出现了高通胀率和高失业率这样的痛苦局面该怎么办呢？这个导读中蕴含着经济学的原理，同学们要认真学习失业和通胀理论，探究“痛苦”向“快乐”转变的方法和措施。

失业和通胀已成为困扰各个国家不同时期发展的两大难题。经济学家们往往将一个社会的失业率和通胀率合称“痛苦指数”。解决失业问题、降低通胀率因而成为社会关注的对象和政府各项政策的着力点。

任务一　新时代大学生树立正确的就业观
——失业理论

学习目标

思政目标：引导学生树立正确的就业观，学会透过现象，发掘本质，应用实践。

知识目标：理解并能阐述失业的概念、类型以及影响。

技能目标：会计算失业率的大小，能阐述治理失业的措施并能应用失业理论解释相关经济现象。

导入案例

中国这10年 就业保持总体稳定

图片来源：http: //i9.hexun.com/2020-05-22/201402204.jpg

2022年8月25日，中共中央宣传部举行“中国这十年”系列主题新闻发布会，人力资源和社会保障部副部长李忠介绍新时代就业和社会保障工作取得的成就，并回答记者提问。

“这10年，我国就业优先战略深入实施，积极的就业政策不断丰富发展，就业优先导向显著增强，就业局势保持总体稳定，在14亿多人口的大国实现了比较充分的就业。”李忠说。

城镇就业规模持续扩大。城镇新增就业年均超过1 300万人，10年累计实现城镇新增就业约1.3亿人。失业水平保持低位，城镇调查失业率总体低于预期控制目标。

就业结构不断优化。城乡就业格局发生历史性改变，2014年城镇就业人员比重首次超过乡村，2021年占比达到62.7%，比2012年提高了13.8个百分点。第三产业成为就业最大“容纳器”，从业人员占比从2012年的36%提升到2021年的48%，三次产业“倒金字塔形”的就业结构逐步形成。

就业质量进一步提升。2021年城镇单位就业人员工资水平较2012年翻了一倍。灵活就业人员权益保障不断完善。

重点群体就业平稳。10年来，8 000多万高校毕业生总体就业水平保持稳定，农民工总量增至2.9亿人，累计促进失业人员再就业5 501万人，帮扶困难人员就业1 768万人。

资料来源：李心萍. 中国这10年：就业保持总体稳定［N］. 人民日报，2022-08-29（2）.

任务思考

什么情况属于失业？你的就业观是怎样的？

知识研学

就业与失业直接关系到社会的政治稳定和经济发展，是现代社会的中心问题。就劳动者个人而言，失业往往会带来许多经济困扰。当失业率较高的时候，人们的收入下降进而生活水平降低，经济上的问题长期存在就会引发一系列的社会问题，因此相当多的国家把实现充分就业作为宏观管理的主要目标之一。

微课10-1

失业

一、失业和充分就业

（一）失业

1.失业的含义

失业是指在一定年龄范围内，有劳动能力并愿意就业的劳动者找不到工作的社会现象。

2.失业率

衡量失业最常用的指标就是失业率。失业率是失业者人数与劳动力人数的比率。

$$失业率=\frac{失业者人数}{劳动力人数}\times 100\%=\frac{失业者人数}{失业者人数+就业者人数}\times 100\%$$

3.劳动力

一般来说，年龄在16岁以上的正在工作与不在工作但正在积极寻找工作，或被暂时辞退并等待重返工作岗位的人都属于劳动力。但并非所有16岁以上的人都是劳动力，比如那些正在上学的、退休的、因病而无法工作的或由于各种原因不愿寻找工作的成年人都不能算作劳动力。

劳动力=就业者+失业者

4.就业者

就业者是指那些从事有报酬工作的人，也包括那些有工作但因生病、罢工或休假而暂时不在工作岗位的人。另外，没有报酬的家庭成员在家庭企业工作（如在农场工作）也计入就业之中。

5.失业者

失业者是指在一定的年龄范围内（如16～65周岁）、有工作能力、愿意工作并积极寻找工作而未能按当时通行的实际工资水平找到工作的人。

在美国劳工统计局的定义当中，属于失业范围的人主要包括：①新加入劳动力的队伍、第一次寻找工作或者重新加入劳动力队伍正在寻找工作达4周以上的人；②为寻找其他工作而离职，在找工作期间作为失业者登记注册的人；③被暂时辞退并等待重返工作岗位而连续7天未得到工资的人；④被企业解雇而且无法回到原工作岗位的人。

（二）充分就业

充分就业（full employment）就是消灭了周期性失业时的就业状态。充分就业并不是指所有劳动力都有工作，在市场经济的状态下，失业率是不可能降低到零的。如果在现行的市场工资水平下，不存在非自愿失业，则我们说宏观经济实现了充分就业。这意味着即使在充分就业下，仍然存在一定的失业率。只不过这时的失业要么是摩擦性失业，要么是结构性失业。另外，当劳动力市场实现了充分就业时，总产出的水平自然位于其潜在国民收入产出水平，与总需求相适应的对劳动力的需求能全部吸纳所有愿意工作并正在寻找工作的劳动者。

生活中的经济学10-1

曾经是大学同班同学的小王和小张毕业后各奔东西，如今在某城市的人才市场里相遇了，两人见面后互相询问近况。

小王说：“妻子由于工作调动，举家搬迁到了这里。自己只能在这儿重新找工作，目前处于失业状态。”

小张说：“我所在的企业由于产业结构调整，转而生产别的产品，自己的技术完全对接不上，现在也是失业状态。”

资料来源：作者根据相关资料整理而成。

图片来源：https://nimg.ws.126.net/?url=http%3A%2F%2Fdingyue.ws.126.net%2F2022%2F0211%2F99e4d611j00r759ga0019c000gy00cxc.jpg&thumbnail=660x2147483647&quality=80&type=jpg.

小思考10-1

小王和小张属于失业者吗？他们分别属于哪一类型的失业呢？

二、失业的分类

经济理论认为，失业就是在现行的工资水平上，劳动力需求量小于劳动力供给量的差额。按照失业的原因，可将失业分为三个基本类型：周期性失业、摩擦性失业和结构性失业。

（一）周期性失业

周期性失业（cyclical unemployment）是指总需求相对不足而减少劳动力派生需求所导致的失业，或者说，是指经济周期中的衰退或萧条阶段因需求下降而造成的失业。

在经济复苏和繁荣阶段，产品市场的需求增加，各厂商争先扩充生产，引起劳动力市场需求增大，就业人数普遍增加，使得失业率下降。在经济衰退和谷底阶段，产品市场的需求减少，各厂商纷纷压缩生产，大量裁减雇员，导致失业率上升，形成周期性失业大军。

（二）摩擦性失业

摩擦性失业（frictional unemployment）是指劳动者处于不同工作之间的过渡阶段，即由于劳动力的正常流动导致的失业。

比如，当人们搬到一个新城市后，就很自然地需要寻找新的工作。或者，一个人由于某种职业不够理想而寻找其他职业所引起的暂时性失业。再比如，时下大学毕业生就业难的情况比较常见，大学毕业生寻找一个比较理想的工作往往需要花费一段时间，从而导致暂时性失业；妇女在生完小孩以后可能需要重新寻找工作等。这些在劳动力流动过程中造成的失业均属于摩擦性失业。一定程度的摩擦性失业是不可避免的。

（三）结构性失业

结构性失业（structural unemployment）是指因经济结构的变化，劳动力的供给和需求在职业、技能、产业等方面不协调所引起的失业。某些具有劳动能力的工人，由于他们所在的产业进入萧条而失去工作机会，他们又不能适应新工业部门的技术要求，因而找不到工作。在我国产业结构调整过程中，有的部门将会衰退甚至消失，这时出现的失业，就是一种结构性失业。例如，传统矿区的矿产资源被开发完毕后，原有的大量矿工便面临重新就业的困境，因为他们没有从事其他工作所必需的技能，出现了结构性失业。结构性失业的存在，必然会引起失业与工作空位并存，即一方面存在有工作无人做的“空位”，另一方面存在有人无工作的“失业”。这种失业的根源在于劳动力市场的结构特点。

三、失业造成的影响

（一）失业的经济损失

西方经济学理论认为，失业率的上升必然导致社会总产量的下降，相应地导致实际国民总收入的降低。失业率上升引起的社会产量损失不可能在失业率下降时得到挽回，人们不可能指望所有的工人在一年内干出两年的活，失去的将永远失去，这必然使经济付出沉重的代价，制约了经济增长的实现。

失业意味着劳动力资源的浪费，会造成商品生产量和服务量的下降，影响国民总收入；失业不能充分利用现有的生产能力，从而使国民总收入下降；同时失业使部分劳动力失去收入来源，也使在职人员收入水平降低或收入提高的速度减慢，这些都会使消费水平降低或增长速度减慢，从而直接影响国民总收入。

失业还会间接地影响国民总收入，这主要是因为，失业使部分劳动力失去收入来源，依靠社会的转移支付维持生活，同时社会要为失业者提供各种服务及训练费用，这些都会增加社会的负担，对劳动生产率起抑制作用，当然影响国民总收入。

美国经济学家阿瑟·奥肯在20世纪60年代运用失业率与实际国民收入增长率之间关系的经验统计规律，来说明失业对国民收入的影响，提出著名的奥肯定理，用公式表示为：

$$\Delta u=-0.5\ (y-2.25)$$

公式中的Δu表示失业率的变化，y表示经济增长率（实际国民收入增长率）。这一规律表明，失业率每增加1%，实际国民收入就减少2%；反之，失业率每减少1%，实际国民收入就增加2%。失业率与实际国民收入增长率之间是反方向变动的关系。

理解奥肯定理这一规律应注意以下3点：

第一，它表明了失业率与实际国民收入增长率之间是反方向变动的关系。

第二，失业率与实际国民收入增长率之间1∶2的关系只是一个平均数，是根据经验统计资料得出来的，在不同的时期并不是完全相同的。

第三，奥肯定理主要适用于没有实现充分就业的情况，即失业是周期性失业的失业率。

对经济而言，衰退和随之而来的失业的代价是昂贵的。像20世纪70年代和80年代早期那样的经济低谷时期，美国耗费了成千上亿美元，而且付出了巨大的社会成本。美国第二次世界大战后的经济增长过程表明，失业对经济增长有严重的影响。

（二）失业的社会性损失

失业的社会性损失是无法用货币指标加以衡量的。失业不仅会使失业者及其家庭的收入和生活消费水平下降，而且会给其心理上造成巨大的创伤，会使失业者及其家庭承受极大的痛苦和压力，并带来一系列社会问题。高失业率时期，往往伴随着高犯罪率、高离婚率及其他各种社会骚乱，并使更多的人早衰早亡。据公安部门的统计，抢劫、强奸、盗窃、流氓斗殴等各类案件中，平均有56.4%是城镇待业人员和闲散在家的企业富余职工所为。所以说，严重的失业既是一个经济问题，又是一个社会问题。

四、失业的治理

因为失业既是一个经济问题，又是一个敏感的社会问题，所以即使是发达国家，其政府也非常重视对失业问题的治理。由于失业对市场经济社会发展的巨大影响，可以说失业要比通胀性质还要严重许多，如果治理不善，其结果将直接影响国家大局的稳定，影响宏观经济的正常运行，因此各国政府都高度重视对失业问题的治理。

（一）摩擦性失业的治理

摩擦性失业经常被看成一种自愿失业，其原因就在于这种失业局面的出现往往与劳动者的不同要求有关，也与用工信息不畅有关，因此对摩擦性失业的治理应该从以下两个方面入手：

其一是对于劳动者来说，劳动者要对自身的情况有很清楚的了解，要清楚自己在社会上的处境和能够胜任的大致的工作目标与就业方向，劳动者只有对自身有清楚的了解，才能减少寻找工作时需要的时间，也会相应减少变动工作岗位的频率。

其二是对于社会而言，社会应该设立较规范的职业介绍机构，定期发布劳动力需求信息，即要以尽可能多的传播途径传播就业的有关信息，以达到减少摩擦性失业的目的。

（二）结构性失业的治理

大多数国家在经济增长的过程中都会出现经济结构的变化，而经济结构的变化必然会引起结构性失业。政府要接受伴随经济增长的经济结构变化，制定与其相适应的政策以解决失业问题。其主要措施包括：加强基础教育和职业教育，促进高等教育；对青年及成年劳动力进行工作经验训练；对失业者给予训练和再训练等。同时鼓励劳动密集型产业的发展，支持中小企业发展。其目的是按照经济发展对劳动力提出的新要求来调节和改善劳动力供给，进而减少失业。

（三）周期性失业的治理

通过前面的讲述我们知道在三种失业中，周期性失业是由于“有效需求”不足引起的，也就是说，它是由劳动力市场以外的原因造成的，因此对周期性失业的治理不能靠劳动力市场来解决。对于该种失业，国家应该积极干预经济，如采取增加政府支出、减少政府税收、增加货币供给等方法，刺激总需求的增长，从而达到增加生产、提高就业水平的目的。

我们以美国为例来说明周期性失业的治理，经济危机后的罗斯福政府，认识到了失业的严重性及政府对减少失业所承担的责任，采取了政府直接创造就业机会的措施来调节劳动力市场的需求。第二次世界大战结束前后，为了防止失业率的上升，美国国会接连通过了《1945年就业法案》和《1946年就业法案》，共同确定了政府对劳动力市场的就业实行持续性调节的充分就业政策。

任务二　“万元户”为何不再“富有”——通货膨胀理论

学习目标

思政目标：引导学生树立正确的价值观，学会透过现象，发掘本质，应用实践。

知识目标：理解并能阐述通货膨胀的概念、类型以及影响。

技能目标：会计算通货膨胀率的大小、能阐述治理通货膨胀的措施并能应用通货膨胀理论解释相关经济现象。

导入案例　　怎样才能与80年代的“万元户”相比

图片来源：https://nimg.ws.126.net/?url=http%3A%2F%2Fdingyue.ws.126.net%2FuwSXz0VrKohMQLWAwHaPvmbniivClzGCKf7xPfyXbqqDt1657732736058.jpeg&thumbnail=660x2147483647&quality=80&type=jpg

经过几十年的发展，居民生活水平和社会经济水平有了很大提高，已经进入小康社会。与此同时，国内存在一定程度的通货膨胀，大宗商品价格上涨，货币也在不断贬值。那么如今资本达到多少元，才能比得上20世纪80年代的“万元户”呢？你达到了吗？

20世纪70年代，随着居民生活水平的逐步提高，年收入过万元的家庭开始出现，“万元户”的称号应运而生。“万元户”的由来，得益于1978年改革开放的春风。改革开放前，很多人都以拥有一个铁饭碗为荣，但在经商方面有了一些扶持政策之后，很多人开始选择下海经商，凭借自己的商业头脑闯出一片天地。

在经济刚起步的时代，“万元户”是一种充满激励的方式，也是拉动经济发展的领头羊。“万元户”既成为经济建设的一个标准，也成为居民幸福生活的体现。而随着经济的逐步发展，“万元户”已经变成了“十万元户”，甚至出现了“千万元户”等。那么现在需要达到多少资本才相当于当年的“万元户”呢？

以前的“万元户”和现在的“万元户”的地位与实力根本不在一个档次。通货膨胀是经济发展的润滑剂，要想拉动经济发展，就必须增加居民消费。居民要消费，就需要增加收入，有消费的动力。

按照资本价值的计算标准，全世界以一种衡量标准作为衡量资本价值的标准，即粮食价格。20世纪80年代，1千克大米的售价通常为0.15元，现在1千克大米的售价一般在4.5元左右，也就是说，20世纪80年代的购买力相当于现在的30倍，通过比例换算，1万元相当于30万元。也就是说，在资金换算层面，与当年的“万元户”相比，现在的资本至少要达到30万元。

20世纪80年代，“万元户”数占当时中国总人口的2.8%。如果按人口比例换算的话，现在只有年收入600万元的人才能与当时的“万元户”相比。但是现在年收入600万元的人非常有限，大多数人一辈子也攒不了这么多钱。

从货币供应量来看，1985年我国货币供应量余额约为5 000亿元，但到2021年12月底，我国的货币供应量高达238万亿元。随着物价上涨和通货膨胀的发生，货币处于贬值状态。按照折旧速度来算，20世纪80年代的1元相当于现在的476元，20世纪80年代的1万元相当于现在的476万元。

而从居民收入横向对比来看，20世纪80年代平均工资水平为每年762元，月工资为63.5元。当时国企职工的最高月工资也只有803元。而现在我国城镇公务员年薪已达10万元，增长了不止120倍。也就是说，当年的“万元户”相当于现在年收入120万元以上的人群。

资料来源：莜衍．怎样才能与80年代的“万元户”相比［EB/OL］．［2020-07-10］．https：//baijiahao.baidu.com/s?id=1737928421216936545&wfr=spider&for=pc.

任务思考

资本要达到多少，才能与20世纪80年代的“万元户”相比，你身边的人达到了吗？

知识研学

一、通货膨胀的含义与衡量

（一）通货膨胀的含义

微课10-2 通货膨胀

今天我们或许要花5～8元钱才可以在食堂里买一大块排骨，但在20多年前，一大块排骨的价格不会超过1元钱；20多年前，乘坐市内公交车不会超过1角钱，而现在则至少需要1元钱。其实，在经济生活中，大多数产品和劳务的价格都倾向于上升。这就是我们要学习的一种经济现象——通货膨胀。

通货膨胀（inflation）是指物价总水平在一定时期内持续的普遍的上升过程，或者说，货币价值在一定时期内持续的下降过程。在这个定义中，我们需要注意两个关键词，一是“持续”，二是“普遍”。

所谓持续，是指通货膨胀时期的物价水平不是一时的上升，而是持续一定时期的上升，国外一般认为需要持续半年以上。

所谓普遍，是指通货膨胀时期不仅是一种或几种产品价格上涨，而是物价总水平的上升。当出现通货膨胀时，大部分产品和劳务的价格都会上涨。它们之中有的上涨得快，有的上涨得慢，还有一些保持不变甚至下降，但总的价格水平一定是上涨的。

（二）通货膨胀的衡量

通货膨胀的高低一般是用价格指数来衡量的，价格指数的变动表明一定时期中发生了多大程度的通货膨胀。

1.居民消费价格指数（CPI）

居民消费价格指数又称消费者物价指数或生活费用指数，反映了一定时期内居民所消费的商品及服务项目的价格水平变动趋势和变动程度，是衡量通货膨胀的主要指标之一。

通俗地讲，CPI就是市场上的货物价格增长百分比。一般认为，CPI增长率为2%～3%属于可接受范围，超过3%则为通货膨胀，超过5%就是比较严重的通货膨胀。CPI过高始终不是好事，高速经济增长率会拉高CPI，但CPI增长速度快过人民平均收入的增长速度就不是好事。

利用居民消费价格指数可以计算通货膨胀率，计算公式为：

$$当期通货膨胀率=\frac{当期CPI-上期CPI}{上期CPI}\times 100\%$$

2.工业品出厂价格指数（PPI）

工业品出厂价格指数又称生产者物价指数或产品价格指数等，是衡量一定时期内工业企业产品出厂价格变动趋势和变动程度的指数。

工业品出厂价格指数反映了厂商购买各种商品价格的平均变动幅度，是反映某一时期生产领域价格变动情况的重要经济指标，也是制定有关经济政策和国民经济核算的重要依据。

3.GDP折算指数

该指数是衡量各个时期所有产品和劳务的价格变化的指标。它反映了一国生产的各种最终产品（包括消费品、资本品以及劳务）的价格变化状况。

二、通货膨胀的类型

按不同的划分标准，可以把错综复杂的通货膨胀划分为不同的类型。以下三种是主要的划分依据。

（一）根据对通货膨胀的预期进行划分

根据对通货膨胀的预期，可以将通货膨胀分为已预期到的通货膨胀和未预期到的通货膨胀两类。

如果通货膨胀是突发的、未被预期的，那么货币工资率的增长会滞后于物价的上涨，从而使利润上升，至少暂时会具有一种扩大就业、扩大总产量的效应。如通货膨胀事先已被完全预期到，各经济主体就按其预期来调整其行为，如工会在物价上涨前就要求增加工资，那么通货膨胀在短期的扩张效应也将不复存在。

（二）根据通货膨胀率的高低进行划分

根据通货膨胀率的高低，我们可以将通货胀分为温和的通货膨胀，加速的通货膨胀和超级通货膨胀三类。

1.温和的通货膨胀

温和的通货膨胀又称爬行的通货膨胀，其特点是通货膨胀率低且比较稳定，年通胀率在两位数以下（一般为3%～10%，通货膨胀率在3%以下的，一般不称为通货膨胀）。这种通货膨胀是可以预期的，对经济社会的影响较温和。有经济学家认为，这种缓慢上涨的价格对经济发展和国民收入的增加有积极的促进作用。

2.加速的通货膨胀

加速的通货膨胀又称奔腾的通货膨胀，其特点是通货膨胀率较高，年通胀率一般在10%～100%。这种通货膨胀属于比较严重的通货膨胀，对经济及人们的生活影响较大。在这种情况下，公众无法承受价格上涨带来的货币贬值影响，会采取各种措施抛出货币，囤积商品、购买房屋，从而导致金融市场混乱和经济严重扭曲。20世纪50年代到70年代的拉美各国就曾经经历过加速的通货膨胀，年平均物价上涨率高达10%～70%，严重影响了经济发展和人民生活的稳定。

3.超级通货膨胀

超级通货膨胀又称恶性通货膨胀，其特点是通货膨胀率非常高，年通胀率一般在100%以上。这种通货膨胀已经完全失去了控制，货币大幅贬值，人们对货币失去信心，各种正常的经济关系遭到破坏，以致货币体系和价格体系完全崩溃。在严重情况下，还会出现社会动乱。例如，1920—1923年，德国发生恶性通货膨胀，一个人在1922年初持有3亿德国马克债券，两年后这些债券的面值连一片口香糖也买不到。

小思考10-2

1992年，苏联解体之后，时任总统的叶利钦对俄罗斯的经济进行了全面的改革，全面照搬西方的模式，推行所谓的休克疗法。请查找相关资料，看看当时的俄罗斯的通货膨胀率大体是什么水平？属于哪种类型的通货膨胀？

图片来源：https：//p5.ssl.qhimgs1.com/sdr/400_/t017ed0b49298a6fcdf.jpg

（三）根据通货膨胀的形成原因来划分

根据通货膨胀的形成原因，我们可以将通货膨胀分为需求拉上型通货膨胀、成本推进型通货膨胀、供求混合推动型通货膨胀和结构型通货膨胀四类。

1.需求拉上型通货膨胀

需求拉上型通货膨胀形成的原因在于总需求过度增长，总供给不足，即“太多的货币追求较少的货物”。按照凯恩斯的解释，如果总需求上升到大于总供给的地步，过度的需求是能引起物价水平的普遍上升的。简单来说，需求拉上型通货膨胀就是总需求超过总供给所引起的一般价格水平的持续上涨。

2.成本推进型通货膨胀

成本推进型通货膨胀是指在总需求不变的情况下，由于生产要素价格（包括工资、租金、利润以及利息等）上涨，致使生产成本上升，从而导致物价总水平持续上涨的现象。部分经济学家认为，生产成本的提高主要是由于存在强大的、对市场价格具有操纵力量的团体（如工会、垄断企业等）。例如，当工会迫使厂商提高工资并使工资的增长快于劳动生产率的增长时，生产成本就会提高，从而导致物价上涨。而物价上涨后，工会又会要求提高工资，对物价再次产生压力（这称为工资推进型通货膨胀）。又如，当垄断企业凭借其垄断地位，通过提高价格来增加利润时也会导致物价的普遍上涨（这称为利润推进型通货膨胀）。

3.供求混合推动型通货膨胀

供求混合推动型通货膨胀是把总需求与总供给结合起来分析通货膨胀成因的，

认为通货膨胀的根源不是单一的总需求或总供给，而是二者共同作用的结果。持这种观点的经济学家认为，在现实经济社会中，通货膨胀的原因究竟是需求拉上还是成本推进是很难分清的，因此他们认为通货膨胀既有来自需求方面的因素，又有来自供给方面的因素，即所谓拉中有推、推中有拉。供求混合推动型通货膨胀一般是从过度需求开始的。例如，当政府增加货币供给时，会使得社会总需求增加，引起物价上涨；物价上涨又促使工会要求提高工资，这样，成本推进力量就会发生作用，从而引起更大的通货膨胀。

4.结构型通货膨胀

结构型通货膨胀是指在没有需求拉上和成本推进的情况下，由于经济结构方面因素的变动而造成一般物价水平的持续上涨。该观点认为，现实中各部门之间的发展不平衡，从生产率提高的速度来看，有的部门生产率提高的速度快，有的部门生产率提高的速度慢；从经济发展的过程看，有的部门迅速扩张，有的部门则逐渐衰落；从与世界市场的关系看，开放部门与世界市场联系紧密，而非开放部门则与世界市场没有密切联系。在现实生活中，由于种种原因，很难使生产要素从生产率低的部门转移到生产率高的部门，从逐渐衰落的部门转移到迅速扩张的部门，从非开放部门转移到开放部门。但是，这些生产率提高速度慢的部门、逐渐衰落的部门和非开放部门的劳动者根据公平原则，也会要求提高工资。这样，生产率提高速度快的部门、正在迅速扩张的部门和开放部门的工资提高就会波及其他部门，从而引起工资普遍上升和物价普遍上涨。这就是结构型通货膨胀形成的原因。

三、通货膨胀的影响

通货膨胀将给社会经济生活的各个方面带来程度不同的影响，这些影响就是通货膨胀的经济效应，其中包括收入分配效应、财产分配效应、资源配置效应、产出和就业效应等。

（一）通货膨胀的收入分配效应

通货膨胀对社会不同集团的人有不同的影响，会使一些人从中受益，也会使一些人从中受害。

第一，在雇主与工人之间，通货膨胀将有利于雇主而不利于工人，这是因为，在不可预期的通货膨胀之下，工资增长率不能迅速地根据通货膨胀率来调整，从而即使在名义工资不变或略有增长的情况下，实际工资也会下降。实际工资下降会使利润增加，利润的增加有利于刺激投资。这正是一些经济学家主张以温和的通货膨胀来刺激经济发展的理由。

第二，在债务人与债权人之间，通货膨胀将有利于债务人而不利于债权人。在通常情况下，借贷的债务契约都是根据签约时的通货膨胀率来确定名义利率，所以当发生了未预期的通货膨胀之后，债务契约无法更改，从而就使实际利率下降，债务人受益，而债权人受损。

第三，在政府与公众之间，通货膨胀将有利于政府而不利于公众。由于在不可预期的通货膨胀之下，名义工资总会有所增加（尽管并不一定能保持原有的实际工资水平），名义工资的提高会使得政府的税收增加，公众实际收入减少。政府的这种收入被认为政府利用通货膨胀对公众的一种掠夺。这种通货膨胀的存在，既不利于储蓄的增加，还影响私人与企业投资的积极性。

（二）通货膨胀的财产分配效应

财产净值取决于拥有财产的货币价值和债务，一般而言，财产的货币价值会因通货膨胀而变化，有些升值了，而有些贬值了；债务则因通货膨胀而减少。财产净值的变动情况会因财产的货币价值与债务的变动情况而增加或减少。

（三）通货膨胀的资源配置效应

在市场经济中，价格对资源的配置具有重要的调节作用，如果价格水平的上升是不均衡的，各种产品和劳务的价格发生了相对变化，就会引起资源的重新配置。那些在通货膨胀期间价格上升快于成本上升的行业将得到扩张；而价格上升慢于成本上升的行业会相应收缩。由于各行业产品和劳务的价格与成本的上升往往是盲目的，因而扰乱了价格体系，引起资源配置的失调，降低整个国民经济效益。

生活中的经济学10-2

在通货膨胀时，货币的购买力在下降，为了减少损失，人们会更倾向于持有更少的现金而将更多的钱存入银行，或是被迫兑换为其他国家货币。这种多去几次银行所花费的时间和精力被经济学家形象地称为皮鞋成本——多磨点鞋底。

在通货膨胀时期，零售商和厂家等会经常改变价格，这样就需要重新印刷它的产品价格表，向客户通报改变价格的信息和理由，所有这一切都会引起一笔开支和费用，经济学家称其为菜单成本。

（四）通货膨胀的产出和就业效应

在短期内，由于非预期的需求拉上型通货膨胀会使产品价格的上涨快于货币工资率的上涨，实际工资率会有所降低，从而促使企业增雇工人，扩大产量以谋取利润，使就业和国民产出增加。如果通货膨胀是人们预料之中的，就不会对就业和国民产出水平产生直接的、实质性的影响。在长期中，通货膨胀与就业和国民产出水平之间并不存在直接的、必然的联系。一般来说，较小的通货膨胀对经济的影响也小，不会给社会经济总体带来显著的危害；而较大的通货膨胀对经济的影响也较大，从而很可能造成整个社会经济的不稳定，带来较大的危害。

四、通货膨胀的治理

从长期来看，通货膨胀的消极作用十分明显，积极作用很小，因此各国政府都把抑制通货膨胀作为主要的甚至是首要的宏观经济目标。

（一）货币政策

货币政策是最基本的宏观经济政策之一，是治理通货膨胀的一个重要手段。运用货币政策来抑制通货膨胀主要通过两条途径来实现：一是降低货币供应量的增长率，以压抑总需求；二是提高利率，以抑制投资需求，并刺激储蓄增加，从而保证总需求与总供给的均衡。

（二）财政政策

财政政策同货币政策一样，是一种最基本的宏观经济政策。财政政策是通过调节财政收入和支出水平以实现既定的宏观经济目标。运用财政政策治理通货膨胀有以下三种方式：

第一，增加税收，使企业和个人的利润与收入减少，从而使其投资和消费支出减少。

第二，削减财政支出，以平衡预算、消除财政赤字，从而消除通货膨胀隐患。

第三，降低政府转移支付水平，减少社会福利开支，从而起到抑制个人收入增加的作用。

需要注意的是，货币政策和财政政策主要是从需求方面来抑制通货膨胀。

（三）收入政策

收入政策的理论基础主要是成本推进型通货膨胀，因为成本推进型通货膨胀是因供给方面成本的提高，特别是工资的提高，从而导致物价水平的上涨，为此必须采取抑制性的收入政策，其形式有如下四种：

1.工资和物价管制

对工资和物价进行直接管制的重点是冻结工资，它会使实际工资率有所下降，从而对抑制通货膨胀和衰退都有一定效果。其消极作用在于使收入分配更加不利于工人，而且容易带来资源配置的扭曲。

2.道德规劝

政府对工会和企业进行劝说，争取让它们自觉限制工资和物价的增长，从实践来看，这种做法成效甚微。

3.政府、工会与企业之间的协商

在协商过程中，各方面都会讨价还价，抑制性的收入政策实施起来难度较大。

4.以税收杠杆实现工资和价格增长指数化

政府规定工资的增长与劳动生产率提高相适应的原则，以及价格变动与工资成本变动相适应的原则。对于政府规定的工资和价格增长指数，政府以税收手段进行奖惩。对超过该指数的单位，政府以高税率进行惩罚；对低于该指数的单位，政府以低税率进行鼓励。这种做法有比较明显的成效，对资源配置的消极影响较小。

（四）人力政策

结构型通货膨胀的根源是市场的不完全性。其中，由于资源完全缺乏流动性而造成某些部门的高货币工资在通货膨胀中起着十分重要的作用。如果能够增加劳动力向这些部门的流动性，结构型通货膨胀便会在一定程度上得到控制。人力政策的基本内容是，由政府对劳动者进行重新训练，提供有关劳工市场的信息和加强就业指导，指导和协助失业者寻找工作，增加劳动者在地区间的流动性。如果这样能够消除失业和空位并存的局面，各部门的收入差距便会缩小，攀比行为所刺激的工资和物价上涨势头便会削弱。

（五）对外经济政策

一般来说，一国国内的通货膨胀与其国际收支状况具有相互推拉的作用。在各国都出现通货膨胀的情况下，一国必须采取适当的对外经济政策，以减轻国际收支失衡对国内物价的不利影响，并阻止国外通货膨胀的输入。这方面的措施主要有：

1.实行浮动汇率

在浮动汇率制度下，本国货币对外国货币汇率的升降完全由市场供求关系所决定。例如，当国外发生通货膨胀，将使本国国际收支出现顺差时，本国币值上升。这一方面使本国出口减少，进口增加，从而有利于恢复本国国际收支的平衡；另一方面，本币升值还将使进口国的国内价格下降，从而可以隔绝国外通货膨胀对本国物价的影响。

2.与各国在贸易和金融领域采取协调措施

如与各国加强协作，共同采取控制各国货币供应量的增长率、改善国际金融制度以及其他反通货膨胀的措施，以制止世界性通货膨胀的蔓延等。

思考与训练

一、主要概念

失业　充分就业　通货膨胀　居民消费价格指数

二、单项选择题

1.失业率是指（　　）。

A.失业者人数占总人口数的百分比

B.失业者人数占就业者人数的百分比

C.失业者人数占劳动力人数的百分比

D.失业者人数占家庭户数的百分比

2.某人因为国家处于经济大萧条阶段而导致失业，属于（　　）。

A.摩擦性失业　　B.永久性失业　　C.周期性失业　　D.结构性失业

3.衡量通货膨胀常用的价格指数是（　　）。

A.居民消费价格指数　　B.进口商品价格指数

C.出口商品价格指数　　D.奢侈品价格指数

4.温和的通货膨胀一般是指（　　）。

A.通货膨胀率在3%以下　　B.通货膨胀率在3%～10%

C.通货膨胀率在10%以上　　D.通货膨胀率在100%以上

5.某人因为纺织业不景气而失业，属于（　　）。

A.摩擦性失业　　B.结构性失业　　C.周期性失业　　D.永久性失业

6.某人因为工作转换而失业，属于（　　）。

A.摩擦性失业　　B.结构性失业　　C.周期性失业　　D.永久性失业

7.一般来说，通货膨胀会使（　　）。

A.债权人受损，债务人受益　　B.债权人受益，债务人受损

C.债权人和债务人都受益　　D.债权人和债务人都受损

8.通过抑制需求来降低通货膨胀，应该（　　）。

A.降低工资　　B.减税

C.控制货币供给量　　D.解除托拉斯组织

三、简答题

1.什么是失业？什么是通货膨胀？

2.失业的主要类型有哪些？

3.通货膨胀的治理措施主要有哪些？

四、计算题

1.某地区的人口总数为900万人，就业人数为500万人，失业人数为60万人，请计算该地区的劳动力人数失业率。

2.假定2019、2020、2021年的消费者物价指数CPI分别为400、440、462，请计算2020、2021年的通货膨胀率。

3.某省去年的CPI为103%，今年的CPI为120%，试问按CPI计算的通货膨胀率是多少？

4.某国的人口总数为2 500万人，就业人数为1 000万人，失业人数为100万人，请计算该国的劳动力人数和失业率。

项目十一

打好经济政策的组合拳
——宏观经济政策

导　读

1992年邓小平同志南方谈话时提出要建立社会主义市场经济体制，并于中共十四大正式提出。自此后，我国开启了社会主义市场经济体制的先河，正式进入改革开放时期，同时中国经济开始了质的飞跃。

2019年，习近平总书记在召开党的十九届四中全会时指出，“经济基础决定上层建筑。经济体制改革对其他方面的改革具有重要影响和传导作用，重大经济体制改革的进度决定着其他方面很多体制改革的进度，具有牵一发而动全身的作用。”“坚持社会主义市场经济改革方向，不仅是经济体制改革的基本遵循，也是全面深化改革的重要依托。使市场在资源配置中发挥决定性作用，主要涉及经济体制改革，但必然会影响到政治、文化、社会、生态文明和党的建设等各个领域。要使各方面体制朝着建立完善的社会主义市场经济体制这一方向协同推进，同时使各方面自身相关环节更好适应社会主义市场经济发展提出的新要求。”

2022年，习近平总书记在北京出席世界经济论坛视频会议并发表题为《坚定信心 勇毅前行 共创后疫情时代美好世界》的演讲，其中强调：“推动世界经济走出危机、实现复苏，必须加强宏观政策协调。主要经济体要树立共同体意识，强化系统观念，加强政策信息透明和共享，协调好财政、货币政策目标、力度、节奏。主要发达国家要采取负责任的经济政策，把控好政策外溢效应，避免给发展中国家造成严重冲击。国际经济金融机构要发挥建设性作用，凝聚国际共识，增强政策协同，防范系统性风险。”

资料来源：[1] 佚名. 党的十九届四中全会 [N]. 人民日报，2019-11-22 (6). [2] 习近平. 坚定信心 勇毅前行 共创后疫情时代美好世界 [EB/OL]. [2022-01-17]. http: //www.gov.cn/gongbao/content/2022/content_5672662.htm.

思考：每个国家发布的经济政策对于本国的经济发展都有重大影响，在国家经济的宏观调控下，才能确保本国经济的正常、平稳运行。同学们要认真学习宏观经济政策，探究国家执行经济政策的内因。

宏观经济政策是国家或政府有意识地、有计划地运用财政政策和货币政策等，调节、控制宏观经济的运行，以达到一定的政策目标。宏观经济政策是侧重短期的调控宏观经济运行的政策，需要根据形势的变化而做调整，不宜长期化，因为经济的发展是不断变化的。在经济全球化不断发展的今天，一国的经济形势不仅取决于国内的经济走势，还在相当程度上受全球经济走势的影响。

本章基于宏观经济政策理论，全面介绍宏观经济政策。

任务一 “踩油门”还是“踩刹车”——宏观经济政策目标

学习目标

思政目标：树立正确的价值观、正确的政治认同和国家意识，激发学生的责任感和使命感。

知识目标：了解宏观经济政策的含义，理解宏观经济政策建立的目标。

技能目标：能准确判断一国实施现行宏观经济政策的缘由；能准确判断一国现行宏观经济政策的内容、预期目标；能客观分析判断一国现行宏观经济政策的实际效果。

导入案例

政府对经济进行宏观调控的主要思路，是让这个国家的总供给和总需求达到平衡。因此，我们看到，政府总是在运用不同政策工具不断调整宏观经济政策，力争达到一定的调控目标。当经济太冷的时候，政府“踩油门”，刺激消费、加大投资、增加出口，让经济回升；当经济太热的时候，政府“踩刹车”，限制消费、减少投资，把过热的经济压下来。

任务思考

宏观经济政策的目标是什么？国家如何有效实现这些目标？

知识研学

一、宏观经济政策

宏观经济政策（macro-economic policy）是指国家或政府有意识、有计划地运用一定的政策工具，调节、控制宏观经济的运行，以达到一定的政策目标。

宏观经济政策的选择原则是急则治标，缓则治本，标本兼治。急则治标是指运用财政、货币等宏观经济政策工具处理短期经济问题，如刺激经济增长，防止通货紧缩，应对外部冲击等。缓则治本是指通过结构政策与经济改革处理长期经济问题，如调整经济结构，促进技术进步，提高经济效益，实现持续发展，积极参与全球经济。

二、宏观经济政策的目标

一般来说，一个国家的宏观经济政策目标往往不止一个，其中主要有四个目标，即充分就业、物价稳定、经济增长以及国际收支平衡。

（一）充分就业

充分就业是宏观经济政策的首要目标。其有两种含义：一种是指除了摩擦性失业和自愿失业之外，所有愿意接受各种现行工资的人都能找到工作的一种经济状态，即消除了非自愿失业就是充分就业。另一种是指包括劳动在内的生产要素都按其自愿接受的价格，全部用于生产的一种经济状态，即所有资源都得到充分利用。但是由于各种因素的影响，无论是哪种含义，都不可能完全百分之百地实现充分就业，一般来说，充分就业率达到95%以上就算是经济发展的正常状态。

（二）物价稳定

物价稳定是宏观经济政策的第二个目标。物价稳定是指保持物价总水平相对稳定，不发生大幅度波动。物价的稳定并不意味着物价固定不变，它意味着物价的上涨幅度相对而言较为平稳。在任何一个经济社会中，由于各种经济和非经济因素的影响，物价不可能保持在一个固定不变的水平上。一般认为，年增长率在4%左右的物价上涨幅度可被视为物价稳定。如果物价上涨过快，则会导致通货膨胀。一般通货膨胀率在1%～3%，能被社会接受并不会对社会经济造成不利影响。

（三）经济增长

经济增长是宏观经济政策的基本目标。经济稳定增长是指在一个较长时期中经济不断平稳增长的态势，从而使经济总量和人均产量在这个时期内稳步地显著上升。经济增长和经济稳定是相辅相成的，持续稳定的经济增长是经济发展的要求。经济增长速度并不是越快越好，首先它受到各种资源的限制而不能无限制地增长，其次经济增长过快会带来其他的负面影响，例如环境污染、通货膨胀等社会问题。所以，经济增长速度要与一国具体的实际情况相匹配，要稳定上升。

（四）国际收支平衡

国际收支平衡也是一个国家宏观经济政策的重要目标之一。国际收支平衡指一国国际收支净额即净出口与净资本流出的差额为零，也就是对外经济收入总额等于支出总额。当收入总额大于支出总额的差额，称为顺差；反之，收入总额小于支出总额的差额，称为逆差。从长期看，一国的国际收支状况，无论是赤字，还是盈余，对一国经济的稳定发展都会产生不利的影响，会对其他宏观经济目标的实现造成障碍。一国国际收支状况不仅反映了这个国家的对外经济往来情况，还反映出该国经济的稳定程度。

从根本上说，宏观经济政策的四个目标是一致的。具体来说，宏观调控的四个政策目标之间存在既矛盾又互补的关系，例如充分就业与物价稳定之间的矛盾关系，经济增长与充分就业之间的互补关系等。因此，在一个既定时期，政府难以同时实现所有目标，这就产生了政策目标的选择问题。这就要求在制定宏观经济政策时，必须对政策目标进行协调，权衡轻重缓急、利弊得失，做出政策目标的最优选择。

任务二　自动稳定和相机选择——财政政策

学习目标

思政目标：了解矛盾分析法中对立统一规律，理性看待事物发展的两个方面。

知识目标：理解并能阐述政府支出和收入的主要内容，了解自动稳定和相机选择的作用，分清扩张和紧缩性财政政策应用的情况。

技能目标：会分析一国发布相关财政政策的原因，以及政策所带来的一系列影响，并解释相关经济现象。

导入案例

回顾2022年，我国各项财政政策早出快出，加大财力下沉力度，支持保粮食能源安全，保障产业链供应链稳定，推动经济总体回稳向好，我国各项事业发展取得新的重大成就。

过去一年，我国出台了大规模的减税降费政策，尤其是增值税的留抵退税。全年实现全国新增减税降费和退税缓税缓费超4万亿元，有效释放政策红利，实实在在为企业减轻了负担，激发了市场主体活力。

2023年，继续推进并加大对广大市场主体，特别是中小微企业减负赋能仍是财政政策的重要发力点。

全国财政工作视频会议明确，2023年积极的财政政策要加力提效，更直接更有效发挥积极财政政策作用。完善税费支持政策，根据实际情况，该延续的延续，该优化的优化，着力纾解企业困难。

资料来源：王彤旭．2023年财政政策：加力提效 更加积极有为［EB/OL］．［2023-01-31］．https：//baijiahao.baidu.com/s?id=1756522035073027129&wfr=spider&for=pc.

任务思考

我国实施的财政政策对于社会发展有什么作用？减税降费对社会发展是否有负面作用？

知识研学

微课 11-1

财政政策

一、财政政策

财政政策（fiscal policy）是国家调控经济、实现政策目标最主要的政策工具之一，是指政府为提高就业水平，减少经济波动，防止通货膨胀，实现经济稳定增长而采取的税收、政府债务和政府支出的政策，即政府通过增减政府支出或调整政府收入等手段，以实现宏观经济政策的目标。

（一）政府支出

政府支出是指整个国家的各个级别政府所支出的总和，包含的主要内容：社会福利支出，公共卫生和保健支出，教育和职业训练支出，农业补贴支出，政府办公人员酬金、办公用品的支出，军需品、退伍军人的福利支出，国家防务和安全支出，债务利息支出，科学技术研究费用，交通、公路、机场、港口和住宅的支出，自然资源环境保护的支出，国际交往与国际事务的支出等。政府支出方式主要有两种：政府购买和政府转移支付。

1.政府购买

政府购买是指政府对商品和服务的购买，是一种实质性的支出。例如政府办公用品、政府办公人员酬金等，都属于政府购买。由于政府购买有商品和服务的实际交易，因而直接形成社会需求和社会购买力，是国民收入的一个组成部分，计入国内生产总值的四大需求项目（消费、投资、政府购买和出口余额）。

2.政府转移支付

政府转移支付是指政府单方面的、无偿的资金支付，例如社会保障支出、社会福利支出、政府对农业的补贴以及债务利息支出、捐赠支出等。其特点是不以取得商品和服务作为报酬的支付。需要注意的是它属于货币性支出，是通过政府把一部分人的收入转给另一部分人，整个社会的收入总量并没有变化，变化的仅是收入总量在社会成员之间的分配比例。政府转移支付只是资金使用权的转移，并没有相应的商品和服务的交换，因此它不能计入国内生产总值，不能算作国民收入的组成部分。

（二）政府收入

政府收入是指国家为了实现其职能而通过一定的形式和渠道组织起来的一定量的资金。它是以货币形式表现出来的一定量的社会产品价值。政府的收入主体来源于税收和公债两种形式。

1.税收

税收是政府收入中最主要的财政收入来源，是国家为了实现其职能，按照法律预先规定的标准，强制、无偿地取得财政收入的一种方式。各国的税收通常由许多具体的税种组成，且依据下面不同的标准可以对税收进行不同的分类。

第一，按照征收对象的不同，税收可以分为财产税、所得税和流转税三大类。财产税是对不动产或房地产，即土地和土地上的建筑物等征收的税，主要包括财产税、遗产税、赠与税等。所得税是指对个人或公司的收入征收的税，是大部分西方国家的主体税种，例如个人所得税、企业所得税等。所得税税率或税收的变动会对社会经济活动产生较大影响。流转税则是对流通中的商品和服务买卖的总额征税，例如我国现行税制中的增值税、消费税、关税等，流转税目前是我国最大的税类。

第二，按照纳税方式不同，税收可以分为直接税和间接税两种。直接税是面对人们收入直接征收的不能再转嫁给别人的税，例如财产税、所得税。间接税是间接地向最终负担者征收的，作为生产商和销售商的纳税人能转嫁给最终负担者的税，例如消费税和进口税。

第三，按照赋税比例不同，税收可以分为比例税、累退税和累进税三种。比例税是税率不随征税对象数额的变动而变动的一种税，即按固定比率从收入中征税，多适用于流转税，例如增值税、大部分关税等。累退税是指税率随征税对象数额的增加而递减的一种税，即征税对象数额越大，税率越低。累进税是税率随征税对象数额的增加而递增的一种税，即征税对象数额越大，税率也越高。财产税和个人所得税一般都是累进税。

2.公债

公债是政府收入的另一种形式，指国家或政府以债务人的身份，采取信用的方式，向国内外取得的一种债务。公债一般与财政赤字挂钩，是政府弥补财政赤字的重要手段。公债按照时间划分，一般有短期公债、中期公债和长期公债这三种形式。短期公债指偿还期在一年或短于一年的公债。短期公债最常见的形式是国库券，主要是为了弥补当年财政赤字或解决临时资金周转的问题，利息一般较低，主要进入短期资本市场（货币市场）。中期公债是指偿还期限在一到五年的公债，主要是为了弥补财政赤字或筹集经济建设资金。长期公债是指偿还期限在五年以上的公债，一般按预先确定的利率逐年支付利息，主要是为了筹集经济建设资金。

二、财政政策的自动稳定器

自动稳定器也称内在稳定器（built-in stabilizer），是指财政制度本身所具有能够适应经济周期波动，并且自动调节社会总需求，使经济持续稳定的机制。即便是在政府支出和税率保持不变的时候，财政制度也能够在经济繁荣时期自动抑制膨胀，在经济衰退时期自动减轻萧条，从而减轻经济衰退。自动稳定器主要通过税收的自动变化、政府转移支付变化、农产品价格维持制度这三方面发挥作用。

（一）税收的自动变化

当经济繁荣时，人们收入将会增加，而需要通过实行累进税征收所得税的企业、个人的税费也将会迅速增加，这将使政府税收上升的幅度会超过企业、个人收入上升的幅度，从而可以有效地发挥抑制总需求扩张和通货膨胀的作用。当经济衰退时，企业、个人收入将会减少，在税率不变的情况下，政府税收也将会自动减少，消费和总需求也随之下降。在实行累进税的情况下，纳税人的收入自动进入较低的纳税档次，政府税收下降的幅度会超过纳税人收入下降的幅度，从而起到缓解经济衰退的作用。

（二）政府转移支付变化

政府转移支付包括失业补助和其他社会福利支出。当经济衰退时，失业人员增加，领取失业补助和其他社会福利的人口增多，会使政府转移支付增加，人们的收入适当上升，可以起到稳定经济、抑制经济萧条的作用。当经济繁荣时，失业人员减少，政府转移支付相应降低，抑制了可支配收入的增加，从而使消费和总需求减少。

（三）农产品价格维持制度

农产品价格维持制度可以保证农民的可支配收入不低于一定水平，从而维持农民的消费水平，起着稳定经济的作用。农产品价格维持制度有助于减轻经济波动，故被认为自动稳定器之一。

总之，税收的自动变化、政府转移支付变化以及农产品价格维持制度都是财政政策的自动稳定器，可以说是政府稳定经济的第一道防线。当经济没有发生波动之前并不能发生稳定器的作用，也不能充分调节社会需求，为确保经济稳定发展，实现宏观调控的目标，还需要靠政府对财政政策的相机选择。

三、财政政策的相机选择

要保持经济稳定发展，实现既无失业又无通货膨胀的经济增长，政府必须主动采取措施，运用财政支出和税收等手段，扩大或减少总需求，即相机选择使用财政政策。相机选择是指政府根据对经济情况的判断而制定出财政收支调整的财政政策。

相机选择的财政政策表现为两个方面：一是当均衡的国民收入低于充分就业的国民收入时，政府通过减税和增加政府开支等来提高有效需求，称为扩张性财政政策。二是当均衡的国民收入高于充分就业的国民收入时，政府通过增加税收和减少政府开支等以降低有效需求，称为紧缩性财政政策。政府要根据具体的经济状况选择具体的工具，见表11-1。

表11-1　　财政政策的相机选择

经济状况 / 政策	萧条	通货膨胀
财政收入政策	减税，发行公债	加税
财政支出政策	扩大政府购买，加大政府转移支付	减少政府购买，减少政府转移支付
具体财政政策	扩张性财政政策	紧缩性财政政策

四、财政政策的效果

财政政策效果指当在其他条件不变的情况下，政府支出的变化对总需求从而对国民收入和就业产生的影响。从IS-LM模型看，财政政策效果是指IS曲线移动对国民收入变化的影响。

假如政府增加财政支出，使得IS_1曲线右移至IS_2曲线，右移的距离是E_1E_3，均衡点从E_1右移至E_2，实际国民收入水平也从y_1增加到y_2水平。在LM曲线不变时，IS曲线斜率的绝对值越大，即IS曲线越陡峭，移动IS曲线时收入变化就越大，即财政政策的效果越大；反之，IS曲线越平坦，移动IS曲线时收入变化就越小，即财政政策的效果越小（如图11-1所示）。

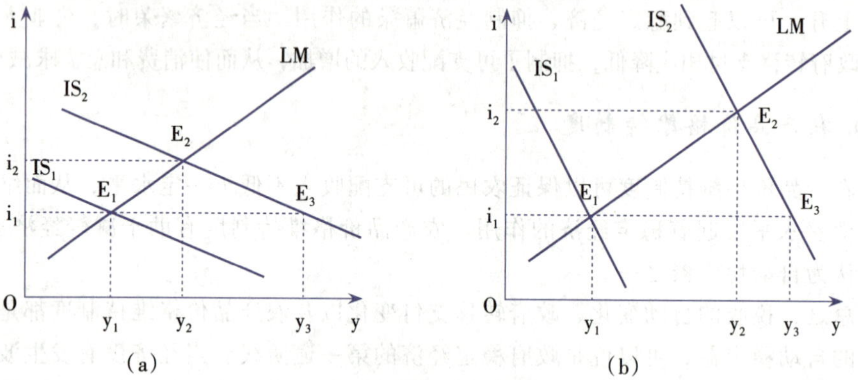

图11-1　财政政策效果因IS曲线斜率而异

图11-1中：i代表利率，y代表实际国民收入水平。

在IS曲线的斜率不变时，财政政策的效果又随LM曲线斜率的变化而变化。LM斜率越大，移动IS曲线时收入变化就越小，即财政政策效果越小；反之，LM越平坦，移动IS曲线时收入变化就越大，即财政政策的效果越大。假如政府增加财政支出，使IS_1曲线右移至IS_2曲线，右移的距离是E_1E_3，均衡点从E_1右移至E_2，实际国民收入水平也从y_1增加到y_2水平。图11-2（a）中的y_1y_2明显小于图11-2（b）中的y_1y_2。

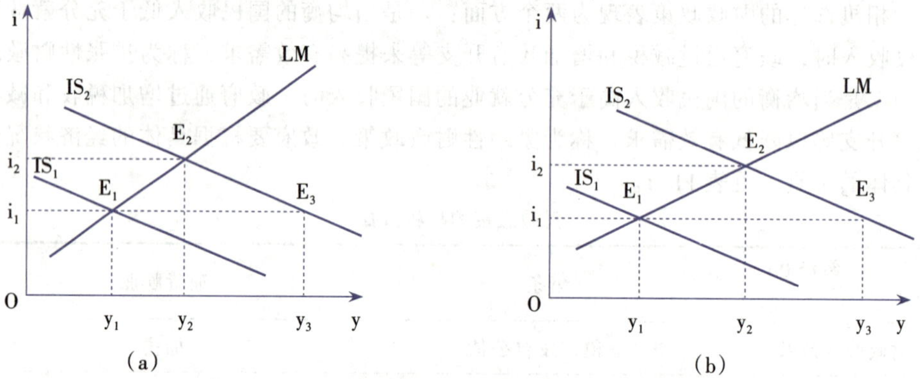

图11-2　财政政策效果因LM曲线斜率而异

任务三　探究国家调整利率的原因
——货币政策

学习目标

思政目标：了解矛盾具有特殊性，学会根据实际分析问题，具体问题具体解决，处理问题不能以偏概全。

知识目标：理解并能阐述货币政策主要内容，掌握货币政策实施的工具内容。

技能目标：会分析一国发布相关货币政策的原因，以及政策所带来的一系列影响，并解释相关经济现象。

导入案例

第二次世界大战之后，处于苏联和美国两个超级大国夹缝之间的欧洲各国走上了互相联合以求共同发展的道路。1951年，法、德、意、荷、比、卢六国签订了《建立欧洲煤钢共同体条约》（又称《巴黎条约》），该条约标志着欧洲一体化进程的开始。1957年，它们又在罗马签订了《欧洲原子能共同体条约》和《欧洲经济共同体条约》（合称《罗马条约》）。在这些条约的基础上，经过多年的努力，建设了迄今为止一体化程度最高、影响最大的地区经济集团——欧洲共同体（European Communities），就是今天的欧洲联盟（European Union）。欧洲共同体成员国在1991年的《马斯特里赫特条约》中正式提出建立欧洲经济货币联盟和政治联盟的计划。

资料来源：灰鹅财经评论. 经济史研读：欧洲货币体系的建立，对西欧国家加强联合有积极作用［EB/OL］.［2022-03-09］. https://baijiahao.baidu.com/s?id=1726810404784693711&wfr=spider&for=pc.

任务思考

欧洲共同体建立货币联盟的原因是什么？货币联盟会给联盟各国带来什么好处？

知识研学

一、货币政策

微课11-2 货币政策

货币政策（monetary policy）是指国家通过中央银行对货币供给量的调节来调节利息率，再通过利息率的变动来影响总需求的经济政策。

中央银行一方面要供给市场足够的货币数量进行交易使用，另一方面不能使市场的货币数量过多。它与财政政策的不同之处在于：财政政策是直接影响总需求的规模，中间不需要任何的变量；而货币政策是通过货币供给量的变化来调节利率从而间接地调节总需求，因此货币政策是间接地发挥作用。

货币政策一般分为扩张性货币政策和紧缩性货币政策。扩张性货币政策是通过增加货币供给从而带动总需求的增长。当货币供给增加，利息率降低，取得信贷就更容易，因此经济萧条时多采用扩张性货币政策；反之，紧缩性货币政策是通过消减货币供给的增长率从而达到降低总需求水平的目的。在这种情况下，取得信贷比较困难，利率也会提高，因此在通货膨胀严重时，多采用紧缩性货币政策。

二、货币政策工具

一般来说，中央银行为了实现宏观经济政策的目标，控制货币供给量的工具主要有三种：公开市场业务、调整再贴现率以及调整法定存款准备金率。

（一）公开市场业务

公开市场业务也称公开市场操作（open market operation），是指中央银行在证券市场上公开买进或卖出政府债券，通过改变商业银行存款准备金，导致货币供应量的增减和利率的变化，最终影响物价水平和生产就业。当经济过热时，市场上的货币供给过多，出现通货膨胀，为了抑制需求，中央银行便出售手中持有的国库券或公债，收回部分流动资金，从而达到控制货币供给量、控制投资，进而促使经济平稳运行的目的；反之，当经济萧条、市场上出现货币供给不足时，为了刺激总需求，中央银行将购买国库债或公债，这时整个市场的货币供给量增加。

（二）调整再贴现率

调整再贴现率是通过改变对商业银行发放贷款的利息率，以限制或鼓励银行借款，从而影响银行系统的存款准备金和利率，进而决定货币存量和利率，以达到宏观经济调控的目标。通常把中央银行给商业银行的贷款叫作再贴现，把中央银行给商业银行的贷款利率叫作再贴现率，我国分别称之为再贷款和再贷款利率。

中央银行实施变更再贴现率的手段也是逆经济风向的，再贴现率是商业银行向中央银行贷款时所必须支付的成本。当经济过热时，中央银行为了控制货币供给量和商业银行的放款规模，通过提高再贴现率，使商业银行的存款准备金减少，这时商业银行的利息将会提高，从而导致货币供给量减少；当经济萧条时，中央银行降低再贴现率，以吸引商业银行将手中持有的债券向中央银行进行贴现，从而增加存款准备金，扩大货币供给量，由此达到稳定经济的目的。

（三）调整法定存款准备金率

法定存款准备金率是指以法律形式规定商业银行等金融机构将其吸收存款的一部分上缴中央银行作为准备金的比率。中央银行有权在一定范围内调整法定存款准备金率，从而影响货币的供给量。在经济萧条时，为刺激经济需求，中央银行可以降低法定存款准备金率，这将给商业银行带来多余的储备，使它们得以增加贷款，货币供给量也将随之增加，从而刺激投资，最终达到国民收入增加、稳定经济发展的目的；反之，在经济过热时，中央银行将用提高法定存款准备金率的方法减少货币供给，以抑制投资的增长，降低国民收入，减轻通货膨胀的压力。

从理论上来说，调整法定存款准备金率是中央银行改变货币供给量最简单的方法，但因其有时滞性、强烈性、干扰性的缺点，中央银行一般不轻易使用该形式进行宏观经济调控。

以上三种手段是中央银行执行货币政策最重要的工具，它们可以单独使用，也可以配合使用。除了这三种工具外，货币政策还有一些调控货币供给量的措施，例如抵押贷款的使用条件、消费者信用控制、直接规定市场利率上限等，用以达到政府调控货币政策的目的。政府可以根据具体的经济情况选择具体的货币政策工具，见表11-2。

表11-2 货币政策

政策＼经济状况	萧条	通货膨胀
调整法定存款准备金率	降低	提高
调整再贴现率	降低	提高
公开市场业务	买进政府债券	卖出政府债券
具体货币政策	扩张性货币政策	紧缩性货币政策

三、货币政策的效果

货币政策效果指在其他条件不变的情况下，货币供给量的变动对总需求从而对国民收入和就业产生的影响。从IS-LM模型看，货币政策效果是指LM曲线移动对国民收入变动的影响。

在一般情况下，当采取货币政策变动货币供给量时，影响利率，也影响实际国民收入水平。同样，取决于IS曲线和LM曲线斜率，E_1点是原均衡点，当货币增加时，右移相同距离E_1E_3，LM_1曲线右移至LM_2曲线，新均衡点是E_2，均衡的利率由i_1下降至i_2，均衡的实际国民收入水平由y_1增加到y_2。

在LM曲线的斜率不变时，IS曲线斜率的绝对值越大，即IS曲线越陡峭，那么移动LM曲线时，收入变化就越小，代表货币政策效果越小；反之，IS曲线越平坦，那么移动LM曲线时，收入变化就越大，代表货币政策效果越大（如图11-3所示）。

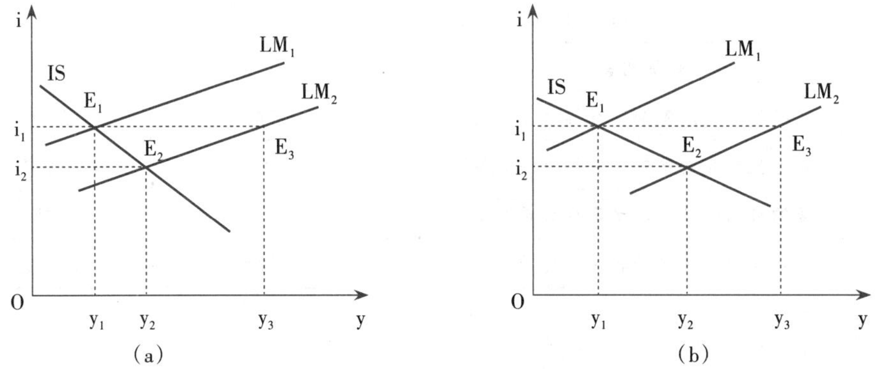

图11-3 货币政策效果因IS曲线斜率而异

在IS曲线不变时，LM曲线越平坦，则LM曲线由于货币供给发生变动时，收入变化越小，即货币政策效果越小；反之，货币政策效果越大（如图11-4所示）。

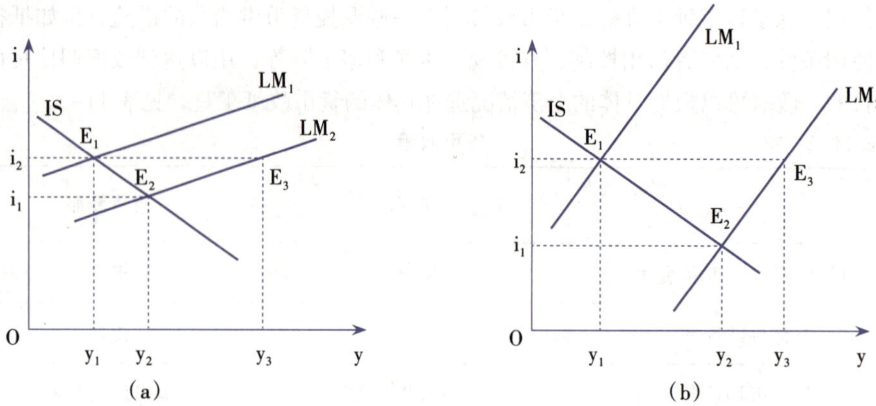

图 11-4　货币政策效果因 LM 曲线斜率而异

小思考 11-1

为什么货币供给量的增加会导致利率的下降和国民收入水平的增加？

这是因为当货币供给量增加的时候，人们发现持有的货币比他们原本持有的货币多，所以会把多余的部分货币可能存入能生息的储蓄账户上，也可能用于购买股票、债券以及商品。这样一来，股票和债券的价格将会上升，而利率将会下降，这种作用被称为货币扩张的“流动性效应”。低利率又会刺激社会企业投资的增加，从而使得实际国民收入水平增加，这种作用被称为货币扩张的“收入效应”。

小思考 11-2

财政政策和货币政策能否一起使用？如何使用？

当社会经济萧条时，可以同时采用扩张性财政和货币政策；当社会经济出现严重通货膨胀时，可以同时采用紧缩性财政和货币政策。具体如何使用组合政策还是要根据具体情况进行。具体组合的实际效果可参考表 11-3。

表 11-3　财政政策和货币政策组合使用的政策效果

政策组合	产出	利率
扩张性财政政策和紧缩性货币政策	不确定	上升
紧缩性财政政策和紧缩性货币政策	减少	不确定
紧缩性财政政策和扩张性货币政策	不确定	下降
扩张性财政政策和扩张性货币政策	增加	不确定

思考与训练

一、主要概念

宏观经济政策　财政政策　货币政策　自动稳定器　再贴现率

二、单项选择题

1. 宏观经济政策的目标是（　　）。

A.充分就业和物价稳定

B.物价稳定和经济增长

C.同时实现充分就业、物价稳定、经济增长和国际收支平衡

2.根据需求管理的原理，应该抑制总需求的条件是（　　）。

A.总需求大于总供给　　B.总需求等于总供给

C.总需求小于总供给

3.当存在失业时，应该采取的财政政策工具是（　　）。

A.增加政府支出　　B.提高个人所得税

C.提高企业所得税

4.属于紧缩性财政政策工具的是（　　）。

A.减少政府支出和增加税收　　B.减少政府支出和减少税收

C.增加政府支出和减少税收

5.紧缩性货币政策的运用会导致（　　）。

A.货币供给量减少，利息率降低　　B.货币供给量增加，利息率提高

C.货币供给量减少，利息率提高

6.自动稳定器的功能是（　　）。

A.缓解周期性经济波动　　B.稳定收入

C.刺激经济增长　　D.推迟经济衰退

7.中央银行最常用的政策工具是（　　）。

A.调整法定准备金率　　B.调整再贴现率

C.公开市场业务　　D.以上都是

三、简答题

1.宏观经济政策的目标有哪些？

2.政府的财政政策内容有哪些？货币政策工具有哪些？

3.扩张性和紧缩性的财政政策分别会对经济市场带来怎样的影响？

主要参考文献

[1] 刘华. 经济学基础 [M]. 5版. 大连：大连理工大学出版社，2016.

[2] 曼昆. 经济学基础 [M]. 梁小民，梁砾，译. 8版. 北京：北京大学出版社，2022.

[3] 冯瑞. 经济学基础 [M]. 3版. 北京：高等教育出版社，2022.

[4] 张建伟. 经济学基础 [M]. 3版. 北京：人民邮电出版社，2018.

[5] 陈文汉. 经济学原理 [M]. 北京：电子工业出版社，2013.

[6] 邓先娥，袁芬. 经济学基础 [M]. 4版. 北京：人民邮电出版社，2022.

[7] 刘笑诵. 经济学原理 [M]. 2版. 北京：中国人民大学出版社，2017.

[8] 刘日星，赵亚芬. 经济学基础 [M]. 北京：北京邮电大学出版社，2012.

[9] 张劲松，张玉双. 经济学基础 [M]. 北京：科学出版社，2005.

[10] 高鸿业. 西方经济学（微观部分）[M]. 8版. 北京：中国人民大学出版社，2021.

[11] 缪代文. 微观经济学与宏观经济学 [M]. 7版. 北京：高等教育出版社，2021.